# Developing Writing Skills
## *in German*

*Developing Writing Skills in German* has been devised for post-intermediate students of German who need to write German in the course of their leisure activities, work or study.

Suitable for use as a classroom text or as a self-study course, *Developing Writing Skills in German* is structured so that each section builds linguistically on the previous one, improving your understanding of style, register and format.

Divided into eight *Themen*, the course covers topics of relevance in contemporary German-speaking countries, such as media, marketing, consumerism and recent history. Each chapter contains a selection of example texts, activities and notes in German on the format, style or language demonstrated in the texts.

Features include:

- a rich selection of texts from a variety of different media (newspapers, magazines, websites and literary texts)
- clear learning points in German indicated at the beginning of each chapter
- a comprehensive answer section, including model answers and explanations.

Written by experienced teachers of German and trialled with non-native students of German, *Developing Writing Skills in German* is the ideal resource to help students write clearly, coherently and appropriately in a variety of contexts. Contributing authors are Dr Klaus-Dieter Rossade, Eva Sinfield, Mirjam Hauck, Dr Regine Hampel, Carolyn Batstone, Christine Pleines and Dr Ursula Stickler.

**Annette Duensing** is a Lecturer in German, and **Uwe Baumann** is Head of the Department of Languages, both at the Open University, UK.

Other titles in the **Developing Writing Skills** series

*Developing Writing Skills in Chinese*
Boping Yuan and Kan Qian

*Developing Writing Skills in French*
Graham Bishop and Bernard Haezewindt

# Developing Writing Skills

## *in German*

Academic Editors

*UWE BAUMANN and
ANNETTE DUENSING*

Routledge
Taylor & Francis Group

LONDON AND NEW YORK

**in association with**

The Open University

First published 2006
by Routledge
2 Park Square, Milton Park, Abingdon, Oxon OX14 4RN

Simultaneously published in the USA and Canada
by Routledge
270 Madison Ave, New York, NY 10016

*Routledge is an imprint of the Taylor & Francis Group, an informa business*

Typeset in Neue Helvetica by Bookcraft Ltd, Stroud, Gloucestershire
Printed and bound in Great Britain by TJ International Ltd, Padstow, Cornwall

*British Library Cataloguing in Publication Data*
A catalogue record for this book is available from the British Library

*Library of Congress Cataloging in Publication Data*
Baumann, Uwe.
Developing writing skills in German/Uwe Baumann and Annette Duensing.–1st ed.
p. cm.–(Developing writing skills)
1. German language–Composition and exercises. 2. German language–Written German.
I. Duensing, Annette. II. Title. III. Series.
PF3410.B38 2006
808'.04318–dc22
2005030421

ISBN10: 0–415–39746–4
ISBN13: 978–0–415–39746–9

# Contents

---

DR KLAUS-DIETER ROSSADE

By the end of this *Thema* you will have:

- examined various text types;
- practised taking structured notes;
- compared information from several texts and made connections between them;
- expressed your own opinion on different subjects;
- written summaries;
- compiled a simple book review;
- written a letter to the editor;
- looked at the use of conjunctions.

---

ANNETTE DUENSING AND EVA SINFIELD

By the end of this *Thema* you will have:

- considered the role of work in people's lives;
- learned about self-employment in Germany;
- used different approaches for systematically working out the meaning of a text;
- used spider diagrams and mind maps for gathering ideas and structuring information;
- identified key information from different sources;
- written about personal opinions;
- written a short essay;
- reviewed the use of *werden*;
- used the *Konjunktiv* with *würd-*;
- learned about more stylistic elements used in texts.

Contents

- analysed a conclusion
- practised writing your own conclusion;
- learned about and used vocabulary and expressions useful for conclusions;
- set statements against one another with the aid of double conjunctions;
- learned different ways to refer to the statements of others.

By the end of this *Thema* you will have:
- worked with various sources and extracted important information from them;
- written a structured essay or newspaper article;
- extended your understanding of questions relating to religious beliefs;
- learned more about living together in a multicultural environment;
- identified controversial points of view in an article;
- analysed the logical structure and arguments of an essay;
- practised connecting sentences and ideas in a logical way;
- practised building quotes from external sources into your essay.

By the end of this *Thema* you will have:
- extended your knowledge about life in reunified Germany;
- practised taking notes;
- practised finding key information in different texts;
- practised structuring a text with the aid of clause constructions;
- learned more about stylistic features in newspaper articles;
- described the contents of diagrams;
- practised summarising key information in a structured way;
- learned how to find up-to-date information and check its reliability;
- analysed an essay on contemporary aspects of German history.

# Acknowledgements

Grateful acknowledgement is made to the following sources:

Pages 15–16: Brinck, C. (2000) „Familie ist nicht gleich Familie", *Die Welt*, 15 March 2000

Pages 22–3: Kötter, I. (1974) „Auf Gegenseitigkeit" in Rudolf Otto Wiemer (ed.) *Bundes-deutsch – Lyrik zur Sache Grammatik*, Peter Hammer Verlag

Pages 23–4: Schmid, H. (1971) „Ihr aber tragt das Risiko - Reportagen aus der Arbeitswelt", Nummer 36 in *Werkkreis Literatur der Arbeitswelt*, © 1977 by Rowohlt Taschenbuch Verlag GmbH, Reinbek

Pages 29–30: „Zweites Deutsches Fernsehen", from: www.heute.de/ZDF/drucken, 2005

Pages 33–5: Heinrich Böll. *Erzählungen* © 1994 by Verlag Kiepenheuer & Witsch, Koln

Page 62: Mey, R. (1977) *Was in der Zeitung steht*, Chanson Edition R. Mey and Maikafer Musik Verlagsgesellschaft

Page 68: Bild.T-Online.de

Page 69: Text: Axel Springer Verlag; photographs: Thomas und Thomas

Page 80: NZ Netzeitung

Pages 98–9: Fühmann, F. (1993). *Abdruckrechte: Das Judenauto*, Hinstorff Verlag GmbH

Page 106: Globus Infografik GmbH

Pages 109–10: Werle, K. (2004) „Aldi trifft Gucci", *Manager Magazin*

Pages 122–3: Komm, S. (2000) „Wenn Kinder im Werbenetz hängen", *Die Welt*, 10 August 2000

Pages 129–31, 135–6 and 138–40: Picturepress

Page 144: © Reuters/CORBIS

Pages 145–6: *Die Zeit*, 46, 2004

Page 147: Reiner Kunze (1991), „Die Mauer" from *Ein Tag auf dieser Erde* © S. Fischer Verlag GmbH, Frankfurt am Main, 1998

Pages 157, 159: Infografik, from: www.stern.de/politik/deutschland

Every effort has been made to contact copyright holders. If any have been inadvertently overlooked the publishers will be pleased to make the necessary arrangements at the first opportunity.

# Introduction

This book is what its name suggests, a textbook concentrating primarily on developing your writing skills. Its secondary focus is the development of good reading skills, which in turn will help you to write more competently. The book is primarily aimed at students in tertiary education, who bring to it a minimum level of German equivalent to that of secondary school leaving certificates, e.g. A-level in the United Kingdom.

## Approach

The approach taken in this book is analytical. You will be asked to analyse different types of authentic texts, e.g. newspaper and magazine articles, brochures and websites, as well as literary texts, such as poems and short stories not only for their topic, but also for their style, register and format. Through this, you are gradually prepared for your own writing, starting with shorter texts and gradually moving on to longer pieces.

The book offers a variety of types of writing. You will practise writing essays, but also summaries, letters to the editor, book reviews, newspaper articles and brochures. In addition, you will work on linguistic skills such as writing in a particular register, expressing your own opinion and constructing more complex sentences.

The book is divided into eight *Themen*, topic areas of relevance in contemporary German-speaking countries. In addition, each *Thema* helps you to develop a particular skill area of writing. See below for a list of topics and skills covered in the different chapters.

|   | Themen | Skills |
|---|--------|--------|
| 1 | *Lebensumstände*<br>People's lives and ways of living in families | Preparing for your own writing: summary writing; note-taking; expressing opinions |
| 2 | *Welt der Arbeit*<br>Issues from the world of work | Systematic collection of ideas for your own writing |

| | Themen | Skills |
|---|---|---|
| 3 | *Umweltfragen*<br>Environmental issues | Collecting information for your own writing; exploring different points of view on an issue |
| 4 | *Medien – von der Zeitung zum Internet*<br>Newspapers, their working practices and distribution | Structuring your own writing; quoting |
| 5 | *Literatur und Kritik*<br>A short story, its background and interpretation | Starting off a piece of writing; introducing a subject |
| 6 | *Kaufen und Verkaufen*<br>Consumerism and marketing | Rounding off a piece of writing; drawing conclusions |
| 7 | *Glaube und Gesellschaft*<br>Religious belief in today's society | Quoting; systematic checking of your own writing |
| 8 | *Erlebte Geschichte*<br>Recent German history: the fall of the Berlin Wall and developments since then | Researching information for your own writing; keeping up-to-date with developments |

# Mode of working

The book can be used in class or as a self-study resource, as it has a comprehensive answer section (*Lösungen*). This includes model answers as well as detailed feedback and advice you can refer to if studying on your own.

Through their skills-based content, the individual chapters (*Themen*) build on each other. So you will find it beneficial to work through the book systematically from beginning to end. However, the individual units are also self-contained as far as their subject matter is concerned and can be used selectively to support a content-based course.

# Use of language

Most of the teaching and all the exercises in the book are in German, as it is expected that you have a linguistic level sufficient to deal with all these aspects in the target language. In addition, this approach enhances your exposure to the language. English is used only in the vocabulary lists, for extra information in the feedback section and where long and detailed advice is given.

# Other resources: grammars and dictionaries

The book does not teach grammar explicitly. Certain grammatical points are picked up and practised when this is relevant for the particular input text or the text type practised. It is assumed that you have access to a comprehensive grammar book adequate for your level of German, e.g. Whittle, Klapper, Dodd, Eckhard-Black: Modern German Grammar: A Practical Guide, Routledge*. From time to time in a particular *Thema*, it is suggested that you consult your grammar book before an exercise in order to check a particular grammatical topic.

Similarly, it is understood that you will have the use of a comprehensive dictionary adequate for your level of German study, i.e. one with around 350,000 references*. For most of the reading texts, some vocabulary lists are provided. These contain, however, only unusual words or vocabulary with a specific meaning in the context. Furthermore, for some texts preparatory exercises introduce you to the necessary vocabulary. These lists are by no means provided for vocabulary work but are designed to help your understanding of the texts. You should prepare your own topic-related lists for this purpose.

We suggest that you read the texts through once without consulting the dictionary, and simply using the word lists provided. You should attempt to guess unknown words from their context. Only if this proves impossible should you consult the dictionary as a last resort.

# German spelling reform

All the teaching in this book adheres to the new rules of German spelling. Where there have been discrepancies in texts such as newspaper articles and brochures, these have been corrected. An exception, however, has been made for literary texts. Older ones should be considered as documents representative of their time. There are also some newer literary texts where the writers might have chosen deliberately to use the old spelling, as the spelling reform was a contentious issue. This has been respected. It is therefore possible that the spelling of the texts differs from that of the exercises about them.

Viel Spaß beim Deutsch lernen!
Uwe Baumann and Annette Duensing, Milton Keynes, April 2006

---

* Any recent edition of these books will be useful. When buying a new book, you should choose the latest edition.

# 1 Lebensumstände

In diesem Thema beschäftigen Sie sich mit unterschiedlichen Lebensumständen von Menschen in deutschsprachigen Ländern. Sie betrachten die Rolle der Frau in der Familie (Teil 1–2). Außerdem lernen Sie verschiedene Familienmodelle kennen (Teil 4–5) und überlegen, welchen Einfluss diese auf Kinder haben (Teil 3–5).

In diesem Zusammenhang lesen Sie verschiedene Textsorten, z.B. ein Gedicht, einen Romanauszug, eine Buchbesprechung und einen Zeitungskommentar, und sehen so ihre unterschiedlichen Merkmale. Sie lernen, wie Sie wichtige Informationen dieser verschiedenen Texte heraussuchen und zusammenfassen können, um diese dann beim eigenen Schreiben zu verwenden.

Am Ende dieses Themas haben Sie

- verschiedene Textarten untersucht;

- geübt, wie man beim Lesen strukturierte Notizen macht;

- Informationen aus mehreren Texten verglichen und miteinander verbunden;

- Ihre eigene Meinung zu verschiedenen Themen ausgedrückt;

- Zusammenfassungen geschrieben;

- eine einfache Buchbesprechung verfasst;

- einen Leserbrief geschrieben;

- die Verwendung von Konjunktionen untersucht.

# Teil 1  Meine Mutter

Zur Einführung in das Thema arbeiten Sie mit einem Gedichtausschnitt von Ursula Krechel, in dem eine Tochter über das Leben ihrer Mutter nachdenkt.

## Übung 1

Bevor Sie den Gedichtausschnitt lesen, schauen Sie sich zuerst folgende Wörter an, die in dem Gedicht vorkommen. Ordnen Sie jedem deutschen Begriff die passende englische Übersetzung zu.

| | |
|---|---|
| 1  anständig | (a)  fashion magazine |
| 2  der Schoß | (b)  crumb |
| 3  der Krümel | (c)  thrifty |
| 4  das Modeheft | (d)  cancer |
| 5  sparsam | (e)  womb |
| 6  der Krebs | (f)  trace |
| 7  die Gebärmutter | (g)  lap |
| 8  das Bügeleisen | (h)  respectable |
| 9  die Spur | (i)  iron |

## Übung 2

Lesen Sie jetzt den Gedichtausschnitt. Benutzen Sie beim ersten Lesen kein Wörterbuch.

Unterstreichen Sie alle Begriffe, die für Sie wichtig, interessant oder ungewöhnlich sind, und notieren Sie die Gründe für Ihre Auswahl. Diese Begriffe können Sie in der Zusammenfassung des Gedichts verwenden (Übung 5).

**Meine Mutter**
Als meine Mutter ein Vierteljahrhundert lang
Mutter gewesen war und Frau, aber das konnte sie
vergessen mit der Zeit, als sie so geworden war
wie eine anständige Frau werden mußte
klüger als die Großmutter, [...]
sparsamer in der Küche und in der Liebe als eine
der das Glück in den Schoß gefallen war
als sie genug Krümel von der Tischdecke geschnippt
als sie die Hoffnung begraben hatte, einmal eine Dame
in Pelz zu sein wie in den Modeheften vor dem Krieg
[...]
als sie anfing, den Töchtern ins Gesicht zu sehen

auf der Suche nach Spuren, die sie im eigenen Gesicht
nicht fand, als sie nicht mehr vor Angst aufwachte
weil sie vom Bügeleisen geträumt hatte
das nicht ausgeschaltet war, als sie schon manchmal
wagte, die Beine am frühen Nachmittag
übereinanderzuschlagen, fraß sich ein Krebs
in ihre Gebärmutter, wuchs und wucherte
und drängte meine Mutter langsam aus dem Leben.
[...]

(Ursula Krechel, Meine Mutter in „Ungezürnt. Gedichte, Lichter, Lesezeichen", 1997, gekürzt)

## Übung 3

Diese Übung hilft Ihnen, die Sprache in literarischen Texten zu verstehen. Diese Sprache enthält oft Bilder und weckt Assoziationen.

### Beispiel

| Zitat aus dem Gedicht | Bedeutung |
|---|---|
| „als sie genug Krümel von der Tischdecke geschnippt [...] hatte" | als sie lange genug den Tisch (oder den Haushalt) sauber gehalten hatte |

Lesen Sie die folgenden Sätze und notieren Sie die jeweils dazu passende Stelle aus dem Gedicht.

1 Sie machte oft schon früh am Tag eine Pause.
2 Sie fühlte sich selbst alt und suchte nach Zeichen ihrer Jugend.
3 Sie hatte nicht viel Glück im Leben und hatte es nicht leicht. Deshalb konnte sie auch ihre Gefühle nicht frei zeigen.
4 Arbeiten im Haushalt machte sie mit viel Routine und hatte deswegen keine schlaflosen Nächte mehr.
5 Je länger sie Mutter war, desto weniger konnte sie die Frau sein, die sie früher einmal war.
6 Sie musste ihre Jugendträume von einem eleganten Leben aufgeben.

## Übung 4

Das Gedicht verwendet verschiedene sprachliche Mittel, um bestimmte Wirkungen zu erzielen. Lesen Sie das Gedicht noch einmal und beantworten Sie die folgenden Fragen.

1 Welche Konjunktion kommt in dem Gedicht sehr oft vor?
2 Wie lautet die passende englische Übersetzung? Achtung: An einer Stelle im Gedicht wird die Konjunktion anders verwendet.
3 Welchen Effekt hat die Wiederholung der Konjunktion?

4    Welche anderen Wörter gibt es in dem Gedicht, die Sätze oder Satzteile miteinander verbinden?

## Übung 5

Für Ihr eigenes Schreiben ist es wichtig, dass Sie den Inhalt von Quellen präzise und kurz wiedergeben können. Fassen Sie nun zusammen, wie das Leben der Mutter verlief (80–100 Wörter). Verwenden Sie die Begriffe, die Sie in Übung 2 unterstrichen haben.

# Teil 2  Wie kommt das Salz ins Meer

Der folgende Ausschnitt aus einem Roman von Brigitte Schwaiger beschreibt die Rolle der Frau in der Familie. Hier geht es um eine Frau, die Erzählerin, und zwei Männer, Rolf und Karl, die beide mögliche Ehemänner für die Erzählerin sind.

## Übung 6

Lesen Sie als Vorbereitung folgende Adjektive, die in dem Romanausschnitt vorkommen. Finden Sie die jeweils passende englische Übersetzung dazu.

| | |
|---|---|
| 1 tüchtig | (a) degrading |
| 2 stolz | (b) solid middle-class |
| 3 gutbürgerlich | (c) healthy |
| 4 menschenunwürdig | (d) strong |
| 5 treu | (e) proud |
| 6 stark | (f) loyal |
| 7 gesund | (g) efficient |

## Übung 7

Lesen Sie jetzt den Ausschnitt.

1    Benutzen Sie beim ersten Lesen kein Wörterbuch. Unterstreichen Sie, wie in Übung 2, was Ihnen auffällt.
2    Entscheiden Sie, welchen der beiden Männer die Erzählerin lieber als Ehemann hätte und welchen die Familie lieber hätte.

## Wie kommt das Salz ins Meer

Vater sagt, Rolf ist ein anständiger und tüchtiger Bursche, Mutter sagt, auf Rolf kann ich stolz sein, Großmutter sagt, das wichtigste ist eine gutbürgerliche Verbindung. Karl dachte anders und sagte nichts. Aber Karl zählt nicht, seit er an seiner Schule bei der Unterrichtung der Kinder in Menschenrechten eine wahre Geschichte als konkretes Beispiel menschenunwürdiger Behandlung erzählt hat. Ein Bauernknecht wurde in unser Bezirkskrankenhaus eingeliefert, dort stellte man außer einem gebrochenen Bein auch Verwahrlosung und chronische Unterernährung fest. Der Bauernknecht konnte keine zusammenhängenden Sätze sprechen, er hatte in der Fleischkammer geschlafen, wo die Bauern das Selchfleisch aufbewahren, sein Essen bestand aus Abfällen, die er im Sommer im Hof und im Winter im Stall serviert bekam, und der Knecht hatte noch nie Geld gesehen, [...] und Karl erzählte seinen Kindern in der Schule die Geschichte von dem Knecht, und ich erzählte sie Vater, Vater aß gerade Selchfleisch, und weil der Bauer ein treuer Patient von uns ist, wie Mutter das nennt, und weil wir stolz sind auf die Treue unserer Patienten, und das Selchfleisch war vielleicht von dem Bauern, jedenfalls ist Karl seither ein Psychopath und zählt also nicht. Für einen Rückzieher ist es wirklich zu spät. Rolfs Mutter und meine Eltern duzen sich schon. Großmutter hat ihre böhmischen Kristallgläser und das geklöppelte Tischtuch hervorgeholt an dem Nachmittag, an dem wir alles terminlich fixiert haben, und die Schachtel mit den bräunlichen Fotografien, da sagte Rolf, daß ich meiner Mutter ähnlich sehe, und Großmutter sagte, daß ich aber den Herzmund von ihr habe, sie zeigte ihre Zähne, alle original, sagte sie, [...] erklärte, woher das starke Gebiß in unserer Familie kommt, nämlich aus der seit Generationen gesunden Linie ihrer Seite, und ich soll meine Zähne zeigen, und Vater hat Rolf an dem Nachmittag sein zweites Paar Gummistiefel geschenkt. Er wird jetzt einen Fischerkameraden haben und einen Jagdfreund. Es gibt kein Zurück mehr. [...]

(Brigitte Schwaiger, „Wie kommt das Salz ins Meer", 1979, S. 13–14)

### VOKABULAR

*der Bauernknecht (–e)* = farm hand
*die Behandlung (–en)* = treatment
*die Verwahrlosung* = neglect
*die Unterernährung* = malnourishment
*das Selchfleisch* (Austrian word for *Rauchfleisch*) = smoked meat
*klöppeln* = to make (pillow) lace
*das Gebiss (–e)* = here: set of real teeth

## Übung 8

Die nächste Übung hilft Ihnen, die Funktion der Personen in dem Ausschnitt besser zu verstehen. Lesen Sie den Romanausschnitt noch einmal und notieren Sie in Stichwörtern alle Informationen zu folgenden Personen.

1 Rolf; 2 Karl; 3 Vater; 4 Mutter; 5 Großmutter; 6 Bauer; 7 Knecht

## Übung 9

Verwenden Sie nun Ihre Notizen und überlegen Sie:

1 Warum möchte die Erzählerin Ihrer Meinung nach wahrscheinlich Karl lieber als Ehemann? *Vielleicht er war seinen Brüder*

2 Warum möchte die Familie Ihrer Meinung nach wahrscheinlich Rolf lieber als Ehemann? *Er war kein Psychopath*

3 Was bedeutet Ihrer Meinung nach der Satz: „Es gibt kein Zurück mehr"? *Es gibt der Ende*

# Teil 3   Die Gruppe, das bin ich

In den nächsten vier Auszügen (Teil 3–6) geht es um verschiedene Modelle und Funktionen der Familie. Sie lernen hier zwei bestimmte Textsorten – die Buchbesprechung und den Zeitungskommentar – näher kennen.

Der erste Artikel ist die Besprechung eines Buches von Judith Rich Harris.

## Übung 10

Überlegen Sie zunächst kurz, was „Familie" für Sie bedeutet. Machen Sie sich Notizen. Diese Notizen helfen Ihnen dabei, Ihre eigene Meinung zu formulieren, wenn Sie einen eigenen Text schreiben.

## Übung 11

Lesen Sie folgende Definitionen und finden Sie für die Lücke das jeweils passende Wort im Kasten. Die Wörter stammen aus der Entwicklungspsychologie und kommen in dem Artikel vor.

1 … heißt die Zeit, die nach Kindheit und Jugend kommt.
2 … ist, wenn man ganz genau weiß, was man will, und alles dafür tut, es zu erreichen.
3 … bedeutet, dass man gern mit anderen Menschen zusammen ist.
4 … ist die Weitergabe genetischer Informationen an die Nachkommen.
5 … heißt, dass man selbst genetische Besonderheiten des Vaters, der Mutter oder der Großeltern hat.

---

die Veranlagung • die Kontaktfreudigkeit • die Vererbung • das Erwachsenendasein • die Zielstrebigkeit

---

## Übung 12

Lesen Sie nun die folgenden Aussagen. Lesen Sie dann den Artikel auf S. 10–12 und entscheiden Sie: Sind die Aussagen richtig oder falsch? Korrigieren Sie die falschen Aussagen.

| | | Richtig | Falsch |
|---|---|---|---|
| 1 | In der Gruppe wird die Persönlichkeit eines Kindes ausgebildet. | ☐ | ☐ |
| 2 | Bisher glaubte man: Bei der Entwicklung des Charakters von Kindern ist die Erziehung der Eltern genauso wichtig wie die natürliche Veranlagung. | ☐ | ☐ |
| 3 | Die häusliche Umgebung kann großen Einfluss auf z.B. die Zielstrebigkeit oder Kontaktfreudigkeit haben. | ☐ | ☐ |
| 4 | In Gruppen lernen die Kinder das Erwachsenendasein. | ☐ | ☐ |
| 5 | Bei Kindern von Einwanderern kann sich der Einfluss der „peers" nur schwer gegen den dominanten häuslichen Einfluss durchsetzen. | ☐ | ☐ |
| 6 | Die Familie bestimmt, ob ein Kind sich wohl fühlt oder nicht, aber sie hat keinen Einfluss darauf, welche Persönlichkeit das Kind entwickelt. | ☐ | ☐ |
| 7 | Gruppe, Horde, Clique, Rotte haben mehr mit der Massenkultur zu tun als mit dem Individuum. | ☐ | ☐ |

# Die Gruppe, das bin ich

*Kinder werden von Kindern erzogen, meint Judith Rich Harris*

„Die Gruppe ist die natürliche Umwelt des Kindes. Dort wird seine Persönlichkeit geprägt." So [...] klingt die These, mit der die amerikanische Psychologin Judith Rich Harris [...] in Fachkreisen und in der interessierten Laienöffentlichkeit für Aufregung sorgt. Jetzt ist ihr dickleibiges Buch, „The Nurture Assumption" (eigentlich: „Die Erziehungshypothese" [Hamburg, 2000]), auf Deutsch erschienen.

Wir alle, Eltern, Erzieher, Lehrer, Ratgeber, Psychologen, Politiker, Ahnungslose, glauben seit fast hundert Jahren, dass für die Entwicklung von Kindern vor allem die Eltern verantwortlich seien – sofern nicht die bloße Veranlagung, „die Gene", sich durchsetzen. [...] [B]eides, „nature and nurture" (Shakespeare), [sei] ungefähr zu gleichen Teilen für Wesen und Charakter eines Menschen verantwortlich.

Doch nun bestreitet Judith Rich Harris jeden wesentlichen Einfluss der Eltern. Tatsächlich haben die Entwicklungspsychologen die Auswirkungen der häuslichen Umgebung auf die Persönlichkeit eines Kindes, seine Zielstrebigkeit etwa oder seine Risikobereitschaft, seine Neugier oder Kontaktfreudigkeit nicht wirklich nachweisen können. Stattdessen ließ sich feststellen, dass eineiige Zwillinge, die im selben Elternhaus groß wurden, einander nicht ähnlicher sind als solche, die getrennt aufwuchsen, ferner, dass ein leibliches und ein adoptiertes Kind mit demselben Zuhause nicht mehr miteinander gemein haben als mit ihren Freunden aus der Nachbarschaft.

Was also, wenn nicht die Eltern, formt neben der Vererbung unsere Kinder? Die Gleichaltrigen sind es, mit denen sie nebenan, im Kindergarten und später in der Schule umgehen [...]. In solchen Gruppen werden Kinder sozialisiert, finden sie ihre Nische, ihre Normen, dort behaupten sie sich, laufen mit oder gehen unter; nur dort können sie lernen, erfolgreiche Kinder zu sein, die Voraussetzung für ein kompetentes Erwachsenendasein. [...]

[...]

Manches spricht dafür, dass Harris mit ihrer „Gruppensozialisationstheorie" etwas erfasst hat. So lässt sich dort, wo der häusliche vom außerhäuslichen Einfluss eindeutig zu unterscheiden ist, feststellen, dass sich durchsetzt, was von den „peers" kommt: Das polnische Einwandererkind in Amerika lernt, anders als seine Eltern, in Windeseile, die Landessprache akzentfrei zu sprechen und weigert sich binnen kurzem auch zu Hause, ins Polnische zu wechseln. [...]

[...]

Judith Rich Harris meint nicht, dass Eltern für ihre Kinder nichts tun können. Sie können Neigungen und Interessen wecken und fördern. Sie können ihre Kinder gut oder schlecht versorgen, sie lieben, vernachlässigen oder misshandeln; dass Kinder jede Mühe und Zuwendung verdienen, bestreitet Harris nicht. Sie leugnet auch nicht etwa, dass die Beziehung zwischen Eltern und Kindern – wie bei anderen Primaten – ein Leben lang Bestand hat. Sie hält das nur für vergleichsweise unerheblich. Denn was Kinder bei ihren Eltern erleben oder erleiden, könnte sie glücklich oder unglücklich machen, aber ihre Persönlichkeit verändere es nicht. [...] Erst in der Gruppe kommt der Mensch zu sich selbst, denn er ist ein Gruppenwesen – das beweise die Evolutionsgeschichte; ohne Gruppe hätten wir nicht überlebt.

Dass Harris den Blick auf dieses Gattungsmerkmal lenkt, ist verdienstvoll und überraschend aktuell. Gruppe, Horde, Clique, Rotte – diese ganzen Zwischenglieder sind Stiefkinder der modernen Gesellschaft, die es mehr mit dem großen Ganzen und mit dem isolierten Einzelnen, mit der Massenkultur und dem Individuum hat. [...]

(Katharina Ross, Die Gruppe, das bin ich, „Berliner Zeitung", 27.05.00 gekürzt)

## VOKABULAR

*in Windeseile* = in no time at all

*das Gattungsmerkmal (–e)* = generic characteristic

*das Zwischenglied (–er)* = link

*das Stiefkind (–er)* = stepchild; here: neglected dimension

## Übung 13

Lesen Sie den Artikel noch einmal und beantworten Sie die folgenden Fragen, bei denen es wieder um die Beziehungen von Menschen untereinander geht.

1   Nennen Sie die beiden möglichen Einflüsse auf die Entwicklung von Kindern.
2   Auf welche Weise werden die Kinder jeweils beeinflusst?
3   Welche Bedeutung hat die traditionelle Familie für Judith Rich Harris?

## Übung 14

Der Artikel ist eine Buchbesprechung (oder Rezension). Die nachfolgende Liste enthält Elemente, die normalerweise in Buchbesprechungen vorkommen. Sie sind jedoch nicht in der richtigen Reihenfolge. Lesen Sie den Artikel noch einmal, finden Sie für die Punkte 1–7 die passenden Abschnitte und ordnen Sie sie in die richtige Reihenfolge.

1   Konkrete Beispiele für neue Ergebnisse des Buchs
2   Die Meinung des Rezensenten (des Autors/der Autorin der Buchbesprechung)
3   Einführung in das Thema oder Vorstellung des Buches
4   Mögliche Einwände von Kritikern oder was das neue Buch nicht sagt
5   Wie man bisher, traditionell, gedacht hat
6   Warum das, was man bisher gedacht hat, problematisch ist
7   Zusammenfassung der neuen Ergebnisse des Buches

## Übung 15

Sie schreiben nun eine einfache Besprechung eines Buches (ca. 150–200 Wörter), Sachbuch oder Literatur, das Sie beeindruckt hat und in dem es um Beziehungen von Menschen untereinander geht.

Folgen Sie diesen Arbeitsschritten. Einige nützliche sprachliche Wendungen sind hier vorgegeben. Wenn Sie möchten, können Sie auch Ihre eigenen Ideen verwenden.

1   Wählen Sie ein Buch oder schreiben Sie über „Wie kommt das Salz ins Meer" und verwenden Sie die Informationen aus den Übungen 7–9 und den dazugehörenden Lösungen.

(nor military)

general

2    Schreiben Sie eine allgemeine Einführung in das Thema des Buches.

↑ Introduction

## Beispiel

**Das Buch/Die Geschichte/Der Roman ... von ... ist ihr/sein erster großer Erfolg/ gerade neu herausgekommen.**

3    Nun folgt eine Zusammenfassung des Inhaltes mit wichtigen Zitaten. Sehen Sie sich hierzu noch einmal Ihre Antworten in den Übungen 1 bis 5 an.

## Beispiel

**Das Buch/Die Geschichte/Der Roman/Er/Sie/Es handelt von** *einer Frau, die sich in ihrer gesellschaftlichen Umgebung gefangen fühlt. So sagt die Erzählerin z.B. „...". Die Frau fühlt sich von ihrer Familie gezwungen, den falschen Mann zu heiraten und ist deshalb unglücklich. Sie träumt von ...; aber sie muss ...*

## Alternative Wendungen

Das Buch/Die Geschichte/Der Roman/Er/Sie/Es spielt in …
Hier geht es um …

4    Geben Sie auch konkrete Beispiele für Beziehungen der Personen untereinander wie in Übung 8 und stellen Sie einige Vermutungen zu den Beziehungen zwischen ihnen an wie in Übung 7.

## Beispiel

**Eine Stelle im Buch ist besonders beeindruckend/hierzu sehr interessant. Man sieht, dass die Familie Rolf mag. Der Vater findet ihn anständig und tüchtig. Die Großmutter bereitet seinen Besuch sorgfältig vor, mit böhmischen Kristallgläsern, ... Die Mutter ... Aber die Frau bevorzugt ...**

5    Ihre eigene Meinung als Rezensent/Rezensentin:

## Beispiel

**Ich persönlich finde/denke/halte das Buch für ..., weil ...
Ich empfehle es Lesern und Leserinnen, die ...
Ich denke, es ist nicht geeignet für ...**

# Teil 4   Familie ist nicht gleich Familie

Der nächste Auszug kommt aus der als konservativ geltenden Tageszeitung „Die Welt" und handelt ebenfalls von der Bedeutung der Familie bei der Entwicklung von Kindern. Sie lernen die Textsorte Zeitungskommentar kennen und erhalten weitere Informationen für ihren Aufsatz.

## Übung 16

Lesen Sie den Titel und Untertitel des Auszugs und beantworten Sie dann die folgenden Fragen.

1 Wie unterscheidet sich Ihrer Ansicht nach die Meinung der Autorin in „Die Welt" von dem Inhalt der Buchbesprechung?
2 Welche Art von Artikel erwarten Sie, wenn Sie den Untertitel lesen? (Der Begriff „Selbstverwirklichungs-Quark Debatte" ist eine Neuschöpfung der Autorin und gehört nicht zum üblichen Sprachgebrauch.)

# Familie ist nicht gleich Familie

Jedes Kind braucht Vater und Mutter zu seinem Glück, alles andere ist Selbstverwirklichungs-Quark

Von Christine Brinck

### VOKABULAR

*die Selbstverwirklichung* = self-realisation
*der Quark* = curd cheese; also: rubbish

## Übung 17

Der Auszug enthält einige Begriffe aus dem Bereich der Psychologie und Psychoanalyse. Finden Sie zunächst die entsprechende englische Übersetzung dieser Begriffe. Die Begriffe werden Ihnen helfen, den Zeitungskommentar besser zu verstehen.

| | |
|---|---|
| 1 ganzheitliche Persönlichkeit | (a) claims for self-realisation |
| 2 komplementäres Bindungs- und Beziehungsgefüge | (b) soften separation anxiety |
| 3 Selbstverwirklichungsansprüche | (c) becoming an independent individual |
| 4 Trennungsängste abpuffern | (d) mutually beneficial bond |
| 5 Ablösungsprozess | (e) suspicious behaviour |
| 6 Bindungsangst | (f) fully rounded personality |
| 7 Individuation | (g) complementary network of bonds and relationships |
| 8 Verhaltensauffälligkeiten | (h) fear of commitment |
| 9 symbiotische Bindung | (i) process of separation |

# Übung 18

Die folgenden Aussagen geben den Inhalt des Kommentars wieder. Lesen Sie die Aussagen; lesen Sie dann den Auszug und unterstreichen Sie diejenigen Stellen, die dem Inhalt der Aussagen entsprechen.

1 Wenn Menschen verschiedene Möglichkeiten des Zusammenlebens ausprobieren, ist das ihre persönliche Angelegenheit.

2 Der Staat sollte Beziehungsexperimente nur legalisieren, wenn sie kinderlos bleiben.

3 Nur die Vater-Mutter-Kind-Beziehung ist natürlich. Andere Modelle (allein erziehende Mütter, Vater-Vater oder Mutter-Mutter) sind Fantasieprodukte.

4 Kinder brauchen einen Vater und eine Mutter, um ihre Persönlichkeit voll und ganz zu entwickeln. Das ist bei homosexuellen Eltern nicht möglich.

5 Schon im ersten Lebensjahr eines Kindes ist der Vater eine wichtige Ergänzung für das Mutter-Kind-Verhältnis.

6 Der Vater hilft bei der emotionalen Trennung des Kindes von der Mutter.

7 Wenn diese Trennung von der Mutter funktioniert, kann sich die Persönlichkeit des Kindes voll und ganz entwickeln.

8 Nur die klassische Familie ist ideal. Rumpffamilien oder homosexuelle Familien können deshalb nicht gleich gut sein.

9 Kinder haben ein Recht auf eine Familie, die funktioniert. Sie sollen nicht unter Beziehungsexperimenten leiden.

# Familie ist nicht gleich Familie

*Jedes Kind braucht Vater und Mutter zu seinem Glück, alles andere ist Selbstverwirklichungs-Quark*

Von Christine Brinck

[...] Ungefähr seit 30 Jahren wird mit schöner Regelmäßigkeit behauptet, die Familie sei tot. Merkwürdig nur, dass noch niemand dauerhaft Ersatz geschaffen hat. [...]

[...] Und seit neuestem ist nun jede Familie gleich gut, ob traditionell, mit einer Mutter, einem Vater, zwei Müttern, zwei Vätern, ob schwul, heterosexuell, Kern-, Rest-, Stief- oder Patchworkfamilie. [...] Beziehungsexperimente sind Privatsache, ob Mann-Mann, Frau-Frau oder Ménage à trois. Den Segen des Gesetzgebers für derlei Experimente sollte niemand erwarten, wenn sie Kinder einschließen. [...] Kinder wollen einen Vater und eine Mutter, weil sie eine Einheit sind, die von beiden abstammt. Sie sind die Kombination von zwei genetischen Sätzen und zwei Familiensträngen. Diese Biologie ist tief verwurzelt in der menschlichen Natur. Die Idee, die Mutter könnte den Ausfall des Vaters kompensieren oder eine zweite Frau könnte die Vateraufgaben übernehmen oder ein zweiter Mann könnte die Mutter ersetzen, entspringt illusionärem Wunschdenken einer missverstandenen Emanzipation der Frauen wie der Homosexuellen.

„Entscheidend für die psychische Entwicklung des Kindes sind seine Beziehungen", schreibt der Psychoanalytiker Horst Petri in seinem jüngsten Buch („Das Drama der Vaterentbehrung"). Im Sinne einer ganzheitlichen Persönlichkeit benötigt das Kind dazu das komplementäre Bindungs- und Beziehungsgefüge zur Mutter und zum Vater. Homosexuelle Partner können dieses Komplement wohl kaum leisten.

[...]

[...] In dem Dreieck von Vater-Mutter-Kind ist der Vater bereits im ersten Jahr ein ganz wichtiger so genannter Dritter, der die Funktion hat, die symbiotische Bindung zwischen Mutter und Kind aufzulösen und die Trennungsängste des Kindes abzupuffern, wenn es die notwendige Ablösung von der Mutter vollzieht. „Vom Gelingen dieses Ablösungsprozesses hängt die lebensnotwendige Individuation zu einer eigenständigen Persönlichkeit ab", schreibt Horst Petri. Auch die beste Mutter kann kaum je allein das Dilemma am Beginn der individuellen Menschwerdung befriedigend lösen, auch können es zwei Mütter nicht.

[...] [Dieser Prozess] ist im besten Fall nur in der klassischen Familie zu lösen. Wer das erkennt, muss im Sinne der Kinder gegen Rumpffamilien und homosexuelle Familien entscheiden. Die Familie ist für die Kinder und nicht für die Selbstverwirklichungsansprüche des Paares da. Dass doch nicht alles geht, zeigen die erschreckenden Zahlen der Kinder, denen man alles zugemutet hat. Ob Schulversagen, Depression, Gewaltbereitschaft oder Bindungsangst – die Verhaltensauffälligkeiten der Kinder aus gewollten oder geschiedenen Ein-Eltern-Familien sind alarmierend. Sie sollten Warnung sein [...].

(Christine Brinck, Familie ist nicht gleich Familie, „Die Welt", 15.03.00, gekürzt und leicht abgeändert)

## VOKABULAR

*der Segen des Gesetzgebers* = legitimation by law
*der genetische Satz (¨e)* = genetic set
*der Familienstrang (¨e)* = family line
*der Ausfall (¨e)* = absence
*die Menschwerdung* = incarnation; here: becoming an individual
*die Rumpffamilie (–n)* = a family that does not consist of the traditional elements of father, mother and one or more children

## Übung 19

Was halten Sie von dem Kommentar? Stimmen Sie der Meinung von Christine Brinck zu oder nicht? Begründen Sie Ihre Meinung. Schreiben Sie etwa 100 Wörter und verwenden Sie einige der Begriffe, mit denen man Zustimmung oder Ablehnung ausdrücken kann.

- Meiner Meinung (Ansicht/Auffassung) nach …
- Ich bin der Meinung (Ansicht/Auffassung), dass …
- [Die Autorin, Christine Brinck] hat (nicht) Recht.
- Ich weiß nicht, ob …
- Ich glaube (nicht), dass …
- Ich persönlich denke, dass …
- Ein weiteres Argument für/gegen … ist, dass …

## Teil 5   Schwuler Papa, guter Papa

In dem letzten Artikel zum Thema Familie geht es wieder um den Einfluss der Familie auf die Kinder. Dazu werden Ergebnisse von mehreren Studien vorgestellt. Außerdem üben Sie, Ihre Notizen gleich beim Lesen zu strukturieren.

### Übung 20

Lesen Sie den Artikel und die nachfolgenden Aussagen. Sie geben nicht den Inhalt des Artikels wieder. Unterstreichen Sie diejenigen Stellen im Text, die den Aussagen widersprechen.

# Schwuler Papa, guter Papa

Von Urs Willmann

**Homosexuelle Männer und Frauen sind vorbildliche Eltern. Heteros können von ihnen lernen**

[…]

[Es] spricht nichts dagegen, dass Schwule und Lesben genauso gute Eltern abgeben. Von lesbischen Eltern erzogene Kinder, dies belegte die US-Psychologin Charlotte Patterson in mehreren Studien, zeichnen sich durch besondere emotionale Stabilität aus. Und eine Untersuchung des Gender Institute der Londoner School of Economics zeigt, dass sich heterosexuelle Väter die Homokollegen sogar zum Vorbild nehmen könnten: Die Soziologin Gill Dunne nahm die Vaterkarrieren von hundert homosexuellen Männern unter die Lupe. Fazit: Kommt es zur Trennung oder zur Scheidung, kann es für die Kinder von Vorteil sein, wenn der Papa homosexuell ist.

In den von Dunne untersuchten Beispielen erhielt jeder vierte geschiedene Schwule die Kinder zugesprochen. Genauso viele blieben Co-Erzieher. Und in fast allen übrigen Fällen blieben die Väter in engem Kontakt mit der Familie. Wahrscheinlich weil bereits die Partnerschaft mehr auf Freundschaft denn auf sexueller Anziehung beruhte, vermutet Dunne.

„Als schwuler Vater machst du ein Nachdiplomstudium im Fach Leben", erzählte einer der Väter der Forscherin. Gleiches gilt offensichtlich für die Kinder. „Ist der Papa anders, lernen die Kinder, mit Unterschieden zurechtzukommen. Ob schwul, ob Flüchtling, ob schwarz – die Kinder entwickeln ein größeres Maß an Toleranz gegenüber Menschen, die sich von der Norm unterscheiden", sagt Dunne. Von jemand Unkonventionellem geliebt zu werden, hält Dunne für eine hervorragende Lebensschule: [...] „Die Kinder begannen, sich selbst zu definieren. Sie fragten sich: Wer bin ich? Wie bin ich?"

[...]

Ein weiteres Vorurteil ist längst ausgeräumt worden. Keine Untersuchung konnte nachweisen, dass Schwule zum Schwul- und Lesben zum Lesbischsein erziehen. Die Kinder der Million homosexuellen Eltern in Deutschland werden also, wie der Rest der Bevölkerung, zu sechs bis neun Prozent schwul oder lesbisch sein.

(Urs Willmann, Schwuler Papa, guter Papa, „Die Zeit", 32/2000, gekürzt und leicht abgeändert)

1   Kinder von homosexuellen Eltern sind emotional nicht sehr stabil.
2   Man hat herausgefunden, dass heterosexuelle Väter ein gutes Vorbild für homosexuelle Väter sind.
3   Es ist für Kinder schwer, mit Vätern zu leben, die anders sind.
4   Es ist wahrscheinlich, dass Kinder aus homosexuellen Familien später auch homosexuell werden.

# Übung 21

In dieser Übung stellen Sie Argumente aus zwei Artikeln gegenüber. Die Tabelle zeigt noch einmal die Argumente aus Übung 18. Aussagen aus dem Text „Schwuler Papa, guter Papa" liefern eine Basis für Gegenargumente. Tragen Sie sie ein und formulieren Sie Argumente.

| 1 | Wenn Menschen verschiedene Möglichkeiten des Zusammenlebens ausprobieren, ist das ihre persönliche Angelegenheit. | Es ist wissenschaftlich erwiesen, dass homosexuelle Menschen genauso gute Eltern sein können. (*„[Es] spricht nichts dagegen, dass Schwule und Lesben genauso gute Eltern abgeben. Von lesbischen Eltern erzogene Kinder, dies belegte die US-Psychologin Charlotte Patterson in mehreren Studien, zeichnen sich durch besondere emotionale Stabilität aus."*) |
|---|---|---|
| 2 | Der Staat sollte Beziehungsexperimente nur legalisieren, wenn sie kinderlos bleiben. | ... |
| 3 | Nur die Vater-Mutter-Kind-Beziehung ist natürlich. Andere Modelle (allein erziehende Mütter, Vater-Vater oder Mutter-Mutter) sind Fantasieprodukte. | ... |
| 4 | Kinder brauchen einen Vater und eine Mutter, um ihre Persönlichkeit voll und ganz zu entwickeln. Das ist bei homosexuellen Eltern nicht möglich. | ... |
| 5 | Schon im ersten Lebensjahr eines Kindes ist der Vater eine wichtige Ergänzung für das Mutter-Kind-Verhältnis. | ... |
| 6 | Der Vater hilft bei der emotionalen Trennung des Kindes von der Mutter. | ... |
| 7 | Wenn diese Trennung von der Mutter funktioniert, kann sich die Persönlichkeit des Kindes voll und ganz entwickeln. | ... |
| 8 | Nur die klassische Familie ist ideal. Rumpffamilien oder homosexuelle Familien können deshalb nicht gleich gut sein. | ... |
| 9 | Kinder haben ein Recht auf eine Familie, die funktioniert. Sie sollen nicht unter Beziehungsexperimenten leiden. | ... |

# Übung 22

Lesen Sie beide Artikel noch einmal und sammeln Sie Informationen.

1 Notieren Sie sich, wie im Beispiel, die wichtigen Aussagen der Wissenschaftler und Wissenschaftlerinnen aus den Artikeln.

**Beispiel**

| Artikel 1 | Artikel 2 |
|---|---|
| ... <br><br> • ... | Charlotte Patterson, Psychologin, USA <br><br> • ... <br> Gill Dunne, Soziologin, London School of Economics <br><br> • Homosexuelle Väter als Vorbild für heterosexuelle Väter <br> • ... |

2   Wie unterscheidet sich die Argumentation in den beiden Artikeln? Wo werden Beweise angebracht? Wann wird die eigene Meinung des Autoren/der Autorin wiedergegeben?

# Übung 23

Zum Schluss dieser Gegenüberstellung und dieses Themas schreiben Sie einen Leserbrief als Reaktion auf den Artikel „Schwuler Papa, guter Papa". Schreiben Sie etwa 150 Wörter. Stellen Sie Ihre persönliche Einstellung zum Thema des Artikels dar. Benutzen Sie außerdem Informationen aus dem Artikel „Familie ist nicht gleich Familie", um den Gegenstandpunkt zu verdeutlichen. Überzeugen Sie Ihre Leser durch Argumente und Expertenzitate. Verwenden Sie auch wieder Begriffe aus Übung 19.

Zwei alternative Anfangssätze sind hier vorgegeben.

*Mit großem Interesse habe ich den Artikel „Schwuler Papa, guter Papa" gelesen. Ich war begeistert, denn ...*

*Mit Entsetzen habe ich den Artikel „Schwuler Papa, guter Papa" gelesen. Ich war sehr enttäuscht, dass ...*

# 2 Welt der Arbeit

Nachfolgend reflektieren Sie über die Einstellung von Menschen zu ihrer Arbeit und ihrem Arbeitsumfeld. Hierzu lesen Sie Gedichte, Kurzgeschichten und Artikel. Es geht zum Beispiel um Zukunftspläne und Lebensziele und um die Frage, was uns im Leben glücklich macht (Teile 1, 8). Sie beschäftigen sich auch mit verschiedenen Arbeitsformen, z.B. Fabrikarbeit (Teile 2, 3), Beamtentum (Teil 4) und Selbstständigkeit (Teil 5–7).

Hierbei vergleichen Sie Informationen aus verschiedenen Texten und suchen nach Parallelen. Sie suchen und strukturieren Informationen aus unterschiedlichen Quellen, was Sie auf das spätere eigene Schreiben vorbereitet. Sie lernen die Mind-map kennen, ein nützliches Instrument zur Sammlung und Ordnung von Informationen.

Außerdem beschäftigen Sie sich mit Übertreibungen und bildlichen Darstellungen als Teil von satirischen Texten.

Am Ende dieses Themas haben Sie

- sich mit der Frage beschäftigt, welchen Einfluss das Arbeitsumfeld von Menschen auf deren Leben hat;

- Formen der Selbstständigkeit in Deutschland kennen gelernt;

- verschiedene Ansätze verwendet, mit denen man systematisch einen Text erschließen kann;

- Assoziationsigel und Mind-maps verwendet, um Ideen zu sammeln und Informationen zu strukturieren;

- Schlüsselinformationen in verschiedenen Quellen identifiziert;

- persönliche Stellungnahmen verfasst;

- einen kurzen Aufsatz geschrieben;

- die Verwendung von „werden" wiederholt;

- den Konjunktiv mit „würd-" verwendet;

- weitere Stilelemente in Texten kennen gelernt.

# Teil 1  Denkpause

Zur Einstimmung arbeiten Sie mit einem Gedicht von Liselotte Rauner.

## Übung 1

Eine Zeile in diesem Gedicht wurde absichtlich weggelassen. Lesen Sie das Gedicht und ergänzen Sie die fehlende Zeile. Ihrer Fantasie sind keine Grenzen gesetzt!

> **Denkpause**
> Als mein Vater
> mich zum ersten Mal fragte
> was ich werden will
> sagte ich nach kurzer Denkpause:
> „——————"
> Da sah mein Vater sehr unglücklich aus
> aber dann bin ich doch
> was anderes geworden
> und alle waren mit mir zufrieden.

(Liselotte Rauner, Denkpause in „Grammatik mit Sinn und Verstand", 1993, S. 8)

## Übung 2

Beantworten Sie nun Fragen zu dem Gedicht. Überlegen Sie …

1  … warum der Vater unglücklich aussah.
2  … warum schließlich doch alle zufrieden waren.
3  … ob die Erzählerin auch zufrieden war.
4  … warum das Gedicht in der Ich-Form geschrieben wurde.

## Übung 3

Was kann man außer „glücklich werden" noch von der Zukunft erwarten, vor allem in Bezug auf den Beruf? Notieren Sie Ihre Ideen in Stichwörtern.

# Teil 2  Auf Gegenseitigkeit

In dem nachfolgenden Gedicht und in dem Prosatext in Teil 3 geht es um Arbeit in einer Fabrik.

## Übung 4

Lesen Sie das Gedicht von Ingrid Kötter und beantworten Sie die nachfolgenden Fragen.

> **Auf Gegenseitigkeit**
> Ich arbeite am Fließband,

[handwritten: ⌐assembly line]

Du arbeitest am Fließband, [circled: Fließband]
er arbeitet am Fließband,
sie arbeitet am Fließband,
es arbeitet an ihnen.

(Ingrid Kötter, Auf Gegenseitigkeit in Rudolf Otto Wiemer (Hg.),
„Bundesdeutsch – Lyrik zur Sache Grammatik", 1974, S. 114)

1   Warum ändert sich in den ersten vier Zeilen des Gedichts nur das Pronomen?
2   Worauf beziehen sich „es" und „ihnen" in der letzten Zeile?
3   Was bedeutet Ihrer Ansicht nach die letzte Zeile?

# Teil 3  Nummer 36

[handwritten: -section]

[handwritten: However]

Auch in diesem Abschnitt geht es um die Routine eines Fabrikarbeiters. Hier werden jedoch auch die Erwartungen des Arbeitgebers angesprochen.

## Übung 5

Notieren Sie, welche Eigenschaften Ihrer Meinung nach von einer Fließbandarbeiterin beziehungsweise einem Fließbandarbeiter in einer Fabrik erwartet werden. Verwenden Sie dazu einen so genannten Assoziationsigel (spider diagram).

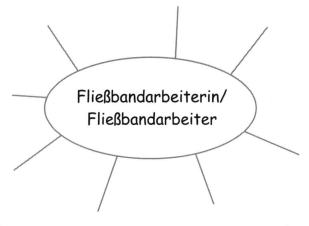

## Übung 6

Lesen Sie jetzt den Prosatext und fassen Sie die Hauptaussagen zusammen (3–4 Sätze).

### Nummer 36

Nummer 36 weiß von selbst, daß Ernst und Anstrengung notwendig sind, denn sie hat jeden Tag eine bestimmte Produktionszahl zu erreichen. [handwritten: -tight, definite]
Damit der Arbeitstag reibungslos verläuft und Störungen im festen Getriebe des Arbeitstages auch wirklich vermieden werden, wurde die Betriebsordnung

[handwritten: smoothly]

geschaffen, die den Betriebsfrieden erhalten soll. Diese Gebote, die vom Betriebsrat mit unterzeichnet sind, hängen auf einem schwarzen Brett im Betrieb.

Ihr Inhalt fordert: Sicherheit, Geheimhaltungspflicht, Fleiß, Ehrlichkeit, Sauberkeit, Nüchternheit, Wahrhaftigkeit, Opfersinn, Selbstdisziplin, Ausdauer, Pünktlichkeit, Bescheidenheit, Sparsamkeit, Zufriedenheit, Pflichtbewußtsein, Einsatzbereitschaft, Sorgfalt, Gewissenhaftigkeit, Ordnung, Ruhe, Treue, Geschicklichkeit, Zuverlässigkeit, Ergebenheit, Verzicht, Selbstaufgabe, Anhänglichkeit, Hingabe und Geduld.

Diese Bestimmungen sind zur Selbstverständlichkeit jedes redlichen Arbeiters geworden, trotzdem sie ihn in Wahrheit rechtlos machen. Nummer 36 wird Nummer 36 bleiben und als solche ungefragt hin und her geschoben werden. Eine viertel Stunde Frühstück, eine halbe Stunde Mittag.

In den Pausen sich ständig wiederholende Gespräche über Sport, Kino, Fernsehen, Sex.

Sechzehn Uhr. Der Sirenenton kündigt den Feierabend an.

Peng! Nummer 36 bleibt in der Öffnung des Kartensteckers zurück. Er geht in den Ankleideraum, duscht sich und zieht sich um. Nun fühlt er sich wieder als Mensch, nicht mehr als Nummer.

(Harald Schmid, Nummer 36 in Werkkreis Literatur der Arbeitswelt (Hg.),
„Ihr aber tragt das Risiko. Reportagen aus der Arbeitswelt", 1971)

## VOKABULAR

*im festen Getriebe* = here: in the regular pattern
*der Betriebsrat (¨e)* = factory committee
*das schwarze Brett* = notice board
*die Selbstverständlichkeit (–en)* = here: something that is automatically accepted
*trotzdem* = here: even though
*hin und her schieben* = to push around
*der Kartenstecker (–)* = machine for clocking in and out

## Übung 7

Stellen Sie sich vor, Sie leiten eine Fabrik. Welche fünf Eigenschaften würden Sie in erster Linie von Ihren Arbeiterinnen und Arbeitern erwarten? Begründen Sie Ihre Auswahl.

## Übung 8

Beantworten Sie nun die folgenden Fragen.

1   Wie wird das Gefühl der Anonymität in diesem Prosatext vermittelt?
    (a) sprachlich
    (b) inhaltlich

2   In welchem Augenblick verliert der Arbeiter seine Anonymität und wird wieder zum Menschen?

# Teil 4  Die Beamten

In dem nächsten satirischen Prosatext von Peter Bichsel geht es um eine ganz andere Berufsgruppe: Beamte.

## Übung 9

Lesen Sie zuerst den folgenden Abschnitt, der Sie mit der Anfertigung von so genannten Mind-maps vertraut macht.

Stellen Sie sich vor, Sie sehen einen Baum von oben. Im Zentrum ist der Stamm (der zentrale Punkt Ihrer Überlegungen; hier: Beamte). Die Äste repräsentieren Hauptaspekte, die Zweige repräsentieren untergeordnete Gesichtspunkte. Die Mind-map bildet also die Struktur eines Themas und kann sowohl zur Analyse als auch zur Vorbereitung eines schriftlichen Textes verwendet werden.

(Bernd Kast, „Fertigkeit Schreiben", 1999, S. 46, gekürzt und abgeändert)

Benutzen Sie jetzt das Prinzip der Mind-map, um Informationen aus den drei nachfolgenden Definitionen zu sammeln.

Verwenden Sie für diese Übung folgende Hauptaspekte (Äste!):

> Berufe • Rechte • Pflichten

**Beamte, der;** [...] (z.B. ein Lehrer oder Polizist), der im Dienst des Staates arbeitet und dadurch bestimmte Rechte (z.B. Anstellung auf Lebenszeit, Anspruch auf Pension) und Pflichten (z.B. Verfassungstreue, Streikverbot) hat.

(„Langenscheidts Großwörterbuch Deutsch als Fremdsprache", 1994, S. 122)

**Beamter (m.)** Inhaber eines öffentlichen Amtes, entweder im Staatsdienst (Staats-) oder im Dienst privatwirtschaftlicher Unternehmen (Privat-).

(Wahrig, „Deutsches Wörterbuch", 1986/1989, S. 236)

**Beamter,**

1 = im weiteren Sinne: jeder Inhaber eines Verwaltungsamtes, entweder im öffentlichen Dienst des Staates, der Gemeinden oder anderer öffentlicher Körperschaften oder im Dienst bestimmter privatwirtschaftlicher Unternehmen [...]

2 = im Sinne der Beamtengesetze ist Beamter, wer durch einen öffentlich-rechtlichen Akt in ein öffentlich-rechtliches Dienst- und Treueverhältnis berufen ist [...] Je

nachdem, in wessen Dienst der Beamte steht, sind zu unterscheiden [...]: Bundes-
beamte, Landesbeamte, Kommunalbeamte, Kirchenbeamte [...] Nach der Natur
ihrer Obligenheiten sind zu unterscheiden: richterliche Beamte und
Verwaltungsbeamte [...], Polizeibeamte, Finanzbeamte [...] Für Beamte des höheren
Verwaltungsdienstes ist bisher grundsätzlich die juristische Vorbildung erforderlich.

("Der Große Brockhaus", Band I, 1952, S. 692)

## Übung 10

Lesen Sie jetzt den Prosatext und ergänzen Sie die Mind-map aus Übung 9 mit folgenden
Ästen:

---

Aussehen • Eigenschaften

---

### Die Beamten

Um zwölf Uhr kommen sie aus dem Portal, jeder dem nächsten die Tür
haltend, alle in Mantel und Hut und immer zur gleichen Zeit, immer um zwölf
Uhr. Sie wünschen sich, gut zu speisen, sie grüßen sich, sie tragen alle Hüte.

Und jetzt gehen sie schnell, denn die Straße scheint ihnen verdächtig. Sie
bewegen sich heimwärts und fürchten, das Pult nicht geschlossen zu haben. Sie
denken an den nächsten Zahltag, an die Lotterie, an das Sporttoto, an den
Mantel für die Frau und dabei bewegen sie die Füße und hie und da denkt
einer, daß es eigenartig sei, daß sich die Füße bewegen.

Beim Mittagessen fürchten sie sich vor dem Rückweg, denn er scheint
ihnen verdächtig und sie lieben ihre Arbeit nicht, doch sie muß getan
werden, weil Leute am Schalter stehn, weil die Leute kommen müssen und
weil die Leute fragen müssen. Dann ist ihnen nichts verdächtig, und ihr
Wissen freut sie, und sie geben es sparsam weiter. Sie haben Stempel und
Formulare in ihrem Pult, und sie haben Leute vor den Schaltern. Und es
gibt Beamte, die haben Kinder gern und solche die lieben Rettichsalat,
und einige gehn nach der Arbeit fischen, und wenn sie rauchen, ziehen sie
meist die parfümierten Tabake den herberen vor, und es gibt auch
Beamte, die tragen keine Hüte.

Und um zwölf Uhr kommen sie alle aus dem Portal.

(Peter Bichsel, Die Beamten in
„Eigentlich möchte Frau Blum den Milchmann kennenlernen", 1966, S. 29)

### VOKABULAR

*das Pult* = desk
*das Sporttoto* = (football) pools

(*im Toto spielen* = to do the pools)

*… hie und da denkt einer, daß es eigenartig ist, daß sich die Füße bewegen* =
from time to time one of them thinks that it is strange that his feet are moving

## Übung 11

Es handelt sich hier um einen satirischen Prosatext. Der satirische Aspekt kommt unter anderem in den Übertreibungen zum Ausdruck, die der Autor verwendet. Lesen Sie die Geschichte noch einmal und unterstreichen Sie die entsprechenden Stellen.

### Beispiel

„[...] alle in Mantel und Hut [...].“

## Übung 12

Vergleichen Sie nun diese Geschichte mit dem Abschnitt in Übung 6. In welcher Hinsicht gibt es Parallelen zwischen den beschriebenen Personengruppen? Notieren Sie Ihre Antwort.

# Teil 5  Die Ich-AG

Ganz anders als das abhängige Arbeiten der Fabrikarbeiter oder Beamten aus den vorigen Übungen ist das Arbeiten für Selbstständige, die sich keinem Arbeitgeber oder Chef unterordnen müssen. Hiermit beschäftigen Sie sich in Teil 5 und Teil 6. Zuerst lernen Sie in zwei Beiträgen von der ZDFheute-Website eine neue Form der beruflichen Selbstständigkeit in Deutschland kennen: die Ich-AG.

## Übung 13

Wenn Sie Informationen in einem Text schnell ordnen und die Schlüsselinformationen heraussuchen wollen, hilft es oft, mit so genannten W-Fragen an den Text heranzugehen. Dies sind Fragen, deren Fragewörter mit dem Buchstaben „w“ beginnen. So erarbeiten Sie nun einen Text über das Format der Ich-AG.

(a) Vervollständigen Sie die Liste der möglichen Fragewörter.

was, wer, ... wie, wann, wohin,

(b) Schreiben Sie nun Fragen mit diesen Wörtern.

### Beispiel

**Wer darf eine Ich-AG gründen?**

(c) Lesen Sie nun den Text und beantworten Sie so viele Fragen wie möglich. Vielleicht gibt es nicht auf alle Ihrer Fragen eine Antwort.

# Stichwort: „Ich-AG"

### Der schnelle Weg in die Selbstständigkeit?

Das Wort „Ich-AG" geht auf die Hartz-Kommission [2002] zum Abbau der Arbeitslosigkeit zurück. Der Begriff steht für ein Hilfspaket, mit dem Arbeitslose ermuntert werden sollen, den Weg in die Selbstständigkeit zu gehen.

Eine „Ich-AG" – auch „Familien-AG" genannt, falls Angehörige mitarbeiten – kann jeder Arbeitslose, ABM-Beschäftigte oder Kurzarbeiter gründen, wenn er sich mit einer Geschäftsidee selbstständig machen will.

### Monatlicher Existenzgründungszuschuss

Solange der Gründer mit seinem Einkommen unter 25.000 Euro im Jahr liegt, erhält er vom Arbeitsamt einen monatlichen Existenzgründungszuschuss, maximal drei Jahre lang. Dieser Zuschuss beträgt anfangs 600 Euro, im zweiten Jahr 360 und im dritten 240 Euro monatlich. Die Bundesregierung und die Bundesanstalt für Arbeit erhoffen sich von der Regelung eine Existenzgründerwelle.

(www.heute.de/ZDF/drucken/1,3733,2030927,00.html, gefunden 07.06.05)

## VOKABULAR

*ABM = Arbeitsbeschaffungsmaßnahme* = job creation scheme
*der Kurzarbeiter* = short-time worker

## Übung 14

Ein anderer Ansatz Informationen aus einem Text zu ordnen und zu verarbeiten ist, sie in Form eines Diagrammes oder einer Tabelle darzustellen. Der folgende Text eignet sich dazu, weil zwei ähnliche Fälle beschrieben werden. Lesen Sie die Webseite über zwei Frauen, die jede eine Ich-AG gründen, und tragen Sie die Informationen in die Tabelle ein.

| Name | Ich-AG Idee | frühere Arbeit | Grund für die Gründung einer Ich-AG | Statistische Informationen |
|---|---|---|---|---|
|  |  |  |  | eine der ersten Ich-AGlerinnen bundesweit |
|  |  |  |  |  |

# SELBSTSTÄNDIG ODER ARBEITSLOS

**Erfolge und Hürden bei Ich-AGs – Beispiele aus der Praxis**

Die Ich-AG ist eines der bekanntesten Elemente der Hartz'schen Arbeitsmarktreformen. Aus Arbeitslosen sollen schnell erfolgreiche Existenzgründer werden – mit finanzieller Unterstützung durch den Staat. Die Rechnung scheint meist aufzugehen, aber für die Betroffenen sind vor allem die ersten Monate hart. Zwei Frauen haben sich durchgekämpft.

Karen Christine Angermayer ist 30 Jahre alt, arbeitet als Freie Schreibtrainerin und Texterin und hat seit zwei Jahren eine Ich-AG. Jennifer Heiman ist 24 Jahre alt, Floristin und wird eine Ich-AG gründen. Christine Angermayer ist eine der ersten Ich-AGlerinnen bundesweit. Die ehemalige Produktionsassistentin verlor ihren Job. Mit den Fördergeldern für ihre Ich-AG hat sie sich eine neue Existenz aufgebaut.

## „Die ersten Monate verfliegen"

„Das war eine ganz wichtige Förderung. Gerade im ersten Jahr. Das erste Jahr ist wahnsinnig schnell vorbei, da muss man vorher schon gut vorbereitet sein", sagt Christine Angermayer. „Ich war es zum Teil, hab mir den Rest noch schnell angelernt, also Thema: Marketing, PR, wie gehe ich nach außen, wie lasse ich Geschäftspapier – Visitenkarten erstellen, da verfliegen die ersten Monate richtig, und da ist es wichtig, eine gute Grundlage zu haben, eine Förderung, die reinkommt monatlich."

Immerhin 600 Euro pro Monat im ersten Jahr. Inzwischen läuft Christine Angermayers Kleinunternehmen richtig gut, sie berät Privatkunden und Unter- nehmen in Sachen Korrespondenz, Internetauftritt und Prospektgestaltung. Mit der Ich-AG hat sie sich einen Traum erfüllt. „Das ist für mich das Schönste auf der Welt, ich kann mir meinen Tag einteilen", sagt sie. Der sei zwar länger als bei anderen. Man gehe kaum noch aus und viele Wochenenden seien einfach mal belegt mit Arbeit. „Aber wenn die Arbeit Spaß macht, schau ich auch nicht auf die Uhr".

## Viele gescheitert

Die Industrie- und Handelskammern sind wichtige Beratungsstellen für mögliche Ich-AG-Interessenten. Zur Zeit gibt es bundesweit mehr als 160.000 dieser Kleinunternehmen. Viele sind aber auch gescheitert. „Es gibt einfach eine Fülle von Todsünden von allen Existenzgründern. Hier ganz gewiss an erster Stelle zu nennen, die mangelnde Kenntnis über die eigene Geschäftslage. Sprich; ‚Ich kann meine eigenen Zahlen nicht verstehen oder im schlimmsten Fall kenne ich sie gar nicht", erklärt Heike Cloß, Geschäftsführerin im Bereich Unternehmensförderung der IHK Saarland.

Das wird künftig kaum noch passieren. Jennifer Heimann wird einen Blumenladen übernehmen. Als eine der ersten Ich-AGlerinnen musste sie ein Geschäftskonzept vorlegen: „Da musste ich reinschreiben, wo ich mich selbstständig machen möchte, in welchem Bereich, wo in meinem Fall das Geschäft liegt, ob Konkurrenz da ist, was ich verkaufe. Diese neuen Businesspläne sollen Pleiten verhindern [...]", sagt Jennifer Heimann.

### „Lieber selbstständig als arbeitslos"

Sie hatte aber gar keine andere Wahl: „Die Alternative sieht so aus, dass ich entweder selbstständig werde oder arbeitslos bin. Meine Chefin hat mir angeboten, das Geschäft zu übernehmen, weil sie aufhören möchte."

Jennifer Heimanns Geschäftsplan ist akzeptiert, der Bammel vor der neuen Verantwortung vorbei. Sie freut sich auf ihre kleine Ich-AG.

(www.heute.de/ZDF/drucken/1,3733,2207372,00.html, gefunden 07.06.05, gekürzt)

### VOKABULAR

*bundesweit* = in the whole of Germany
*IHK (= Industrie- und Handelskammer)* = Chamber of Commerce
*der Bammel (informal)* = fear

## Übung 15

Lesen Sie den Artikel jetzt noch einmal und füllen Sie die weitere Tabelle aus.

| Vorteile der Selbstständigkeit | Nachteile/Gefahren der Selbstständigkeit |
|---|---|
| • ... *Kein Chef, viele Geld* <br> • ... *Spaß* | • ... *Stress nötig* <br> • ... <br> ... |

# Teil 6  Sind Sie ein Unternehmertyp?

Aber nicht jeder ist geeignet, sich selbstständig zu machen. Der folgende Fragebogen prüft die Bedingungen, die man erfüllen sollte, wenn man eine Unternehmerin bzw. ein Unternehmer werden will.

## Übung 16

Bevor Sie den Fragebogen lesen, suchen Sie zur Vorbereitung in der rechten Spalte die passenden Erklärungen für die Wörter in der linken Spalte.

| | |
|---|---|
| 1 der Gründer/die Gründerin (g) | (a) die Kontrolle über etwas haben |
| 2 der Vertrieb *sales department* (h) | (b) Erlebnis, aus dem man lernt |
| 3 etwas im Griff haben *TO have a grip on someone* (a) | (c) jemand, der für sich selbst arbeitet/ der sein eigener Chef ist |
| 4 mit etwas zurechtkommen (I) | (d) eine gründliche Vorbereitung auf den Beruf |
| 5 die Erfahrung *experience* (F) | (e) die Vorbereitung auf die Arbeit im Ein- und Verkauf eines Betriebs |
| 6 eine fundierte Ausbildung *well rounded training* (d) | (f) die Vorbereitung auf die Organisation und Leitung eines Unternehmens |
| 7 eine kaufmännische Ausbildung (h) | (g) jemand, der/die etwas Neues anfängt (z.B. ein Geschäft) |
| 8 eine betriebswirtschaftliche Ausbildung *Business administration* (E) | (h) die Verteilung von Produkten |
| 9 der Selbstständige/die Selbstständige (c) | (i) mit etwas keine Schwierigkeiten haben |

## Übung 17

Lesen Sie jetzt den Fragebogen und stellen Sie sich vor, Sie wollen Ihr eigenes Unternehmen gründen. Beantworten Sie die Fragen. Nennen Sie jeweils auch Gründe bzw. geben Sie Erklärungen für Ihre Antworten.

# Sind Sie ein Unternehmertyp?

**Für Gründer ist vieles möglich – und alles unsicher. Sie können unabhängig Entscheidungen treffen, selbstständig arbeiten und Verantwortung übernehmen. Dafür müssen Sie plötzlich vom Konzept bis zum Vertrieb alles im Griff haben. Nicht jeder kommt damit zurecht. Die Frage ist, ob Sie persönlich die Voraussetzungen für die Selbstständigkeit mitbringen. Je mehr Fragen Sie mit „Ja" beantworten können, umso besser:**

1 = Passt Ihre praktische Erfahrung zur Branche, in der Sie sich selbstständig machen wollen?

2 = Führungserfahrung: Haben Sie schon einmal die Arbeit von Mitarbeitern organisiert und kontrolliert?

3 = Besitzen Sie eine fundierte kaufmännische oder betriebswirtschaftliche Ausbildung oder entsprechende Erfahrung?

4 = Haben Sie schon einmal im Vertrieb gearbeitet?

5 = Sind Sie bereit, zumindest in den ersten Jahren 60 oder mehr Stunden pro Woche zu arbeiten?

6 = Wird Ihre Familie Sie unterstützen?

7 = Wollen Sie riskieren, zunächst kein regelmäßiges und stabiles Einkommen zu erzielen?

8 = Waren Sie in den vergangenen drei Jahren durchweg körperlich fit und leistungsfähig?

9 = Halten Sie auch auf Dauer Stress stand? Weichen Sie Problemsituationen nicht aus, sondern suchen Sie nach Lösungen?

10 = Sind Sie gewohnt, sich selbst Ziele zu setzen und ohne Druck durch Vorgesetzte selbstständig zu verfolgen?

11 = Verfügen Sie über ein finanzielles Polster, so dass Sie sich notfalls auch ohne Banken oder andere Kapitalgeber selbstständig machen könnten?

12 = Haben Sie andere Einkommensquellen, die den Lebensunterhalt sichern können?

13 = Glauben Sie, dass Sie als Selbstständiger noch ruhig schlafen können, wenn Sie an die möglichen Unsicherheiten einer unternehmerischen Existenz denken?

(Psycho-Tests im Web, „FOCUS Online", 10.07.00)

## VOKABULAR

*ein finanzielles Polster* = a financial cushion

# Teil 7  Selbstständig arbeiten

Sie entwickeln nun eine eigene Idee für eine Ich-AG.

## Übung 18

Gehen Sie jetzt noch einmal die Materialien durch und denken Sie sich Ihre eigene Ich-AG aus. Dies kann entweder eine ernsthafte Geschäftsidee sein oder eine verrückte Idee, die Sie lustig beschreiben können. Lassen Sie Ihrer Fantasie freien Lauf.

Wenn Sie möchten, können Sie Ihre Punkte in einer Mind-map oder in einer Tabelle sammeln. Folgende Aspekte könnten Ihre „Äste" sein:

persönliche Daten • Ich-AG-Idee • persönliche Eignung • Wünsche • mögliche Gefahren

## Übung 19

Beschreiben Sie nun Ihre Ich-AG in 300–350 Wörtern.

# Teil 8  Anekdote zur Senkung der Arbeitsmoral

Am Ende dieses Themas geht es noch einmal – wie schon in Liselotte Rauners „Denkpause" (Übung 1) – um die Idee des Glücklichseins bei der Arbeit.

## Übung 20

Lesen Sie die Geschichte und die Aussagen auf S.36. Entscheiden Sie, ob sie richtig oder falsch sind. Korrigieren Sie die falschen Aussagen.

### Anekdote zur Senkung der Arbeitsmoral

In einem Hafen an einer westlichen Küste Europas liegt ein ärmlich gekleideter Mann in seinem Fischerboot und döst. Ein schick angezogener Tourist legt eben einen neuen Farbfilm in seinen Fotoapparat, um das idyllische Bild zu fotografieren: blauer Himmel, grüne See mit friedlichen, schneeweißen Wellenkämmen, schwarzes Boot, rote Fischermütze. Klick. Noch einmal: klick, und da aller guten Dinge drei sind, und sicher sicher ist, ein drittes Mal: klick. Das spröde, fast feindselige Geräusch weckt den dösenden Fischer, der sich schläfrig aufrichtet, schläfrig nach seiner Zigarettenschachtel angelt, aber bevor er das Gesuchte gefunden, hat ihm der eifrige Tourist schon eine Schachtel vor die Nase gehalten, ihm die Zigarette nicht gerade in den Mund gesteckt, aber in die Hand gelegt, und ein viertes Klick, das des Feuerzeuges, schließt die eilfertige Höflichkeit ab. Durch jenes kaum meßbare, nie

nachweisbare Zuviel an flinker Höflichkeit ist eine gereizte Verlegenheit
entstanden, die der Tourist – der Landessprache mächtig – durch ein Gespräch
zu überbrücken versucht.

„Sie werden heute einen guten Fang machen."

Kopfschütteln des Fischers.

„Aber man hat mir gesagt, daß das Wetter günstig ist."

Kopfnicken des Fischers.

„Sie werden also nicht ausfahren?"

Kopfschütteln des Fischers, steigende Nervosität des Touristen. Gewiß liegt ihm
das Wohl des ärmlich gekleideten Menschen am Herzen, nagt an ihm die
Trauer über die verpaßte Gelegenheit.

„Oh, Sie fühlen sich nicht wohl?"

Endlich geht der Fischer von der Zeichensprache zum wahrhaft gesprochenen
Wort über. „Ich fühle mich großartig", sagt er. „Ich habe mich nie besser
gefühlt." Er steht auf, reckt sich, als wollte er demonstrieren, wie athletisch er
gebaut ist. „Ich fühle mich phantastisch."

Der Gesichtsausdruck des Touristen wird immer unglücklicher, er kann die
Frage nicht mehr unterdrücken, die ihm sozusagen das Herz zu sprengen
droht: „Aber warum fahren Sie dann nicht aus?"

Die Antwort kommt prompt und knapp. „Weil ich heute morgen schon
ausgefahren bin."

„War der Fang gut?"

„Er war so gut, daß ich nicht noch einmal auszufahren brauche, ich habe vier
Hummer in meinen Körben gehabt, fast zwei Dutzend Makrelen gefangen ..."

Der Fischer, endlich erwacht, taut jetzt auf und klopft dem Touristen
beruhigend auf die Schultern. Dessen besorgter Gesichtsausdruck erscheint
ihm als ein Ausdruck zwar unangebrachter, doch rührender Kümmernis.

„Ich habe sogar für morgen und übermorgen genug", sagt er, um des Fremden
Seele zu erleichtern. „Rauchen Sie eine von meinen?"

„Ja, danke."

Zigaretten werden in Münder gesteckt, ein fünftes Klick, der Fremde setzt sich
kopfschüttelnd auf den Bootsrand, legt die Kamera aus der Hand, denn er
braucht jetzt beide Hände, um seiner Rede Nachdruck zu verleihen.

„Ich will mich ja nicht in Ihre persönlichen Angelegenheiten mischen", sagt er,
„aber stellen Sie sich mal vor, Sie führen heute ein zweites, ein drittes,

vielleicht sogar ein viertes Mal aus und Sie würden drei, vier, fünf, vielleicht gar zehn Dutzend Makrelen fangen ... stellen Sie sich das mal vor."

Der Fischer nickt.

„Sie würden", fährt der Tourist fort, „nicht nur heute, sondern morgen, übermorgen, ja, an jedem günstigen Tag zwei-, dreimal, vielleicht viermal ausfahren – wissen Sie, was geschehen würde?"

Der Fischer schüttelt den Kopf.

„Sie würden sich in spätestens einem Jahr einen Motor kaufen können, in zwei Jahren ein zweites Boot, in drei oder vier Jahren könnten Sie vielleicht einen kleinen Kutter haben, mit zwei Booten oder dem Kutter würden Sie natürlich viel mehr fangen – eines Tages würden Sie zwei Kutter haben, Sie würden ...", die Begeisterung verschlägt ihm für ein paar Augenblicke die Stimme, „Sie würden ein kleines Kühlhaus bauen, vielleicht eine Räucherei, später eine Marinadenfabrik, mit einem eigenen Hubschrauber rundfliegen, die Fischschwärme ausmachen und Ihren Kuttern per Funk Anweisung geben. Sie könnten die Lachsrechte erwerben, ein Fischrestaurant eröffnen, den Hummer ohne Zwischenhändler direkt nach Paris exportieren – und dann ...", wieder verschlägt die Begeisterung dem Fremden die Sprache. Kopfschüttelnd, im tiefsten Herzen betrübt, seiner Urlaubsfreude schon fast verlustig, blickt er auf die friedlich hereinrollende Flut, in der die ungefangenen Fisch munter springen.

„Und dann", sagt er, aber wieder verschlägt ihm die Erregung die Sprache. Der Fischer klopft ihm auf den Rücken, wie einem Kind, das sich verschluckt hat. „Was dann?" fragt er leise.

„Dann", sagt der Fremde mit stiller Begeisterung, „dann könnten Sie beruhigt hier im Hafen sitzen, in der Sonne dösen – und auf das herrliche Meer blicken."

„Aber das tu ich ja schon jetzt", sagt der Fischer, „ich sitze beruhigt am Hafen und döse, nur Ihr Klicken hat mich dabei gestört."

Tatsächlich zog der solcherlei belehrte Tourist nachdenklich von dannen, denn früher hatte er auch einmal geglaubt, er arbeite, um eines Tages einmal nicht mehr arbeiten zu müssen, und es blieb keine Spur von Mitleid mit dem ärmlich gekleideten Fischer in ihm zurück, nur ein wenig Neid.

(Heinrich Böll, Anekdote zur Senkung der Arbeitsmoral, „Veränderungen in Staech. Erzählungen 1962–1980", 1981, S. 9–11)

## VOKABULAR

*dösen* = to doze
*der Wellenkamm (¨e)* = crest of a wave
*aller guten Dinge sind drei* = all good things come in threes

*sicher ist sicher* = just to make sure

*spröde* = here: rasping

*jenes kaum messbare, nie nachweisbare Zuviel an flinker Höflichkeit* = that hardly measurable excess of deft politeness, which can never be proved to be too much

*gereizte Verlegenheit* = irritable embarrassment

*nagt an ihm die Trauer* = sadness gnaws away at him

*geht … zum wahrhaftig gesprochenen Wort über* = actually starts to speak

*sich recken* = to stretch

*auftauen* = here: to loosen up

*die Kümmernis (–e)* = worry, trouble

*um seiner Rede Nachdruck zu verleihen* = to give his speech more emphasis

*führen … aus (Konjunktiv von „ausfahren")* = here: to go out to sea

*die Lachsrechte (pl.)* = rights to fish for salmon

*seiner Urlaubsfreude fast verlustig* = his holiday having almost been spoilt

*hereinrollende Flut* = incoming tide

*von dannen ziehen* = to depart

|  | Richtig | Falsch |
|---|---|---|
| 1 Der Tourist ist wohlhabend. | ☐ | ☐ |
| 2 Der Fischer wird durch das Klicken des Fotoapparats aufgeweckt. | ☑ | ☐ |
| 3 Der Tourist ist zurückhaltend und bietet höflich eine Zigarette an. | ☑ | ☐ |
| 4 Der Tourist ist besorgt, dass der Fischer aus Krankheits- gründen nicht ausfahren kann. | ☐ | ☑ |
| 5 Der Fischer ist mit seinem Fang zufrieden. | ☑ | ☐ |
| 6 Der Tourist macht sich unnötige Sorgen. | ☐ | ☑ |
| 7 Der Tourist möchte, dass der Fischer für ihn arbeitet. | ☑ | ☐ |
| 8 Der Tourist sagt dem Fischer ein schönes Rentnerleben voraus. | ☑ | ☐ |
| 9 Der Fischer ist mit seinem bisherigen Leben sehr unzufrieden. | ☑ | ☐ |
| 10 Der Tourist hält den Fischer für einen hoffnungslosen Fall. | ☑ | ☐ |

## Übung 21

Notieren Sie nun in Stichwörtern, was Sie über die beiden Personen, den Fischer und den Touristen, erfahren.

## Übung 22

In Bölls „Anekdote" spielt das Verb „werden" eine zentrale Rolle. Lesen Sie die Erzählung noch einmal und unterstreichen Sie alle Sätze, in denen es verwendet wird. Erklären Sie anschließend seine Bedeutung.

## Übung 23

Beantworten Sie nun abschließend eine der beiden folgenden Fragen:

*Welt der Arbeit*

1   Was macht Ihrer Meinung nach glücklich bei der Arbeit?
2   Was wollten Sie selbst als Kind werden?

# Teil 9  Arbeiten um zu leben oder leben um zu arbeiten?

Schreiben Sie nun einen Aufsatz mit dem Titel „Arbeiten um zu leben oder leben um zu arbeiten?", in dem Sie die bisher erarbeiteten Informationen verwenden. Hierin beschreiben Sie, was Sie persönlich denken, was Leute beim Arbeiten glücklich macht.

## Übung 24

Gehen Sie jetzt noch einmal die Materialien durch, mit denen Sie bisher gearbeitet haben und notieren Sie Punkte, die Sie in Bezug auf das Thema des Aufsatzes für wichtig halten.

Wenn Sie möchten, können Sie Ihre Punkte in einer Mind-map sammeln. Folgende Aspekte könnten Ihre „Äste" sein:

Einkommen • Arbeit splatz • Arbeitgeber • Arbeitsklima • Selbstständigkeit
Alternativen • Ruhe/Freizeit • Erfolg

## Übung 25

Schreiben Sie nun den Aufsatz (300–350 Wörter).

are we work for a living or living for work. also give your opinion what you think it makes people happy to be working

37 •

# 3 Umweltfragen

Anhand der folgenden Texte und Übungen informieren Sie sich über Umweltfragen in Deutschland. Zuerst geht es um das Freiwillige Ökologische Jahr (Teil 1–3), ein Programm zur Förderung des Umweltbewusstseins, das seit Mitte der neunziger Jahre erfolgreich in Deutschland läuft. Hierzu lesen Sie eine Broschüre, um systematisch die notwendigen Informationen für eine Zusammenfassung zu finden (Teil 3).

Danach erfahren Sie mehr über wichtige Energiequellen der Zukunft und mögliche Ersatzstoffe für Benzin (Teil 4–7). Außerdem erarbeiten Sie sich Informationen über die Vor- und Nachteile verschiedener alternativer Energiequellen. Zuletzt verwenden Sie Ihre neuen Kenntnisse, um selbst eine Broschüre über Wasserstoffautos zu schreiben.

Sprachlich beschäftigen Sie sich mit den Unterschieden zwischen formellem und informellem Deutsch. Hierbei erfahren Sie mehr über die stilistischen Merkmale schriftlicher Texte (Übung 5 und 18).

Am Ende dieses Themas haben Sie

- eine Umweltinitiative in Deutschland kennen gelernt;

- Informationen zu neuen Entwicklungen in Bezug auf alternative Energiequellen in Deutschland gesammelt;

- Informationen aus verschiedenen Quellen systematisch ausgewählt;

- die Bildung zusammengesetzter Wörter wiederholt, um für das Thema relevantes Vokabular zu erarbeiten;

- geübt, mit Konjunktionen lange, komplexe Sätze zu formulieren;

- die indirekte Rede in Gegenwart und Vergangenheit gelernt und geübt;

- die stilistischen Unterschiede zwischen formellem und informellem Deutsch untersucht.

# Teil 1  Das Freiwillige Ökologische Jahr (FÖJ)

„Plötzlich siehst du alles mit anderen Augen."

(Birgit, FÖJ-Teilnehmerin, in „Das freiwillige Ökojahr")

Das FÖJ begann 1987 mit einem Modellprojekt in Niedersachsen. Weitere Bundesländer folgten. Aufgrund der guten Erfolge mit den Projekten wurde 1993 nach dem Vorbild des FSJ („Freiwilliges Soziales Jahr") die gesetzliche Grundlage entwickelt. Das FSJ ist ein freiwilliger sozialer Hilfsdienst im Gesundheitswesen in Deutschland. Seit 1993 ist das FÖJ Gesetz.

## Übung 1

Bevor Sie Genaueres über den Ablauf und das Programm des FÖJ erfahren, denken Sie kurz darüber nach, was das FÖJ sein könnte. Überlegen Sie:

- was man wahrscheinlich in einem FÖJ macht,
- wer ein FÖJ macht,
- warum man vermutlich an einem FÖJ teilnimmt,
- wann man wahrscheinlich ein FÖJ macht und
- wo es stattfinden könnte.

Notieren Sie Ihre Antworten.

## Übung 2

Vergleichen Sie nun Ihre Vermutungen mit den Informationen aus einer Broschüre über das FÖJ in Bayern. Unterstreichen Sie die relevanten Stellen im Text. Welche neuen Informationen bekommen Sie, an die Sie nicht gedacht hatten?

# Das Freiwillige Ökologische Jahr ...

... ist ein Bildungs- und Orientierungsjahr für junge Leute zwischen 16 und 27 Jahren.

... weckt Verständnis für ökologische Zusammenhänge, Freude an der Natur und die Bereitschaft, sich für den Umweltschutz zu engagieren.

... besteht aus abwechslungsreichen Tätigkeiten in Einrichtungen des Natur- und Umweltschutzes oder der Umweltbildung.

... beinhaltet fünf einwöchige Seminare zum Erfahrungsaustausch, zur Umweltbildung und zur Unterstützung bei persönlichen Fragen der Lebens- und Zukunftsplanung.

... bietet den Teilnehmenden Taschengeld, Unterkunft und Verpflegung.

... wird in Bayern von drei Jugendverbänden organisiert:

JBN (Jugendorganisation Bund Naturschutz)

EJB (Evangelische Jugend in Bayern)

BDKJ (Bund der Deutschen Katholischen Jugend)

## VOKABULAR

*der Erfahrungsaustausch* = exchange of experiences

# Übung 3

Wo die jungen Menschen, die sich für ein FÖJ entscheiden, arbeiten, was sie tun und wie sie im FÖJ betreut werden, erfahren Sie in den nachfolgenden Abschnitten. Erarbeiten Sie sich vor dem Lesen zunächst einige Schlüsselbegriffe aus der bayrischen FÖJ-Broschüre.

1    Schauen Sie sich zuerst die englischen Wörter in dem Kasten an.

range of activities • area of work • environmental authority • forestry office • educational institution • support work • care of biotopes (small ecological areas) • reduction of waste • saving of energy • basis of life • experience of nature

2    Kombinieren Sie dann die Begriffe in den zwei Spalten der nachfolgenden Tabelle so, dass sie zusammen die Übersetzungen der Wörter aus Übungsteil 1 ergeben. Falls notwendig, schlagen Sie die Regeln zur Bildung zusammengesetzter Wörter in Ihrem Grammatikbuch nach.

| | |
|---|---|
| die Aufgabe | das Spektrum |
| die Hilfe | die Vermeidung |
| das Biotop | die Behörde |
| der Müll | die Einsparung |
| die Bildung | die Tätigkeit |
| die Natur | die Grundlage |
| die Umwelt | der Bereich |
| das Leben | das Amt |

| der Forst | die Pflege |
|-----------|------------|
| die Energie | die Einrichtung/die Stätte |
| die Tätigkeit | die Erfahrung |

## Übung 4

Lesen Sie jetzt weitere Informationen aus der Broschüre. Lesen Sie anschließend die Aussagen 1–6 auf S.43. Sie sind falsch. Notieren Sie diejenigen Stellen aus der Broschüre, die diese Aussagen widerlegen.

# Einsatzstellen

Die FÖJ-Teilnehmer arbeiten ein Jahr in einer Einrichtung mit dem Schwerpunkt Umwelt- und Naturschutz oder Umweltbildung mit. Die Vielfalt der Einsatzstellen ermöglicht ein breit gefächertes Tätigkeitsspektrum. Die Bewerber und Bewerberinnen können mitentscheiden, in welchen Aufgabenbereichen bzw. an welcher Einsatzstelle sie arbeiten möchten – je nach Interesse und Begabung.

- Ökologische Landwirtschaft und Gartenbau
- Umwelt-, Naturschutzbehörden und Forstämter
- Bildungseinrichtungen und Jugendhäuser
- Forschung
- Umweltverbände
- Jugendverbände
- Sonstige

# Tätigkeiten und Projekte

Durch ihr Engagement unterstützen die FÖJ-Teilnehmerinnen und Teilnehmer ökologische Projekte, übernehmen praktische Hilfstätigkeiten oder arbeiten weitgehend selbstständig, z.B. in der Bildungsarbeit, bei der Biotoppflege oder in der ökologischen Landwirtschaft.

Die meisten Einsatzstellen bieten Kombinationen verschiedener Tätigkeitsbereiche an. So gewinnen die Jugendlichen einen umfassenden Einblick in ökologische Zusammenhänge.

Im Laufe des Einsatzjahres lernen die FÖJ-Teilnehmenden zunehmend selbstständig und eigenverantwortlich zu arbeiten.

Beispiele von Projekten, die bisher selbstständig durchgeführt wurden:

- Ökologischer Gartenanbau in Bildungsstätten
- Bau von Sonnenkollektoren
  [...]

- Ausstellungen zu ökologischen Themen wie Müllvermeidung, Energie-einsparung
- Ökologische Renovierungsarbeiten in Jugendhäusern
- Kreative Workshops mit Kindern und Jugendlichen
- Fortbildungstage für Erzieher/innen: „Naturerfahrungsspiele mit Kindern"
- Anlage von Biotopen

# Seminare

In einer Seminargruppe sind ca. 30 Teilnehmerinnen und Teilnehmer, die von je einem der drei Bildungsträger betreut werden.

Bei der Auswahl der Themen und Methoden werden die Wünsche der Teilnehmer berücksichtigt.

Beispiele bisheriger Seminarthemen:

- Alternative Energien: Sonne, Wind, Wasser
- Heilkräuter und Naturheilverfahren
- Ernährung und ökologische Landwirtschaft
- Unser Boden – Lebensgrundlage, Lebensraum
- Global denken – lokal handeln
- Lebensstile und grüne Berufe
- Lebensraum Wasser
- Lebensraum Wald
- Naturerfahrung – Naturverständnis – Naturschutz

# Wie werde ich FÖJ-Teilnehmer?

Voraussetzung zur Teilnahme am FÖJ ist, dass du zwischen 16 und 27 Jahre alt bist, Interesse für ökologische Aufgaben mitbringst und bereit bist, dich ein Jahr lang an einer Einsatzstelle für den Umwelt- und Naturschutz zu engagieren. Ein bestimmter Schulabschluss ist nicht erforderlich. Sowohl junge Frauen als auch junge Männer können beim FÖJ mitmachen. Das FÖJ ist kein Zivildienst oder Wehrersatzdienst, sondern beruht auf freiwilliger Basis. Es wird von verschiedenen Hochschulen als Praktikum anerkannt.

Wenn du dich für das FÖJ bewerben möchtest, dann wende dich an einen der drei Jugendverbände, die das FÖJ in Bayern organisieren:

- Bund der Deutschen Katholischen Jugend (BDKJ)
- Evangelische Jugend in Bayern (EJB)
- Jugendorganisation Bund Naturschutz (JBN)

Diese drei Träger geben dir gerne weitere Auskünfte über das FÖJ und schicken dir die erforderlichen Bewerbungsunterlagen zu: einen Bewerbungsbogen, ein Informationsblatt über das FÖJ sowie eine Liste mit den FÖJ-Einsatzstellen in Bayern.

(FÖJ Kontaktstelle, „Freiwilliges Ökologisches Jahr in Bayern", o.J.)

## VOKABULAR

*der Fortbildungstag* = training day
*die Heilkräuter* (pl.) = medicinal herbs
*das Naturheilverfahren (–)* = natural treatment
*der Zivildienst (sing.)/der Wehrersatzdienst* (sing.) = community service (as an alternative to compulsory military service)

1   Die Bewerber und Bewerberinnen haben keinen Einfluss darauf, an welcher Einsatzstelle sie arbeiten werden.
2   Die FÖJ-Teilnehmerinnen und Teilnehmer können nur Hilfstätigkeiten übernehmen und unter Anleitung arbeiten.
3   Während des FÖJ arbeiten die Jugendlichen nur in einem einzigen Bereich des Umweltschutzes.
4   Die Themen der begleitenden Seminare werden nur von den Organisatoren bestimmt.
5   Hauptzielgruppe des FÖJ sind Abiturienten.
6   Für junge Männer stellt das FÖJ eine Alternative zum Wehrdienst dar.

# Übung 5

Der Stil des letzten Abschnitts der Broschüre („Wie werde ich FÖJ-Teilnehmer?") unterscheidet sich von den Formulierungen in allen anderen Abschnitten.

Schauen Sie sich zum Beispiel diese beiden Aussagen an:

**„Die FÖJ-Teilnehmer arbeiten ein Jahr in einer Einrichtung mit dem Schwerpunkt Umwelt- und Naturschutz oder Umweltbildung mit."**

**„Voraussetzung zur Teilnahme am FÖJ ist, dass du zwischen 16 und 27 Jahre alt bist [...]"**

Die erste Aussage ist eher typisch für geschriebenes Deutsch. Mit der zweiten Aussage versuchen die Organisatoren des FÖJ, junge Menschen für ihre Projekte zu gewinnen. Sie sprechen sie deshalb direkt an und verwenden das weniger formelle „du".

Lesen Sie die nachfolgende Version des letzten Abschnittes. Sie ist eher typisch für geschriebenes Deutsch; vergleichen Sie sie mit der Originalversion in Übung 4. Was fällt Ihnen auf? Notieren Sie Ihre Beobachtungen.

# Teilnahmevoraussetzungen für das FÖJ

Das Mindestalter für die Teilnahme an einem FÖJ beträgt 16 Jahre (Höchstalter 27 Jahre). Wichtige Voraussetzungen sind Interesse an ökologischen Aufgaben und die Bereitschaft, sich ein Jahr lang an einer Einsatzstelle für den Umwelt- und Naturschutz zu engagieren. Ein bestimmter Schulabschluss ist nicht erforderlich. Die Teilnahme steht sowohl jungen Frauen als auch jungen Männern offen und beruht auf freiwilliger Basis. Das FÖJ kann deshalb nicht als Zivildienst oder Wehrersatzdienst angerechnet werden. Es wird jedoch von verschiedenen Hochschulen als Praktikum anerkannt.

Bewerberinnen und Bewerber für das FÖJ wenden sich bitte an einen der drei Jugendverbände, die das FÖJ in Bayern organisieren [...]

Weitere Auskünfte über das FÖJ sowie die erforderlichen Bewerbungsunterlagen (ein Bewerbungsbogen, ein Informationsblatt über das FÖJ sowie eine Liste mit den FÖJ-Einsatzstellen in Bayern) sind bei den Trägern erhältlich.

## Teil 2  Erfahrungen

In einem weiteren Teil der Broschüre sprechen ehemalige Teilnehmerinnen und Teilnehmer des FÖJ über ihre Erfahrungen. Sie lesen, welchen Einfluss dieses Jahr auf das Leben der jungen Menschen hatte. Anschließend geben Sie die Aussagen der jungen Leute in der indirekten Rede wieder.

### Übung 6

Lesen Sie die Aussagen der jungen Leute und entscheiden Sie, wer welche Aspekte anspricht. Ergänzen Sie dann die enchendtspreen Namen in der Tabelle.

| Name | Erfahrungen/Einfluss auf Leben und Zukunftspläne |
|------|--------------------------------------------------|
|      | hat gelernt, dass Umweltaktionen gründlich am Schreibtisch vorbereitet werden müssen |
|      | hat stärkeres Selbstbewusstsein |
|      | hat erfahren, wie es ist, berufstätig zu sein |
|      | hat ihre Liebe zur Natur entdeckt |
|      | kann eine Pause machen und über ihre Zukunft nachdenken |
|      | hat Orientierung für seine Zukunft gefunden |
|      | hat in wenig Zeit viel Neues gelernt |

# Erfahrungen

Nach Angaben der Teilnehmer hat das FÖJ einen großen Einfluss auf ihr Leben und ihre Zukunftspläne. Auch nach dem FÖJ wollen sie verstärkt auf einen ökologischen Lebensstil achten. Das FÖJ trägt nicht nur dazu bei, sich viel Wissen im Umweltbereich anzueignen, sondern stärkt auch das Selbstbewusstsein und Durchsetzungsvermögen.

Die Teilnehmer meinen auch, dass sie sich durch die Erfahrungen im FÖJ eine realistischere und umfassendere Denkweise aneignen konnten.

Das FÖJ trägt zur Entwicklung eigener Lebensperspektiven bei und ermöglicht eine langsame Ablösung von zu Hause.

Auch bei der beruflichen Orientierung bietet das FÖJ Hilfestellungen. Viele Teilnehmer entscheiden sich nach dem FÖJ für eine Ausbildung oder ein Studium im Umweltbereich. In jedem Fall wollen sie ökologische Aspekte in ihre spätere berufliche Tätigkeit miteinbeziehen.

„Die schönste Erfahrung habe ich auf den Seminaren gemacht. Ich hatte das Gefühl von den anderen akzeptiert und ernst genommen zu werden. Man kam eigentlich mit allen Leuten gut aus. Das war sehr wichtig für mein Selbstbewusstsein."
**Katrin, 21 Jahre**
(FÖJ-Teilnehmerin 95/96)

„Hervorragend am FÖJ gefallen mir die Seminare. Was man alles in einer Woche Wissenswertes erfahren, erleben und behalten kann, hat mich sehr beeindruckt."
**Johannes, 16 Jahre**
(FÖJ-Teilnehmer 96/97)

„Ich habe ja nicht nur im Bereich Naturschutz was gelernt, sondern grundsätzlich wie ich mit Leuten umgehe, wie ich mit Vorgesetzten umgehe. Ich habe die Natur lieben gelernt. Ich habe sie schon vorher sehr gern gehabt, aber jetzt eben noch mehr."
**Francis, 20 Jahre**
(FÖJ-Teilnehmerin 96/97)

„Auch im Praktischen konnte ich viel für mich gewinnen. So musste ich zum ersten Mal in meinem Leben 38,5 Stunden in der Woche arbeiten und das über einen längeren Zeitraum. Ich denke, dass dies eine gute Erfahrung war, vor dem Studium, wo man dann doch wieder mehr freie Zeit hat ... Ich habe also gelernt, wie es ist, jeden Tag zum Arbeitsplatz zu müssen und dort eine Menge Aufgaben zu haben. Andererseits wurde mir bewusst, dass der spätere Beruf etwas sein sollte, das wirklich Spaß macht, da man die meiste Zeit im Jahr am Arbeitsplatz ist."
**Claudia, 20 Jahre**
(FÖJ-Teilnehmerin 95/96)

„Überraschend war für mich, wie wichtig die Schreibarbeit beim Natur- und Umweltschutz ist. Da ich in einem Büro und nicht auf einem Bauernhof arbeitete, wurde mir allmählich klar, wie viel Vorarbeit hinter einem Projekt oder einer öffentlichkeitswirksamen Aktion steht. Es musste telefoniert und Lobbyarbeit betrieben werden. Außerdem habe ich Konzepte vorbereitet und Artikel geschrieben und vieles mehr, was vorher für mich nie in den Bereich Umweltschutz gehört hatte."

**Anke, 20 Jahre**
(FÖJ-Teilnehmerin 95/96)

„Das FÖJ ist für mich eine Chance, Luft zu holen, um über meine persönlichen Ziele Klarheit zu finden, eine Zeit, in der ich lerne, selbstständig Verantwortung zu übernehmen, und vor allem die Erfahrung, dass ich mit meinen Wünschen, Träumen und Versuchen nicht alleine bin. Ich bin dankbar dafür, dass ich dieses Jahr verbringen darf und hoffe, dass ich der Einsatzstelle wenigstens einen Teil von dem, was sie mir bringt, zurückgeben kann."

**Daniela, 21 Jahre**
(FÖJ-Teilnehmerin 96/97)

„Die Arbeit und das Umfeld waren es auch, die mich erkennen ließen, wo meine Schwächen und Stärken liegen, was mich letztendlich die erhoffte Orientierung für mein späteres Leben finden ließ."

**Stefan, 21 Jahre**
(FÖJ-Teilnehmer 95/96)

(FÖJ-Kontaktstelle, „Freiwilliges Ökologisches Jahr in Bayern", o.J.)

## VOKABULAR

*das Durchsetzungsvermögen* = ability to assert oneself
*öffentlichkeitswirksame Aktion* = effective publicity event

## Übung 7

Lesen Sie die Aussagen der Jugendlichen noch einmal und unterstreichen Sie zur Vorbereitung auf die nächste Übung alle Verben.

## Übung 8

Wählen Sie nun drei Aussagen aus Übung 6 und formulieren Sie sie in der indirekten Rede. Sie üben dabei, wie man berichtet, was eine andere Person gesagt hat.

Da die Teilnehmerinnen und Teilnehmer teilweise im Rückblick über das FÖJ sprechen, müssen Sie an einigen Stellen die indirekte Rede in der Vergangenheit verwenden. Sie erhalten deshalb zunächst einen Überblick über die wichtigsten Formen:

| Direkte Rede<br>Indikativ (Imperfekt/Perfekt) | Indirekte Rede<br>Konjunktiv 1 oder<br>Konjunktiv 2 |
|---|---|
|  | Er/Sie sagt/sagte/hat gesagt, … |
| Ich wusste vor dem FÖJ nicht, was ich im Leben machen wollte. | … er/sie habe vor dem FÖJ nicht gewusst, was er/sie im Leben machen wollte.<br>**oder**:<br>… er/sie hätte vor dem FÖJ nicht gewusst, was er/sie im Leben machen wollte. |
| Ich habe daran gedacht, Biologie zu studieren. | … er/sie habe daran gedacht, Biologie zu studieren.<br>**oder**:<br>… er/sie hätte daran gedacht, Biologie zu studieren. |
| Deshalb bin ich zum Büro unseres Jugendverbands gegangen, um mich über das FÖJ zu informieren. | … er/sie sei deshalb zum Büro seines/ihres Jugendverbands gegangen, um sich über das FÖJ zu informieren.<br>**oder**:<br>… er/sie wäre deshalb zum Büro seines/ihres Jugendverbands gegangen, um sich über das FÖJ zu informieren. |

Falls Sie noch weitere Regeln möchten, schauen Sie sich die Erklärungen zur indirekten Rede in Ihrem Grammatikbuch an, bevor Sie mit der Aufgabe fortfahren.

Verwenden Sie Verben wie „berichten", „sagen", „meinen", „finden", „betonen" usw., um wiederzugeben, was die Jugendlichen gesagt haben. Nennen Sie jeweils auch ihre Namen.

### Beispiel

**„Die schönste Erfahrung habe ich auf den Seminaren gemacht. Ich hatte das Gefühl von den anderen akzeptiert und ernst genommen zu werden. Man kam eigentlich mit allen Leuten gut aus. Das war sehr wichtig für mein Selbstbewusstsein."** (Katrin)

**Katrin berichtet, sie habe/hätte ihre schönsten Erfahrungen auf den Seminaren gemacht. Sie habe/hätte das Gefühl gehabt, von den anderen akzeptiert und ernst genommen zu werden. Man sei/wäre eigentlich mit allen Leuten gut ausgekommen. Das sei/wäre sehr wichtig für ihr Selbstbewusstsein gewesen.**

# Teil 3  Zusammenfassung

Fassen Sie nun die Informationen über das FÖJ zusammen, indem Sie besonders auf die Bedeutung des FÖJ für die persönliche Entwicklung der Jugendlichen eingehen. Folgen Sie diesen Schritten:

### Übung 9

Lesen Sie noch einmal die Informationen über das FÖJ in Teil 1 und Übung 2 sowie die einzelnen Abschnitte der Broschüre. Notieren Sie die wichtigsten Punkte in Stichwörtern.

### Übung 10

Wählen Sie ein oder zwei Aussagen ehemaliger FÖJ-Teilnehmerinnen und -Teilnehmer, die Sie zitieren wollen. Wählen Sie das Zitat beziehungsweise die Zitate so, dass sie den Inhalt Ihrer Zusammenfassung klarer machen.

### Übung 11

Entscheiden Sie sich für eine passende Überschrift.

### Übung 12

Schreiben Sie nun Ihre Zusammenfassung (250–300 Wörter). Geben Sie die Zitate in der indirekten Rede wieder.

# Teil 4  Das Bedürfnis nach Mobilität akzeptieren

In den folgenden Auszügen geht es um eine alternative Energiequelle der Zukunft: den Wasserstoff. Sie beschäftigen sich mit der Entwicklung des Wasserstoffautos und der Bedeutung des Autos als Transportmittel im Allgemeinen.

### Übung 13

In einem Thesen-Papier haben Politiker der Partei Grüne/Bündnis 90 einen Überblick über ihren Standpunkt zum Thema Auto, Verkehr und Umweltschutz gegeben. Das Papier enthält Abschnitte mit den folgenden Überschriften, jedoch nicht in dieser Reihenfolge.

Lesen Sie das Thesen-Papier und ergänzen Sie die Überschriften zu den einzelnen Abschnitten.

(a) Das Öl wird bald sehr teuer werden
(b) Das Auto garantiert individuelle Mobilität
(c) Die Effizienzreform: das 3-Liter-Auto
(d) Die individuelle Mobilität stößt an ihre Grenzen
(e) Wasserstoff ist nur ökologisch, wenn er umweltverträglich erzeugt wird
(f) Individuelle Mobilität muss umweltverträglicher werden
(g) Die Wasserstoffvision

# „Das Bedürfnis nach Mobilität akzeptieren"

**Auszüge aus dem Neun-Thesen-Papier der Grünen Rezzo Schlauch, Albert Schmidt und Michaela Hustedt zur Autopolitik ihrer Partei**

1 ...

[...] Für viele Menschen ist das Auto gleichbedeutend mit der Freiheit, jederzeit spontan entscheiden zu können, wohin man will. [...] Für Jugendliche ist der Führerschein die Eintrittskarte ins Erwachsenenleben. [...] Für Frauen bedeutet das Auto Sicherheit auf nächtlichen Straßen und die einzige Möglichkeit, Familie und Beruf unter einen Hut zu bringen. [...] Dies alles trägt dazu bei, dass die große Mehrheit der Bevölkerung auf jede Einschränkung des Pkw-Verkehrs ablehnend reagiert. Daran werden auch die Grünen in absehbarer Zeit nichts ändern. Das Bedürfnis nach individueller Mobilität ist zu akzeptieren.

2 ...

[...] Ohne eine Stabilisierung und Absenkung der $CO_2$-Emissionen auch im Verkehr werden die Klimaschutzziele nicht zu erreichen sein. Zudem drohen viele große Städte der Welt im Smog der Automobile zu ersticken. Hier ist eine Grenze erreicht, wo das Auto die Lebensqualität dramatisch reduziert. [...] Das Auto der Zukunft muss emissionsfrei sein.

3 ...

Die Ölreserven reichen nur noch für wenige Jahrzehnte. Deshalb ist das Öl ein viel zu wertvoller Rohstoff, um es einfach nur im Ottomotor zu verbrennen. Wir hängen am Tropf der Opec-Staaten – mit allen politischen und wirtschaftlichen Konsequenzen.

4 ...

Wasserstoff ist ein sauberer Energieträger. Er verbrennt völlig schadstofffrei zu Wasser. [...] Er kann Benzin, Diesel oder Kerosin ersetzen.

5 ...

Wasserstoff ist immer nur so ökologisch wie der Energieträger, der zu seiner Erzeugung eingesetzt wird. Nur solar bzw. regenerativ erzeugter Wasserstoff macht das Wasserstoffauto zum echten Null-Emissions-Fahrzeug. [...] Die Umsetzung der Wasserstoffvision wird nicht in wenigen Jahren möglich sein.

[...]

8 ...

Für etliche Jahre [werden noch] Benzin, Diesel und Kerosin als Primärenergieträger beherrschend bleiben. Das 3-Liter-Auto und eine erhebliche

Verbrauchsreduktion aller Typen sind zeitnah umsetzbar. Die Flotten müssen auf einen geringeren Höchstverbrauch verpflichtet werden. [...]

9 ...

Schon jetzt begrenzt der Stau die faktische Bewegungsfähigkeit – obwohl der mit Abstand größte Investitionshaushalt seit Jahrzehnten für den Straßenbau aufgewendet wird. [...] Auf der Strecke bleiben dabei Natur- und Landschaftsschutz genauso wie der Schutz der Bevölkerung vor Verkehrslärm und die Bewegungsfreiheit insbesondere von Kindern. [...] Deshalb müssen grüne Konzepte, zum Beispiel zur Verlagerung von Gütern auf Bahn und Binnenschiff oder für den Ausbau des öffentlichen Nah- und Fernverkehrs [...], intensiv weiterverfolgt werden.

("taz", 30.05.00, gekürzt)

## VOKABULAR

*unter einen Hut bringen* = here: to combine
*das Klimaschutzziel* = climate protection target
*am Tropf hängen* = to be on a drip; here: to depend on
*schadstofffrei* = containing no harmful substances
*das 3-Liter-Auto* = a car capable of doing 100 kilometres on three litres of fuel
*umsetzbar* = attainable
*der Investitionshaushalt* = capital expenditure budget
*auf der Strecke bleiben* = to fall by the wayside

## Übung 14

Lesen Sie nun die folgenden Aussagen und entscheiden Sie, welche Alternative (a, b oder c) jeweils den Inhalt des Thesenpapiers wiedergibt.

1 (a) Viele Menschen können ohne Auto nicht entscheiden, wohin sie wollen. ☐
  (b) Vielen Menschen gibt das Auto die Möglichkeit, jederzeit dorthin
     zu kommen, wohin sie wollen. ☐
  (c) Viele Menschen können nicht spontan entscheiden, wohin sie wollen,
     weil sie kein Auto haben. ☐
2 (a) Viele Frauen, die kein Auto haben, gehen nachts nicht auf die Straßen. ☐
  (b) Viele Frauen trauen sich nur im Auto nachts auf die Straßen. ☐
  (c) Viele Frauen fühlen sich nachts auf den Straßen im Auto sicher. ☐
3 (a) Das Auto bedeutet Lebensqualität. Trotzdem werden viele
     Großstädte in Autoabgasen ersticken. ☐
  (b) Wenn Großstädte in Autoabgasen ersticken, hat das Auto einen
     sehr negativen Einfluss auf die Lebensqualität. ☐
  (c) Wenn in Großstädten weniger Autos fahren, geht auch die
     Lebensqualität dramatisch zurück. ☐

4 (a) Die Reserven des Rohstoffs Öl gehen in einigen Jahren aus.
Wir können es deshalb nicht einfach in Automotoren verbrennen. ☐

(b) Da die Ölreserven in einigen Jahren ausgehen, müssen wir jetzt
so viel Öl wie möglich in Automotoren verbrennen. ☐

(c) Da das Öl ein wertvoller Rohstoff ist, gibt es nur noch für
wenige Jahrzehnte Reserven. ☐

5 (a) Wasserstoffautos sind nur schadstofffrei, wenn der Wasserstoff
mit Hilfe von Windenergie erzeugt wurde. ☐

(b) Wasserstoffautos sind nur schadstofffrei, wenn der Wasserstoff
emissionsfrei hergestellt wurde. ☐

(c) Wasserstoffautos sind nur schadstofffrei, wenn ökologischer
Wasserstoff verwendet wurde. ☐

6 (a) Bald wird es das 3-Liter-Auto geben und der Verbrauch an Benzin
oder Diesel wird erheblich zurückgehen. ☐

(b) Bald wird es das 3-Liter-Auto geben, das mit Wasserstoff betrieben wird. ☐

(c) Bald wird es das 3-Liter-Auto geben. Der Höchstverbrauch von
Benzin und Diesel muss jedoch noch festgelegt werden. ☐

7 (a) Es wird sehr viel Geld in den Bau von Straßen investiert, mindestens
genauso viel wie in den Schutz der Bevölkerung und den Umweltschutz. ☐

(b) Es wird nicht nur sehr viel Geld in den Bau von Straßen investiert,
sondern auch in den Schutz der Bevölkerung und den Umweltschutz. ☐

(c) Es wird sehr viel Geld in den Bau von Straßen investiert. Deshalb
bleibt wenig Geld für den Schutz der Bevölkerung und den Umweltschutz. ☐

# Übung 15

Formulieren Sie die Hauptaussagen des Thesen-Papiers neu. Verwenden Sie dazu die vorgegebenen Satzanfänge und Stichwörter.

Wenn Sie möchten, können Sie sich vorher noch einmal in Ihrem Grammatikbuch die Erklärungen zur Stellung des Verbs in Nebensätzen ansehen, die mit „dass", „da", „weil", „denn" usw. beginnen.

## Beispiel

**Auch grüne Politiker müssen respektieren, dass ...**

**(assoziieren – die meisten Deutschen – mit dem Auto – Freiheit und größere Flexibilität – Sicherheit – sowohl – als auch)**

**Auch grüne Politiker müssen respektieren, dass die meisten Deutschen mit dem Auto sowohl Freiheit und größere Flexibilität als auch Sicherheit assoziieren.**

1 Umweltschutz ist jedoch ebenso wichtig wie individuelle Flexibilität, denn ...
(erreichen [Perfekt] – in Großstädten – vor allem – das Volumen – der Autoabgase – einen kritischen Punkt)

2 Unsere Abhängigkeit von Ländern, die Erdöl fördern, muss allmählich abnehmen, weil ...

(abnehmen – die Ölvorräte – und – Erdöl als Kraftstoff – für Autos – sein – zu wertvoll)

3 Wasserstoff bietet eine echte Alternative zu traditionellen Kraftstoffen, da ...

(gelangen – bei seiner Verbrennung – schädlichen Teilchen – in die Umwelt – keine)

4 Dies ist allerdings nur garantiert, wenn ...

(der Wasserstoff – selbst – herstellen [Passiv] – kann – schadstofffrei)

5 Obwohl wir noch eine Zeit lang die herkömmlichen Kraftstoffe verwenden werden, ...

(festlegen [Passiv] – gesetzlich – der maximale Verbrauch – von Benzin, Diesel und Kerosin – müssen)

6 Außerdem müssen die öffentlichen Verkehrsmittel stärker genutzt und mehr Güter mit der Bahn oder auf Schiffen transportiert werden, da ...

(begrenzen – Stau – Verkehrslärm – und – die höhere Mobilität – schon – heute)

# Teil 5  Und was kommt nach dem Sprit?

Lesen Sie nun einen Artikel aus dem Wochenmagazin „Stern", in dem die Autoren neben Wasserstoff auch andere Energiequellen für das Auto der Zukunft untersuchen.

## Übung 16

1 In dem Artikel werden verschiedene Energiequellen für den Antrieb von Autos genannt. Ordnen Sie zunächst zur Vorbereitug auf das Lesen die Erklärungen in der rechten Spalte der entsprechenden Energiequelle in der linken Spalte zu.

| 1 Strom | (a) ist gemeinsam mit Erdöl entstanden und besteht hauptsächlich aus Methan (80–95%). |
| --- | --- |
| 2 Brennstoffzelle | (b) ist ein Speiseöl. |
| 3 Wasserstoff | (c) ist eine gasbetriebene Batterie, die durch kalte, elektrochemische Verbrennung eines Gases (meist Wasserstoff) Energie erzeugt. |
| 4 Erdgas | (d) ist fließende Elektrizität. |
| 5 Salatöl | (e) ist ein farb- und geruchloses Gas und das leichteste aller chemischen Elemente. |

2   Außerdem werden in dem Artikel einige Begriffe rund ums Auto genannt. Ordnen
    Sie den deutschen Wörtern die entsprechende englische Übersetzung zu.

| | |
|---|---|
| 1  der Treibstoff | (a)  petrol |
| 2  der Verbrennungsmotor | (b)  internal combustion engine |
| 3  die Kupplung | (c)  petrol pump |
| 4  das Schaltgetriebe | (d)  clutch |
| 5  der Sprit (*colloquial*) | (e)  silencer |
| 6  der Schalldämpfer | (f)  piston engine |
| 7  der Auspuff | (g)  fuel |
| 8  der Kolbenmotor | (h)  manual transmission |
| 9  die Zapfsäule | (i)  exhaust |

# Übung 17

Lesen Sie den Artikel und die Informationen in der Tabelle auf S.56–7. Entscheiden Sie, um
welchen Treibstoff es sich jeweils handelt.

# Und was kommt nach dem Sprit?

**Überall wird daran gearbeitet, das AUTO DER ZUKUNFT ohne Benzin oder Diesel fahren zu lassen. Aber die meisten Alternativen sind noch nicht vorhanden, zu gefährlich oder zu teuer.**

Die Zukunft hat längst begonnen. In Stuttgart fahren Versuchsautos der A-Klasse von Daimler-Chrysler, die mit Wasserstoff angetrieben werden. In Berlin kommen [...] Bus-Passagiere in den Genuss des exotischen Treibstoffs [...]. Wer will, kann sich heute schon vom Erdöl unabhängig machen: Namhafte Hersteller bieten Erdgas-Autos an. [...]

Benzin- wie Diesel-Autos sind langfristig Auslaufmodelle. Ein Alternativtreibstoff muss her. [...] Der Stern vergleicht die Antriebsalternativen und sagt, was sie taugen.

STROM Elektrischer Antrieb ist, wie auf der Schiene, für Autos prinzipiell besser geeignet als der komplizierte Verbrennungsmotor. Kupplung, Schaltgetriebe und Schalldämpfer entfallen ersatzlos. Dafür hakt es beim Stromspeicher. Ausreichende Akkus bringen es locker auf eine halbe Tonne Gewicht und erzielen doch nur 250 Kilometer Reichweite bei bescheidenen Fahrleistungen. Sie müssen stundenlang nachgeladen und, wie heutige Starterbatterien, nach vier bis fünf Jahren komplett erneuert werden, was leicht 10 000 Mark kostet. Der Nutzen für die Umwelt hängt von der Art der Stromerzeugung ab, da die Emission vom Auspuff lediglich ins Kraftwerk verlagert wird.

Fazit: Elektroantrieb wäre wunderbar, funktioniert richtig nur mit einem langen Draht [...].

BRENNSTOFFZELLE Zur Zeit die große Hoffnung der Autoindustrie. Alle bedeutenden Hersteller experimentieren mit der 161 Jahre alten Erfindung des Engländers William Grove, die aus Wasserstoff und Luft ohne Verbrennung, ohne Bewegung, ohne Lärm laufend Strom produziert. [...] Leistung und Reichweite sind kein Problem, und aus dem Auspuff tröpfelt nur warmes Wasser. Der Haken: Wasserstoff gibt es nicht. Er muss produziert werden – etwa durch elektrische Spaltung von Wasser in Wasserstoff und Sauerstoff. Diese Elektrolyse kostet massenhaft Strom und lässt den Gesamtwirkungsgrad dramatisch fallen. Daimler-Chrysler verfolgt daher einen komplizierten Umweg: Aus Methanol, einem giftigen Alkohol, wird an Bord des Fahrzeugs in einem eigens eingebauten „Reformer" Wasserstoff abgespalten. Doch dann ist es aus mit dem emissionsfreien Auspuff – der Reformer setzt [...] Kohlendioxid frei. Auch gibt es noch Probleme mit Gewicht und Kosten.

Fazit: Eine Hoffnung für die Zukunft mit vielen Fragezeichen.

WASSERSTOFF PUR Die Brennstoffzelle ist keineswegs der einzige Weg, um aus Wasserstoff Bewegung zu machen. Das explosive Gas lässt sich, wie Benzin, auch im althergebrachten Kolbenmotor verbrennen. Schon der Erfinder des Otto-Motors, der Ingenieur Nikolaus Otto, fütterte seine ersten Prototypen im Jahr 1867 mit Gas. [...] Was bleibt, ist der schwierige Umgang mit dem sauberen Treibstoff: In ganz Deutschland gibt es zur Zeit nur eine einzige Tankstelle (in München), deren Roboter-Technik menschliche Bedienungsfehler ausschaltet. Vernünftig speichern lässt sich Wasserstoff nur in tiefkaltem Zustand (minus 254 Grad), was eine entsprechend teure Isolierung im Auto bedingt. Und beim Parken verflüchtigen sich pro Tag rund drei Prozent des Tankinhalts. Das ist so, als würde das Auto mit laufendem Motor in die Garage gestellt.

Fazit: Es fließt noch viel Wasser die Isar hinunter, bis Wasserstoff an der Tankstelle um die Ecke gezapft wird.

ERDGAS Momentan der einzige Weg, um den hohen Spritpreisen zu entgehen – und umweltfreundlich obendrein. Die Menge, die ein Liter Benzin ersetzt, kostet dank derzeit garantierter Steuerfreiheit nur rund 75 Pfennig. Jedoch muss, bevor das Sparen beginnt, die anfängliche Investition herausgefahren werden: Den zusätzlichen Versorgungsstrang („bivalente Bauweise") gibt's kaum unter 6000 Mark. Verlässt man sich auf alleinigen Gasbetrieb („monovalent"), kostet der Antrieb [...] nur wenig mehr als die Diesel-Version. Doch dann sind die Käufer auf die noch dünne Versorgung angewiesen. Nur rund 140 Gastankstellen gibt es hierzulande, davon die Hälfte auf städtischen Busbetriebshöfen, die Freitag-mittag Schluss machen. Bisher sind 6000 Autofahrer auf Erdgas umgestiegen – Tendenz: schnell wachsend.

Fazit: Eine Spartechnik für mutige Pioniere, die aber wegen begrenzter Erdgas-vorräte keine Langfristperspektive bietet.

SALATÖL Dieselmotoren sind anspruchslos und fressen fast alles. Ihr Erfinder Rudolf Diesel mutete ihnen sogar Kohlenstaub zu. Salatöl, im Supermarkt für wenig mehr als eine Mark pro Liter zu haben, eignet sich auch, fanden Bastler heraus. [...] Die Industrie warnt vor Langzeitschäden. [...] Erfahrene Promoter des „Bio-Diesels" wie Klaus Elsbett aus Thalmässing raten zur Vorwärmung des Öls, um es dünnflüssiger zu machen. [Für einen ] [...] Umbau [im Motor] werden schnell 5000 bis 6000 Mark fällig. Die Garantie des Autoherstellers verfällt in jedem Falle.

Fazit: Riskant und nur für ältere Motoren geeignet – moderne Diesel sind zu empfindlich.

BENZIN/DIESEL Das deutsche Umweltbundesamt hält nichts von all diesen Alternativen und empfiehlt für die nächsten Jahrzehnte die Weiterentwicklung des Benzinmotors, während es dem Diesel mit seinem weltweit geringen Marktanteil und wegen gesundheitlicher Bedenken keine Zukunft gibt. Für den Wasserstoff ist die Zeit noch nicht gekommen, glauben die Berliner Wissenschaftler. „Sein Einsatz ist wegen der besonders hohen Verluste zur Herstellung und Aufbereitung abzulehnen." Wenn überhaupt, sei er besser in

Kraftwerken zu nutzen. Fürs Auto bringe schrittweise Verbesserung der herkömmlichen Technik mehr: „Eine Halbierung des Kraftstoffverbrauchs heutiger Fahrzeuge ist durch motor- und fahrzeugseitige Verbesserungen möglich."

Fazit: Die Zukunft liegt im Drei-Liter-Auto mit Sprit aus der altbekannten Zapfsäule – jedenfalls auf absehbare Zeit.

(Peter Thomsen und Bruce Meek, Und was kommt nach dem Sprit?,
„Stern", 33/10.08.00, gekürzt)

## VOKABULAR

*das Auslaufmodell* = s.th. that is discontinued
*es hakt bei* = there are problems with
*der Gesamtwirkungsgrad* = the extent to which s.th. is effective overall
*zapfen* = to fill, to draw
*herausfahren* = to get back the original investment
*der Versorgungsstrang (⁼e)* = supply line
*Mark* = older German currency; today Euro

| Mark | Euro |
|------|------|
| 1,96 | 1 |
| 1000 | 511,29 |
| 2000 | 1022,58 |
| 5000 | 2556,46 |

*die Langfristperspektive (Wortschöpfung für „die langfristige Perspektive")* = long-term perspective

| Energiequelle | Vorteile | Nachteile |
|------|------|------|
| 1 | Autos können schnell und weit fahren; sind fast emissionsfrei. | Der Treibstoff muss erst erzeugt werden; die Erzeugung kostet sehr viel Elektrizität; das Speichern des Treibstoffs ist momentan noch problematisch; diese Alternative ist teuer. |
| 2 | Diese Alternative ist preisgünstig, steuerfrei und gut für die Umwelt; man kann diese Alternative und den bisherigen Treibstoff verwenden; wird immer beliebter. | Man muss für Veränderungen am Auto bezahlen; es ist momentan noch schwierig, nur diese Alternative zu verwenden. |

| Energiequelle | Vorteile | Nachteile |
|---|---|---|
| 3 | Im Grunde besser als bisheriger Antrieb für Autos; man braucht keine Kupplung, Schalldämpfer usw. | Es gibt Probleme mit dem Speichern dieses Treibstoffs; Autos fahren nicht sehr schnell und nicht sehr weit; das Laden der Energie dauert sehr lang; diese Alternative ist sehr teuer; ist prinzipiell nicht besser für die Umwelt. |
| 4 | Dieser Treibstoff ist preisgünstig und einfach zu kaufen. | Diese Alternative kann nur einen bestimmten Treibstoff ersetzen; ist langfristig nicht gut für den Motor; erfordert teure Veränderungen am Motor. |
| 5 | Diese Alternative kann in den existierenden Motoren verwendet werden. | Dieser Treibstoff ist gefährlicher als die anderen Alternativen; das Speichern ist schwierig, wenn man nicht fährt, „verschwindet" der Treibstoff langsam! |

# Übung 18

Dieser Artikel enthält Wörter und Sätze beziehungsweise Satzkonstruktionen, die eher untypisch für geschriebenes Deutsch sind. Es gibt umgangssprachliche Formulierungen und unvollständige Sätze. Hier sind einige Beispiele. In Klammern finden Sie jeweils Formulierungen, die eher typisch für geschriebenes Deutsch sind.

- umgangssprachliche Formulierungen:
  „ein Alternativtreibstoff muss her" (Wir brauchen einen Alternativtreibstoff.)
  „Der Stern [...] sagt, was sie taugen" (Der Stern beurteilt die Antriebsalternativen.)
- unvollständiger Satz:
  „Zur Zeit die große Hoffnung der Autoindustrie." (Diese Alternative ist zur Zeit die große Hoffnung der Autoindustrie.)
- umgangssprachliche Formulierung und unvollständiger Satz:
  „Der Haken: Wasserstoff gibt es nicht." (Das Problem ist, dass es keinen Wasserstoff gibt.)

Lesen Sie den Artikel jetzt noch einmal und finden Sie jeweils ein oder zwei weitere Beispiele. Formulieren Sie die Beispiele neu, so dass sie eher typisch für geschriebenes Deutsch sind.

# Teil 6  Die Zukunft ohne Benzin – Wasserstoffautos im Wettbewerb

Im folgenden Artikel werden die beiden Lösungen „Wasserstoffauto" und „Brennstoffzellenauto" gegenübergestellt.

## Übung 19

Lesen Sie den Artikel und notieren Sie anschließend Informationen über die Vor- und Nachteile der beiden Autos. Verwenden Sie dazu auch den Inhalt des „Stern"-Artikels in Übung 14.

# Die Zukunft ohne Benzin – Wasserstoffautos im Wettbewerb

Alle Wasserstoffautos haben eines gemeinsam: Ihre Abgase sind reiner Wasserdampf.

Alle Autohersteller sind sich einig: Wasserstoff ist der Kraftstoff der Zukunft.

*Wie nahe ist diese Zukunft?*

In München wurde vor kurzem die erste vollautomatische Wasserstofftankstelle eröffnet. Entscheidend hat sich BMW an dieser Entwicklung beteiligt. Der Münchner Konzern hat ein Auto entwickelt, das Wasserstoff genauso wie Benzin tanken kann. Sein Motor sieht au wie jeder andere auch, nur kann er eben auch Wasserstoff verbrennen. Damit unterscheidet sich BMW von fast allen anderen Herstellern.

Die überwiegende Zahl von ihnen, darunter auch Daimler-Chrysler, setzen auf die Brennstoffzelle. Diese liefert Strom als die Energie für das Auto.

Die Brennstoffzelle ist die sogenannte „Kalte Verbrennung" von Wasserstoff und Sauerstoff. [...] Dabei entsteht Energie, die als Strom abgegriffen wird. Der Necar 4, das „No Emission Car", wird in etwa fünf Jahren serienreif sein. Die Entwicklung ist inzwischen so weit, dass die Brennstoffzelle wesentlich kleiner und leichter geworden ist. Das war der bisherige Nachteil dieser Elektro-Autos.

*Welche Antriebsart ist näher an der Serienreife?*

Der Verbrennungsmotor ist nach Ansicht von BMW für die nächsten 15 Jahre die wichtigste Antriebsart. Deshalb kann ihr Auto auch mit Benzin fahren. Solange es noch kein ausreichendes Netz von Wasserstofftankstellen gibt, ist das Auto dennoch jederzeit betriebsfähig.

Das Brennstoffzellenauto erfordert aber einen grundsätzlichen Wechsel der Antriebsart. Auf seinen Einsatz wird man also ein paar Jahre länger warten müssen.

(Hessischer Rundfunk, http://www.hr-online.de/wenndannda/ib/
mobil/9367225819168.html, 09.09.99, gekürzt)

**VOKABULAR**

*Energie, die als Strom abgegriffen wird* = energy accessed in the form of electricity

*die Serienreife* = the fact that s.th. is ready to go into production

| Wasserstoffauto | | Brennstoffzellenauto | |
|---|---|---|---|
| Vorteile | Nachteile | Vorteile | Nachteile |
| | | | |

# Teil 7  Broschüre

Für welches Auto würden Sie sich entscheiden? Welche Lösung überzeugt Sie?

Stellen Sie sich vor, Sie sollten andere von einer Lösung überzeugen. Entscheiden Sie sich für eine der beiden Alternativen – Wasserstoffauto oder Brennstoffzellenauto – und entwerfen Sie eine kleine Broschüre. Folgen Sie den Schritten in Übungen 20 bis 24.

## Übung 20

Schauen Sie sich – als Beispiel für eine Broschüre – noch einmal die Abschnitte in den Übungen 2 und 4 an.

## Übung 21

Lesen Sie dann noch einmal das Thesen-Papier der Grünen in Übung 13 beziehungsweise die Lösung zu Übung 15. Schauen Sie sich auch noch einmal die Informationen über die anderen Treibstoffe in Übung 17 und die Lösung zu Übung 19 an.

## Übung 22

Entscheiden Sie sich nun, in wie viele Abschnitte Sie Ihre Broschüre unterteilen wollen (mindestens drei Abschnitte), und notieren Sie Stichwörter für jeden Abschnitt.

## Übung 23

Formulieren Sie jetzt eine Überschrift für jeden Abschnitt.

## Übung 24

Bringen Sie nun die Abschnitte in eine logische Reihenfolge und schreiben Sie den vollständigen Text der Broschüre (350–400 Wörter).

# 4 Medien – von der Zeitung zum Internet

In Thema 4 geht es um deutsche Medien. Zunächst konzentrieren Sie sich auf die deutsche Boulevardpresse, wie zum Beispiel die „Bild"-Zeitung (Teil 1–3), und lernen diese Art der Presse kennen. Sie erfahren, wie Artikel geschrieben werden und welchen Eindruck sie bei ihren Leserinnen und Lesern erwecken. Hierzu schauen Sie sich zwei konkrete Beispiele an. Dabei arbeiten Sie auch mit einem Lied eines bekannten deutschen Liedermachers. Anschließend lesen und bearbeiten Sie mehrere Texte, in denen es um die Rolle von Büchern und Zeitungen in der heutigen Gesellschaft geht. Dabei beschäftigen Sie sich unter anderem mit der Rolle des Journalismus heutzutage, mit *e*Books und einem Artikel über eine Zeitung, die nur im Internet veröffentlicht wird (Teil 4–6).

In den Übungen zum Schreiben einer schriftlichen Arbeit befassen Sie sich mit dem Hauptteil und wie man diesen plant. Sie sammeln Informationen und schreiben zwei unterschiedliche Pläne für eine schriftliche Arbeit (Teil 7).

Sie wiederholen verschiedene grammatische Punkte, mit denen Sie Ihr eigenes Schreiben komplexer machen können, wie Relativpronomen (Übung 23), Konjunktionen (Übung 24) und die verschiedenen Funktionen des Verbs „werden" (Übung 30).

Am Ende dieses Themas haben Sie

- Ihr Wissen über die Rolle verschiedener Medien in Deutschland vertieft;
- über den Einfluss von Zeitungen reflektiert;
- verschiedene Textsorten kennen gelernt;
- die Aufmachung und den Stil einer deutschen Boulevardzeitung analysiert;
- einen Artikel im Stil einer Boulevardzeitung geschrieben;
- die Struktur journalistischer Prosa analysiert;
- geübt, wie man systematisch Texten Informationen entnimmt;
- geübt, wie man eine Argumentation strukturiert;
- den Hauptteil eines Aufsatzes geplant.

# Teil 1   Was in der Zeitung steht

Zur Einstimmung arbeiten Sie mit dem Text eines Liedes von Reinhard Mey, das sich mit dem Einfluss der Presse auf unser Leben beschäftigt. Dabei wiederholen Sie auch verschiedene Arten von Pronomen.

## Übung 1

In der ersten Übung geht es um einige wichtige Wörter aus dem Lied. Ordnen Sie den deutschen Begriffen den jeweils passenden englischen Ausdruck zu.

| | |
|---|---|
| 1  die Schlagzeile   *G* | (a)  to stumble |
| 2  die Verwechslung   *N* | (b)  invented, fabricated, made up |
| 3  erlogen   *b* | (c)  by mistake |
| 4  sich wehren   *K* | (d)  to investigate, to research |
| 5  taumeln   *a* | (e)  release, salvation |
| 6  sich stur stellen   *q* | (f)  editorial office |
| 7  der Pförtner   *M* | (g)  headline |
| 8  wie Pech kleben   *R* | (h)  editor |
| 9  jdm.ausweichen   *J* | (i)  duty editor |
| 10  die Erlösung   *E* | (j)  to avoid s.o., to get out of the way of s.o. |
| 11  jdm.anhängen   *P* | (k)  to defend oneself |
| 12  der Redakteur   *h* | (l)  corrected version |
| 13  recherchieren   *D* | (m) doorman |
| 14  der Chef vom Dienst   *I* | (n)  confusion, mix-up |
| 15  aus Versehen   *C* | (o)  regret |
| 16  die Gegendarstellung   *L* | (p)  to stick to s.o. |
| 17  das Bedauern   *o* | (q)  to dig your heels in |
| 18  die Redaktion   *F* | (r)  to stick like mud |

## Übung 2

Lesen Sie nun die ersten beiden Strophen des Liedes. Sind die nachfolgenden Aussagen richtig oder falsch? Korrigieren Sie die falschen Aussagen.

**Reinhard Mey: Was in der Zeitung steht**

Wie jeden Morgen war er pünktlich dran
und seine Kollegen sah'n ihn fragend an:
„Sag mal, hast du noch nicht geseh'n, was in der Zeitung steht?"
Er schloss die Türe hinter sich,
hängte Hut und Mantel in den Schrank fein säuberlich,
setzte sich, „na woll'n wir erst mal seh'n, was in der Zeitung steht!"
Und da stand es fett auf Seite zwei:
Finanzskandal, sein Bild dabei
und die Schlagzeile „wie das wohl so weitergeht!"
Er las den Text, ihm war sofort klar:
Eine Verwechslung, nein, da war kein Wort von wahr,
aber wie kann etwas erlogen sein, was in der Zeitung steht!

Er starrte auf das Blatt, das vor ihm lag
es traf ihn wie ein heimtückischer Schlag,
wie ist es möglich, dass so etwas in der Zeitung steht?
Das Zimmer ringsherum begann sich zu dreh'n,
die Zeilen konnte er nur noch verschwommen seh'n,
„wie wehrt man sich nur gegen das, was in der Zeitung steht?"
Die Kollegen sagten, „stell dich einfach stur!"
Er taumelte zu seinem Chef, über den Flur:
„Aber selbstverständlich, dass jeder hier zu Ihnen steht!
Ich glaub' das Beste ist, Sie spannen erst mal aus,
ein paar Tage Urlaub, bleiben Sie zu Haus',
Sie wissen ja, die Leute glauben gleich alles, nur weil's in der Zeitung steht."

|   |   | Richtig | Falsch |
|---|---|:---:|:---:|
| 1 | Der Mann ist unordentlich und unpünktlich. | ☐ | ☑ |
| 2 | An diesem Morgen liest er die Zeitung. | ☑ | ☐ |
| 3 | In der Zeitung steht ein Artikel über ihn. | ☑ | ☐ |
| 4 | Es geht in dem Artikel um einen Sexskandal. | ☐ | ☑ |
| 5 | Der Artikel enthält die Wahrheit. | ☑ | ☐ |
| 6 | Der Mann ist sehr schockiert. | ☑ | ☐ |
| 7 | Seine Kollegen und sein Chef unterstützen ihn. | ☑ | ☐ |
| 8 | Der Chef rät dem Mann, dass er den Artikel ignorieren und einfach seine Arbeit machen soll. | ☐ | ☑ |

## Übung 3

Was, glauben Sie, passiert als Nächstes? Was macht der Mann, nachdem sein Chef ihn nach Hause geschickt hat? Notieren Sie Ihre Ideen.

*Er geht nach Haus und sieht die Fernsehen*

# Übung 4

Lesen Sie nun die restlichen vier Strophen und finden Sie heraus, ob die Geschichte so weitergeht, wie Sie gedacht haben. Lesen Sie anschließend die Sätze 1–9, die das Lied zusammenfassen, und bringen Sie sie in die richtige Reihenfolge.

Er holte Hut und Mantel, wankte aus dem Raum,
nein, das war Wirklichkeit, das war kein böser Traum,
wer denkt sich so was aus, wie das, was in der Zeitung steht?
Er rief den Fahrstuhl, stieg ein und gleich wieder aus,
nein, er ging doch wohl besser durch das Treppenhaus,
da würd' ihn keiner seh'n, der wusste, was in der Zeitung steht!
Er würde durch die Tiefgarage geh'n,
er war zu Fuß, der Pförtner würde ihn nicht seh'n,
der wusste immer ganz genau, was in der Zeitung steht,
er stolperte die Wagenauffahrt 'rauf,
sah den Rücken des Pförtners, das Tor war auf,
das klebt wie Pech an dir, das wirst du nie mehr los, was in der
Zeitung steht.

Er eilte zur U-Bahnstation,
jetzt wüssten es die Nachbarn schon,
jetzt war's im ganzen Ort herum, was in der Zeitung steht.
Solang die Kinder in der Schule war'n,
Solange würden sie es vielleicht nicht erfahr'n,
sber irgendwer hat ihnen längst erzählt, was in der Zeitung steht.
Er wich den Leuten auf dem Bürgersteig aus, ihm schien
die Blicke aller richteten sich nur auf ihn,
der Mann im Kiosk da, der wusste Wort für Wort, was in der Zeitung
steht.
Wie eine Welle war's, die über ihm zusammenschlug,
wie die Erlösung kam der Vorortzug!
Du wirst nie mehr ganz frei, das hängt dir ewig an, was in der Zeitung
steht.

„Was woll'n Sie eigentlich?" fragte der Redakteur,
„Verantwortung? Mann, wenn ich das schon hör'!
Die Leute müssen halt nicht alles glauben, nur weil's in der Zeitung
steht!
Na schön, so 'ne Verwechslung kann schon mal passieren,
da kannst du auch noch so sorgfältig recherchier'n.
Mann, was glauben Sie, was Tag für Tag für'n Unfug in der Zeitung
steht!"
„Ja", sagte der Chef vom Dienst, „das ist wirklich dumm,
aber ehrlich, man bringt sich doch nicht gleich um,
nur weil mal aus Verseh'n was in der Zeitung steht."

Die Gegendarstellung erschien am Abend schon,

fünf Zeilen, mit dem Bedauern der Redaktion,

aber Hand aufs Herz, wer liest, was so klein in der Zeitung steht?

(Reinhard Mey, „… von Anfang an …", 1977, S. 153)

1   Er geht schnell zur U-Bahn.

2   Der Redakteur der Zeitung und der Chef vom Dienst versuchen, sich zu rechtfertigen.

3   Aber die Frage ist, ob irgend jemand so etwas liest.

4   Der Mann verlässt das Büro.

5   Er hat Angst, dass alle Leute wissen, was in der Zeitung steht.

6   Die Zeitung veröffentlicht eine kurze Korrektur des Artikels.

7   Da er niemanden treffen will, nimmt er nicht den Fahrstuhl, sondern geht durch das Treppenhaus.

8   Er wirft sich vor den Zug, weil er keinen anderen Ausweg sieht.

9   Er geht durch die Tiefgarage, um dem Pförtner aus dem Weg zu gehen.

## Übung 5

Welche Folgen hatte der Zeitungsartikel für den Mann? Was hätten Sie gemacht? Beantworten Sie die folgenden Fragen.

1   Wie reagiert der Mann auf den Zeitungsartikel? *Schockiert*

2   Wie ändert sich seine Einstellung zu Zeitungen im Allgemeinen? *Kollegen, Chef*

3   Wie reagieren der Redakteur und der Chef vom Dienst? Was sagen sie in der letzten Strophe über Zeitungsnachrichten? *es ist wirklich dumm*

4   Wie würden Sie reagieren? Warum? *gleich wenn der Artikel falsch war*

## Übung 6

Da es in dem Lied viele Pronomen gibt, wiederholen Sie in dieser Übung verschiedene Pronomentypen. Lesen Sie den Liedtext noch einmal. Welche Arten von Pronomen können Sie finden? Notieren Sie jeweils mindestens ein weiteres Beispiel in der Tabelle.

| Pronomen | Beispiele |
|---|---|
| Personalpronomen | ich, er, sie, du, ihn, ihm |
| Possessivpronomen | seinem, … |
| Relativpronomen | der, … der, die, das, deren |
| Reflexivpronomen | dich, … sich |

## Übung 7

Beantworten Sie die folgenden Fragen

1 Welche Personalpronomen werden für den Mann benutzt? *Er, ihn, ihm*
2 Warum hat der Mann in dem Lied keinen Namen? *einfach er es an Lied*
3 Überlegen Sie, weshalb insgesamt so viele Pronomen verwendet werden.

## Teil 2 Das Erfolgsrezept der „Bild"-Zeitung

In diesem Auszug aus einem Buch beschäftigen Sie sich mit der größten deutschen Boulevardzeitung, der „Bild"-Zeitung. Sie erfahren hier mehr über das Konzept, die Aufmachung und die Themen dieser Zeitung.

### Übung 8

Zunächst geht es jedoch um Boulevardzeitungen im Allgemeinen. Schreiben Sie auf, was Sie über diesen Zeitungstyp wissen. Sie können dies in Form eines Assoziogramms machen. Wenn Sie Ihre Ideen schon strukturieren möchten, können Sie eine Mind-map (siehe Schreibwerkstatt Thema 2) benutzen.

### Übung 9

Lesen Sie nun den Abschnitt über die „Bild"-Zeitung. Notieren Sie sich in Stichwörtern, was das Erfolgsrezept der „Bild"-Zeitung ist.

**VOKABULAR**

*die Bundesliga* = German national football league
*Geschichten mit „sozialem Mief"* = stories reeking of social problems

# Das Erfolgsrezept der „Bild"-Zeitung

Die Zeitung sollte eine „Tagesillustrierte" werden, mit vielen Fotos, eine Art Fernsehen in starren Bildern. So stellten sich der Verleger Axel Springer und eine Handvoll Redakteure Anfang der 50er Jahre die Bild-Zeitung vor. Denn Bilder – das wussten die Zeitungsbastler – finden den Weg sehr viel schneller zum Gehirn des Menschen und können eine Nachricht viel einfacher übermitteln als Wörter. Und konkurrenzlos billig sollte die Zeitung sein [...] und damals möglichst nur zehn Pfennig kosten.

Axel Springer spekulierte damit auf den „optischen und akustischen" Menschen, auf den „modernen Analphabeten", wie sein Freund Hans Zehrer einmal schrieb. Am 24. Juni 1952 erschien die erste Ausgabe der Bild-Zeitung.

[...]

In der Bild-Zeitung dominieren großformatige Fotos, Schlagzeilen, rote Unterstreichungen und Umrandungen. In mundgerechten Happen, raffiniert zurechtgemacht, werden die Geschichten dem Leser angeboten. Er wird nicht verstandesmäßig angesprochen, sondern über das Auge und mit Gefühlen. Fallen bei einem Bundesligaspiel zwei sensationelle Tore hintereinander, heißt die Schlagzeile: PATSCH! PATSCH! JUBEL! Jeder weiß, was gemeint ist. Komplizierte Sachverhalte werden in Losungen und Schlagworten zusammengefasst.

Am Kiosk liegt der Stapel Bild-Zeitungen zusammengefaltet. Nur die obere Hälfte der Seite 1 ist zu sehen. Alles was hier steht, muss neugierig machen und zum Kauf reizen: Die riesengroße Schlagzeile – die ist unkompliziert, man muss nicht lange nachdenken. Kaufanreiz muss auch das Seitenfoto sein, meistens ein hübsches halbnacktes Mädchen, von dem nur das lächelnde Gesicht in die obere Hälfte hineinragt. Man weiß, das ist zwar nur ein Foto, aber man würde es trotzdem gern ganz sehen – und kauft es.

Das Erfolgsrezept des Massenblattes ist nicht nur die plakative Aufmachung, sondern auch die spezielle Themenmischung und der Schreibstil. Nachrichten, Sport, Politik, sexy Mädchenfotos, harte Kriminalstorys, weiche Tiergeschichten, Horror-Reportagen und Prominenten-Klatsch werden leseleicht dargeboten. Die Themen decken die wichtigen Gefühlsbereiche des Lesers ab. Geschichten mit „sozialem Mief" werden „kosmetisch" behandelt. [...] Das gilt für die Texte wie für die Fotos. Sie sollen den Leser ansprechen und nicht abstoßen.

Die Bild-Zeitung stellt sich vielen Lesern als der „große Bruder" dar, an den man sich hilfesuchend wenden kann. Zum Beispiel in der Aktion „Bild kämpft". Täglich kommen Hunderte von Briefen: „Liebes Bild, ich habe da ein Problem ..." Und Bild verhandelt für den Leser dann mit Behörden, besorgt Kindergeld, verhindert Kündigungen usw. Das hinterlässt beim Leser den Eindruck von Autorität und Macht.

[...]

Abends beim Bier überlegten Reporter mal, wie die optimale Bild-Schlagzeile aussehen müsste. Eine Schlagzeile, in der alle Klischees, mit denen die Zeitung arbeitet, um die Leser zu fangen, schlagwortartig zum Ausdruck kämen. Ein Kollege formulierte sie so: BLINDER DEUTSCHER SCHÄFERHUND LECKT MARILYN MONROE BRUSTKREBS WEG!

(Hans Schulte-Willekes, „Schlagzeile. Ein ‚Bild'-Reporter berichtet", 1977, gekürzt)

## Übung 10

Schauen Sie sich nun die Fragen 1–7 an. Lesen Sie dann den Text noch einmal und machen Sie sich Notizen zu den folgenden Fragen

1. Was ist das Konzept der Zeitung?
2. Wie sieht das Layout aus?
3. Was findet der Leser/die Leserin auf Seite 1?
4. Was umfasst die Themenmischung der „Bild"-Zeitung?
5. Was wird vermieden?
6. Was macht die Aktion „Bild kämpft"?
7. Welche Themen werden in der optimalen „Bild"-Schlagzeile angesprochen?

## Übung 11

Auf S. 68 sehen Sie die Titelseite einer Ausgabe der „Bild"-Zeitung. Sehen Sie sich diese Titelseite an und lesen Sie dann Ihre Antworten aus den Übungen 9 und 10. Vergleichen Sie diese Antworten mit dem Inhalt der Titelseite und ergänzen Sie eventuell Ihre Antworten.

## Übung 12

Lesen Sie nun den Artikel auf S. 69 und machen Sie sich Notizen zu den folgenden Punkten:

- die Schlagzeile
- das Layout
- die verwendeten Fotos
- die Sprache des Artikels (Länge der Sätze, Wortwahl, Verwendung von Zitaten, anderes)
- anderes

## Übung 13

Schreiben Sie nun einen Artikel im Stil der „Bild"-Zeitung über ein Thema, das Sie interessiert oder das gerade aktuell ist.

# Teil 3 „Bei Sturm schwappt das Wasser aus der Badewanne"

Im Folgenden arbeiten Sie mit einem Auszug aus einem Buch von Günter Wallraff, der 1977 mehrere Monate lang unter dem Pseudonym Hans Esser als Journalist für die „Bild"-Zeitung gearbeitet hat. Sie erfahren, wie bei dieser Zeitung Artikel entstehen und was mit der Wahrheit passiert. Außerdem üben Sie, eine Gliederung für einen Aufsatz zu schreiben.

## Übung 14

Lesen Sie zunächst die folgenden Aussagen. Lesen Sie dann den Auszug aus Wallraffs Buch „Der Aufmacher". Wo finden Sie diese Informationen? Unterstreichen Sie die entsprechenden Stellen im Text.

(Die „Bild"-Zeitung, 17.06.05, S. 1)

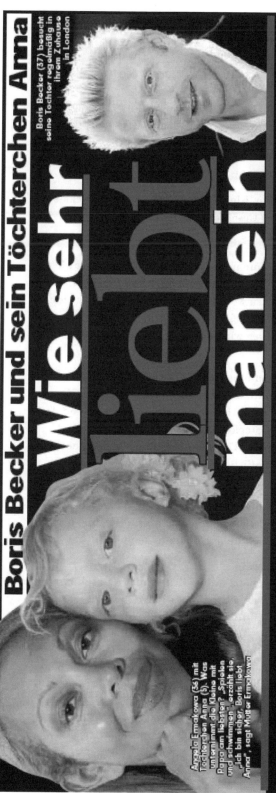

## Boris Becker und sein Töchterchen Anna

# Wie sehr liebt man ein Sex-Unfall-Baby?

Boris Becker (37) besucht seine Tochter regelmäßig in ihrem Zuhause in London

Angela Ermakowa (36) mit Töchterchen Anna (5). Was unternimmt die Kleine mit Papa am liebsten? „Spielen und schwimmen", erzählt sie. „Ich bin sicher, Boris liebt Anna", sagt Mutter Ermakowa

Wahrscheinlich hat Boris damals geflucht, wie ertappte Männer eben fluchen: Verdammte Schande, reingelegt hat sie mich, abgezockt, wie saudumm von mir, das war ein teurer Spaß. Und auch gedacht: Das Unglück muß ich mir nicht auch noch ansehen! Wut verraucht. Wonne verzahnt.

Denn heute wird der Erzeuger-Stolz auf sein 5-Sekunden-Kind schauen. Mehr Ebenbild als seine anderen zwei, Boris pur, hier reift ein Papa-Kind - und jeder noch so einsame Wolf erkennt den eigenen Wurf, das steckt in den Genen drin.

Boris hätte nur eine Chance gehabt, dieses Kind nicht zu lieben: Er hätte es nie sehen dürfen. Denn das erste Lächeln, der erste Laut eines Babys fängt dich wie ein Netz auf Lebenszeit.

### Von WILLI SCHMITT

Wider-Willen-Vater Becker hat ja auch schnell umgeschwenkt nach einem Vaterschaftstest, der so kostspielig und so offensichtlich unnötig war: In seiner Biographie „Augenblick, ... verweile doch ..." (erschienen 2003) hat Boris eingestanden:

„Wir hatten kaum Kontakt, bis kurz vor Annas 2. Geburtstag, als ich sie zum ersten Mal sah. Bis dahin hatte ich Anna nicht als mein Kind betrachtet. Würde ich trotzdem Vatergefühle für sie entwickeln?"

Boris über das erste Treffen: „Mit gemischten Gefühlen betrat ich die Wohnung. Anna aber war ganz normal. Sie sprang mich nicht gerade an, war nicht gerade überschwenglich, hatte aber Zutrauen ... Natürlich tappte ich mich dabei, wie ich sie unter die Lupe nahm: Wem sieht sie ähnlich, wie benimmt und wie hält sie sich."

ne Tochter zu lieben." Er hat gelächelt, er hat noch ein wenig gemurrt, aber dann hat er nur noch geschwiegen und Angela Ermakowa, die Blitzbekanntschaft, und ihre (nun auch seine) Tochter Anna alle 2 Monate in London besucht. Boris liebt Kinder, er hat von seinen Eltern auch nur Liebe erfahren.

Das liegt eben in der Natur, das konnte nicht mal der Mann mit dem härtesten Tennis-Bums abwehren.

Und wenn man dann noch entdeckt, wieviel von einem selbst in diesem Kind steckt: Wie Anna da sitzt, den Kopf mit den rotblonden Zöpfchen kühn er-

hoben, der abschätzende Blick, er schnäuzt, die Arme verschränkt, die Beinchen in den Balletttschuhen locker übergeschlagen - da sitzt doch unser Boris wie vor 20 Jahren, als er mit 17 Wimbledon gewann. Fortsetzung aus Fleisch und Blut ...
★★★

BILD fragte den Hamburger Psychologen Michael Thiel: Gibt es eine angeborene Vaterliebe?

„Mittlerweile wissen wir, daß die Bindung zwischen Eltern und Kind sich im Laufe der Zeit, vor allem durch gemeinsame Erlebnisse aufbaut. Je mehr gemeinsame Zeit ein Vater mit seinem Kind verbringt, desto enger wird die Bindung. Dabei kommt es aber mehr auf die Qualität an. Drei Tage gemeinsam fernsehen verbindet weniger als drei Stunden Zoobesuch."

Lustige Zöpfchen, rosa Ballettröckchen, kerzengerade die Haltung: Die kleine Anna will ihren Papa Boris gerne noch öfter sehen

1 Für viele Leute sind die Wohnungen völlig unpassend.

2 Viele Wohnungen sind nicht bewohnt, weil sie zu teuer sind.

3 Der Mann sagt, dass bei starkem Wind manchmal das Haus wackelt.

4 In meinem Artikel verarbeite ich Informationen, die ich bekommen habe, als ich das Haus zum ersten Mal besuchte.

5 Ein Widerspruch bringt die Leser zum Nachdenken, ein Kontrast dagegen nicht.

6 Der Artikel, der am Ende in der „Bild"-Zeitung veröffentlicht wird, entspricht nicht den im Text beschriebenen Tatsachen.

## „Bei Sturm schwappt das Wasser aus der Badewanne"

BILD lebt von Superlativen. Das Größte, Kleinste, Ärmste, Reichste, Dickste – was sich so nennen lässt, ist eine BILD-Geschichte.

[...]

Ich weiß bald, was ich zu tun habe. Schon an meinem zweiten Arbeitstag biete ich einen Superlativ an: das höchste Haus Hannovers. Irgendwo habe ich gelesen, dass Kinder, die in Hochhäusern wohnen, besonders aggressiv werden, weil sie keine Spielmöglichkeiten haben. Mein Arbeitstitel heißt: Wie lebt man in Hannovers höchstem Wohnhaus. Die Idee wird sofort akzeptiert. Ich werde losgeschickt.

Nun leben aber in den oberen Etagen dieses Hochhauses gar keine Kinder, sondern nur kinderlose Pärchen und Alleinstehende. Dafür stehen vierzig Prozent der Wohnungen leer. Das Haus [...] ist völlig an den Bedürfnissen der Bewohner vorbeigebaut. Die obersten Stockwerke mit ihren herrlichen Penthouses und Appartments stehen zum Teil schon seit Jahren ganz leer, die vielen Wohnungssuchenden können natürlich keine 450 000 Mark für eine Eigentumswohnung ausgeben.

Weil diese Wohnmaschine nun also halb leer steht, gerät die Baugesellschaft finanziell in die Klemme. Sie muss an allen Nebenkosten, wie Heizung und Pflege, sparen. Und so ist dieses ziemlich neue Hochhaus schon am Verkommen.

Das ist die Geschichte, die ich recherchiert habe, die wirkliche Geschichte vom höchsten Haus Hannovers. Doch es sollte nicht die BILD-Geschichte sein. Der Redaktionsleiter schickt mich noch mal hin, um mit einigen Prominenten zu reden, die dort wohnen. Da gibt es zum Beispiel einen Fußballspieler – aber der ist nicht da. Dann ein Fotomodell, das schon einmal in BILD gezeigt worden ist. Als ich komme, zieht sie sich gleich ihr exotischstes Kleid an, und ihr Freund sorgt dafür, dass sie sich in fotogene Pose setzt, damit ihr Bild vielleicht noch mal in BILD erscheine. Ich frage auftragsgemäß, was es denn – da es nun mal keine Kinder in diesen hohen Etagen gibt – sonst hier oben Besonderes gebe. Der Freund des Fotomodells – seine Zitate werden später ihr in den Mund gelegt – erzählt, dass sich bei Sturm manchmal der Kronleuchter bewegt, dass die Gläser in den Schränken zittern. Der Mann, ein Beamter, der nicht genannt werden will, hat den richtigen BILD-Instinkt und bejaht auch sofort meine Frage, ob sich denn dann auch stehendes Wasser kräusele.

Zurück in der Redaktion schreibe ich dann zunächst ein langes Manuskript, um doch noch einiges von dem unterzubringen, was ich bei meinem ersten Besuch im Hochhaus erfahren habe. Der Redaktionsleiter liest es und meint: „So nicht, Sie müssen mit einem Kontrast anfangen ... Aber das lernen Sie noch.“ Und dann legt er los, richtig lyrisch: „So lebt man in Hannovers höchstem Haus: Bei Sturm schwappt das Wasser aus der Badewanne. Zu den Füßen ein glitzerndes Lichtermeer und darüber ...“

Das Wasser kräuselt sich, „das Wasser schwappt aus der Badewanne“ – es geht blitzschnell, eine Umdrehung mehr, und aus der Wahrheit ist die BILD-Geschichte geworden, das Aufregende, das Prickelnde. Der Superlativ: Das höchste Haus. Der Kontrast: Ein traumhafter Blick und ein überschwemmtes Badezimmer. Die handelnde Person: Ein Fotomodell. Das ist das Strickmuster. Man lernt schnell, dass ein Kontrast kein Widerspruch sein darf. Ein Widerspruch wäre gewesen: Von der Stadt, von den Steuerzahlern gefördert – von ein bisschen Schickeria genutzt, ansonsten dem Verfall preisgegeben. Widerspruch löst Gedanken aus, der Kontrast bloß Stimmungen.

[...]

Was schließlich gedruckt wird, ist eine Farce, die in jedem anderen Umfeld als dem der BILD-Zeitung auch als solche erkennbar wäre. Die Wahrheit, so erfuhr ich, als ich meine ersten Recherchen vortrug, war für BILD „zu düster“.

(Günter Wallraff, „Der Aufmacher: Der Mann, der bei Bild Hans Esser war“, 1982, S. 40–42, gekürzt)

## Übung 15

Lesen Sie den Auszug noch einmal und notieren Sie, wie sich der Artikel in der „Bild“-Zeitung von den Fakten unterscheidet. Wie sahen die Informationen aus, die Wallraff ursprünglich recherchierte? Füllen Sie die linke Spalte der Tabelle in Stichwörtern aus.

| Was Wallraff recherchiert hat | Was in der „Bild“-Zeitung steht |
|---|---|
| 1 | Geschichte des Fotomodells |
| 2 | bei Sturm schwappt das Wasser aus der Badewanne |
| 3 | keine Hintergrundinformationen über das Hochhaus |

## Übung 16

Nachdem Sie gesehen haben, was die „Bild“-Zeitung mit Wallraffs Recherche macht, überlegen Sie sich, warum Boulevardzeitungen so mit den Tatsachen umgehen. Schauen

Sie sich dazu auch noch einmal den Text von Hans Schulte-Willekes (siehe Übung 9) an und notieren Sie Ihre Ideen in Stichwörtern.

## Übung 17

Machen Sie jetzt eine Gliederung für einen Text, den Sie zu folgendem Thema verfassen sollen: „Die Macht der Boulevardzeitungen". Es handelt sich hier um einen linearen Text, d.h. Sie stellen eine These vor (nämlich, dass die Boulevardzeitungen mächtig sind) und belegen sie durch eine Reihe von Argumenten.

Folgen Sie bei Ihrer Planung diesen Schritten:

1   Notieren Sie sich Ideen zu dem Thema. Wenn Sie möchten, können Sie sich dazu noch einmal die Texte und die Lösungen zu den Übungen in Teil 1 bis Teil 3 durchlesen.
2   Entscheiden Sie dann, welche Unterthemen Sie ansprechen wollen, und notieren Sie sie.
3   Ordnen Sie Ihre Ideen den Unterthemen zu und geben Sie den Unterthemen eine sinnvolle Reihenfolge.

# Teil 4  Die Gier der Medien

Sie haben in den letzten Übungen einen bestimmten Bereich der deutschen Presseland-schaft genauer kennen gelernt. Welche Rolle spielen die Medien allgemein in der heutigen Gesellschaft? Dazu lesen Sie einen Artikel aus der Wochenzeitung „Die Zeit". Hier geht es darum, Pro- und Kontra-Argumente zu identifizieren und mit ihnen zu arbeiten.

## Übung 18

Lesen Sie zunächst die Aussagen 1–9. Lesen Sie dann den Artikel und entscheiden Sie, in welcher Reihenfolge diese Punkte im Text angesprochen werden.

1   Gerüchte und Klatsch spielen oft eine größere Rolle als Tatsachen.
2   Auch bei den Printmedien gibt es viel Qualität.
3   Heutzutage unterhalten viele Journalisten die Leser lieber und lenken von der Wirklichkeit ab, statt über sie zu informieren.
4   Heutzutage erfinden die Medien Ereignisse für eine Öffentlichkeit, die immer mehr Informationen will.
5   Die Pressefreiheit darf nicht alles rechtfertigen, was die Medien tun.
6   Drama ist wichtiger als Inhalt und Informationen.
7   Die eigentliche Aufgabe der Medien ist zu informieren und zu unterhalten.
8   Es gibt jedoch auch noch qualitativ hochwertige Medien, z.B. Radio- und Fernsehsender.
9   Die Hintergründe sind weniger wichtig als die handelnden Figuren.

# Die Gier der Medien

## Zur Feier des Tages: Ein paar Fragen an uns Journalisten.

Von Roger de Weck

[...]

Eine Art Journalismus kommt hoch, der die Wirklichkeit nicht abbildet, sondern inszeniert [...]. Divertissement, sagt der Franzose, es bedeutet sowohl Ablenkung als auch Unterhaltung.

Guter Journalismus ist zugleich informativ und unterhaltsam: Lesefreude und Erkenntnislust vermischen sich. Neugierde ist ein Trieb, Dramatik eine Sehnsucht, die nach Wort und Bild riefen, längst bevor die Presse entstand. Doch jetzt gedeiht ein Journalismus der Nullinformation. Denn es gibt mehr Medien, als Stoff vorhanden ist – mit zwei Folgen: Einerseits tobt der Verteilungskampf um Informationen, andererseits schaffen viele Medien künstlichen Stoff [...].

Die Gier nach Stoff, wie bei einem Junkie, verleitet zur Dramatisierung des Belanglosen. Die Mediengesellschaft macht Unwichtiges wichtig und Wichtiges unwichtig. Es fehlt der Respekt: Das Angebot richtet sich an übersättigte „Medienkonsumenten", nicht mehr an den Staatsbürger. Und weil es – beim Heißhunger solcher Medien – zu wenig „verkäufliche" Informationen gibt, erfinden sie Events, die eben keine Ereignisse sind.

[...]

Fakten suchen, prüfen, darstellen, erklären, gewichten und einordnen, das sind die ersten Aufgaben des Journalismus. Über das Internet jedoch werden nun, weltöffentlich, Gerüchte und Klatsch feilgeboten, als seien sie politisch bedeutsame Tatsachen; in der [Monica-]Lewinsky-Affäre [in den USA] spielte das eine üble Rolle. [...]

[...]

Viele Medienmacher wollen nicht Substanz, sondern Dramaturgie, und die beste Dramaturgie ist seit Sophokles & Shakespeare die des Aufstiegs und jähen Falls. Information nur insoweit, als sie der Unterhaltung dient: Das ist Entertainment oder eben Infotainment.

Infotainment folgt drei Regeln: Erstens wird alles personalisiert. Die hinter großen Akteuren stehenden Strukturen und Interessen werden kaum recherchiert, weil das Aufwand und Kompetenz erfordert. Zweitens herrscht eine Inflation jener Themen, die „attraktiv" sind. Der x-te Fernsehreport über den Frauenhandel wird mehr Zuschauer finden als eine Recherche über den Kleinkrieg der Bürokratie gegen Firmengründer. Drittens ist schöne Verpackung des Stoffs wichtiger als gewissenhafte Verarbeitung [...].

[...]

Doch wächst der Überdruss und bleiben die Ansprüche der Anspruchsvollen, die alle Medien immer kritischer beurteilen. Der Wettbewerb sorgt für Schund wie für Qualität. ARD und ZDF sind alles in allem nicht schlechter, sondern besser geworden, und sie gewinnen Zuschauer. Im Rundfunk sind Deutschlandfunk, DeutschlandRadio Berlin und viele dritte Programme ein Hort der Qualität. [...]

Mit dem Ausbau von Süddeutscher Zeitung, FAZ, Welt, Handelsblatt, Berliner Zeitung, Tagesspiegel und mit der deutschen Financial Times – um hier nur Tageszeitungen zu nennen – erlebt die Republik eine Blüte ihrer Qualitätspresse. Zwar sind auch deren Journalisten gefährdet, etwa durch das ewige Übel der Eitelkeit, das alte Übel der zu großen Nähe zu den Akteuren oder das jüngere Übel der Einflussnahme durch PR-Strategen und spin doctors. Aber sie recherchieren mehr, ohne dabei das Augenmaß zu verlieren, und überlassen den unbequemen investigativen Journalismus – den jede Demokratie braucht, [...] nicht mehr allein dem Spiegel. Deutschland hat eine Vielfalt guter nationaler und regionaler Blätter wie kein anderes Land; ihr Kapital sind die Leser, die sich mit Schlechtem nicht zufrieden geben.

Das hilft der Republik, ist aber kein Grund zur Selbstzufriedenheit. Wo früher der Staat die Pressefreiheit bedrohte, tun das jetzt die Medien selbst. [...] Im Kampf um Aufmerksamkeit übertreten Medien, die so gern moralisch tun, eine Grenze nach der anderen. Sie erlauben sich alles, solange es nicht strafbar ist – und berufen sich auf ihr Verfassungsprivileg. Dieses jedoch verliert an Legitimation, wenn es missbraucht wird. Die Selbstkontrolle durch den Presserat und andere Gremien ist schwach, Redaktionen und Medienkonzerne müssen sie stärken. Die Selbstkritik der Medien in den Medien nimmt zu, das ist eine (leise) Hoffnung. [...]

(Roger de Weck, Die Gier der Medien, „Die Zeit", 1/2000, gekürzt und leicht abgeändert)

## VOKABULAR

*die Erkenntnislust* = desire for knowledge

*der Journalismus der Nullinformation* = journalism without any content

*der Verteilungskampf um Informationen tobt* = the battle about the distribution of information is raging

*das Belanglose* = that which is irrelevant

*feilbieten* = to offer for sale

*die Dramaturgie* = dramatisation

*der x-te* = the umpteenth

*der Hort (–e)* = stronghold

*die FAZ (= Frankfurter Allgemeine Zeitung)* = German daily newspaper

*das Augenmaß verlieren* = to lose one's judgement

*sich auf sein Verfassungsprivileg berufen* = to refer to one's constitutional rights

*der Presserat (–räte)* = self-regulatory press council

## Übung 19

Die folgende Liste fasst die Argumente für die Medien von Roger de Weck zusammen. Schauen Sie sich diese Argumente an. Lesen Sie dann den Artikel noch einmal und unterstreichen Sie die Argumente gegen die Medien. Insgesamt enthält der Text mehr Argumente dagegen als dafür.

Argumente für die Medien:

- qualitatives und erfolgreiches öffentlich-rechtliches Fernsehen (ARD und ZDF)
- gute Rundfunksender
- Blüte der Qualitätspresse
- angemessene Recherche
- investigativer Journalismus nicht nur durch den „Spiegel"
- Vielfalt guter nationaler und regionaler Blätter
- anspruchsvolle Leser
- zunehmende Selbstkritik

## Übung 20

Beantworten Sie nun die folgenden Fragen:

1. Welche Veränderungen in den Medien beschreibt der Autor?
2. Stimmen Sie mit der Meinung des Autors überein? Was sind Ihre eigenen Erfahrungen mit den Medien?

# Teil 5  Das Buch der Bücher

In den letzten beiden Artikeln geht es um die Rolle der neuen Medien. Zunächst geht es um das so genannte eBook und seine Vor- und Nachteile. Sie analysieren die Gliederung des Artikels und identifizieren die Hauptargumente. Später werden Sie diese Argumente benutzen, um eine Gliederung zu schreiben (siehe Teil 7). Sie üben auch, wie Sie mit Hilfe von Relativpronomen komplexere Sätze schreiben können. Außerdem geht es um den Gebrauch von Wörtern, die einen Gegensatz ausdrücken.

## Übung 21

Bevor Sie den Artikel lesen, machen Sie zuerst eine Übung zum Vokabular. Entscheiden Sie, welche der Wörter und Ausdrücke im Kasten auf S.76 in den Bereich der traditionellen Medien gehören und welche eher in den Bereich der neuen Medien gehören. Notieren Sie sie in der Tabelle.

---

der traditionelle Buchliebhaber • das Hightech-Spielzeug • das Hera-Lind-Cover
• das Bücherregal • das eBook • das Internet • herunterladen • die Druckerei •
die Remittende • der 4000-Seiten-Roman • die Seitenzahl • der Wälzer • das Netz
• die gedruckte Ausgabe • der Klassiker • die Internet-Ausgabe • löschen

---

## VOKABULAR

*Hera Lind* = contemporary female German writer
*die Remittende* = returned book

| Bereich der traditionellen Medien | Bereich der neuen Medien |
|---|---|
| | |

## Übung 22

Lesen Sie den Artikel und schreiben Sie in die Tabelle, wo die einzelnen Abschnitte des Artikels beginnen.

| Meist genügen schon … | Einleitung |
|---|---|
| *vorbei und vergessen* | Hauptteil Unterthema 1 |
| *ein raum der verleger steht* | Hauptteil Unterthema 2 |
| *Alles wirkt gleich* | Hauptteil Unterthema 3 |
| *Die reaktion der welt* | Hauptteil Unterthema 4 |
| *Bücher will man besitzen* | Schluss |

# Das Buch der Bücher

**Künftig soll das eBook eine ganze Bibliothek ersetzen. Doch traditionellen Buchliebhabern wird die Umstellung auf das Hightech-Spielzeug nicht leicht fallen**

Meist genügen schon ein paar verstohlene Blicke auf dem kurzen Strandspaziergang, um die Lage zu sondieren. Wer Ruhe sucht, meidet tunlichst jene Stellen, an denen Hera-Lind- und Rosamunde-Pilcher-Cover auf Leserinnen mit hoher Plapperfrequenz hindeuten. Beim Besuch in der Wohnung eines neuen Bekannten ist der Blick ins Bücherregal ebenfalls oft sehr hilfreich: Wo allein ein Börsenratgeber, Dale Carnegies „Wie man Freunde gewinnt" und ein Autoatlas die Schrankwand zieren, wird ein Bücherfreund sich wohl nie wirklich heimisch fühlen.

Vorbei und vergessen. Wer bisher seine Mitmenschen auch danach beurteilt hat, welche Bücher sie lesen, wird es in Zukunft schwer haben. Das *eBook*, ein taschenbuchkleiner grauer Kasten, den es ab Anfang Juni in Deutschland zu kaufen geben wird (Preis: zwischen 500 und 600 Mark), soll das Buch der Bücher werden. Zunächst 500 deutsche Titel, später wohl die ganze Gutenberg-Galaxis wird sich der *eBook*-Besitzer minutenschnell aus dem Internet herunterladen können. Und keiner kann dann mehr sehen, ob man gerade Montaignes „Essais" oder „Die Geschichte der O." liest.

Ein Traum der Verleger steht vor der Erfüllung: Im Erfolgsfall wird das elektronische Buch teure Druckereien, Lagerhallen und Remittenden überflüssig machen und das Geld ohne den Umweg über die Buchhändler in die elektronischen Kassen der Verlage spülen. [...] Aber ist das *eBook* auch ein Traum für uns Leser? Beim Selbstversuch mehren sich die Zweifel.

Zwar stellt das gut 600 Gramm schwere Gerät selbst Technik-Laien vor keine größeren Probleme: Bücher lädt man sich von der Internet-Seite (www.rocket-ebook.bol.de) des Exklusivanbieters bol in den Computer. Bezahlt wird mit der Kreditkartennummer. Danach überspielt man das Buch via Kabel ins *eBook*. Einschalten, per Fingerdruck auf dem Bildschirm einen Text auswählen und dann mit zwei Tasten vorwärts oder rückwärts blättern. Das Schriftbild ist gut lesbar, für schlechte Lichtverhältnisse gibt es eine Hintergrundbeleuchtung, und der wieder aufladbare Akku hält 20 Stunden. Doch das Lesen ist für Neulinge äußerst gewöhnungsbedürftig.

ALLES WIRKT GLEICH – egal, ob man gerade Marcel Prousts 4000-Seiten-Roman „Auf der Suche nach der verlorenen Zeit" oder eine kurze Erzählung liest. Seitenzahlen zur Orientierung sucht man vergebens. Nur eine dünne schwarze Linie am Bildschirmrand zeigt, wo man sich im Text gerade befindet. Das schöne Gefühl, sich bei einem Wälzer schon bis zur Hälfte durchgekämpft zu haben, die leseverlangsamende Angst vor dem Schluss, wenn man bei einem Lieblingsbuch nur noch wenige Seiten vor dem Ende ist – sie wollen und können sich nicht einstellen.

Die Reaktion der Umwelt auf das Hightech-Spielzeug ist ganz unterschiedlich. Mancher, der normalerweise um Bücher einen großen Bogen macht, staunt: „Wo hast du das denn her?" und drückt technikverliebt gleich mal alle Knöpfe. Andere fragen zweifelnd: „Wer braucht denn so was?", finden aber das schwarze Kunstlederetui – stilistisch irgendwo zwischen Kelly-bag und Herrenhandtäschchen – „très chic".

Beim klassisch-schlichten Design haben sich die Macher viel Mühe gegeben. Auch sollen die Bücher aus dem Netz teilweise billiger als die gedruckten Ausgaben sein und viele Klassiker sogar kostenlos angeboten werden. Trotzdem wird das *eBook* traditionelle Bücherliebhaber wohl nicht zufriedenstellen. Doch eine Chance hat es bereits jetzt: als elektronische Zeitung.

In weniger als 60 Sekunden kann man sich damit die jeweils aktuelle Internet-Ausgabe der „Financial Times Deutschland" kostenlos aus dem Netz herunterladen, ebenso wie den Finanzdienst von Bloomberg. Ein Halbjahres-Abo der Top-Stories aus der „New York Times" kostet derzeit 20 Dollar.

Bücher will man besitzen. Für eine Tageszeitung ist das *eBook* dagegen ideal: laden, lesen, löschen.

(Hans-Peter Junker, Das Buch der Bücher, „Stern", 12/2000, S. 172, gekürzt)

## VOKABULAR

*der Akku* = rechargeable battery

# Übung 23

Lesen Sie die folgenden Sätze, die die wichtigsten Aussagen des Artikels zusammenfassen. Machen Sie dann mit Hilfe eines Relativpronomens aus jeweils zwei einfachen und kurzen Sätzen einen neuen Satz. Wenn Sie möchten, schauen Sie sich die Regeln nochmals in Ihrem Grammatikbuch an.

## Beispiel

**Das *e*Book ist ein kleiner grauer Kasten. Mit ihm kann man viele Bücher lesen.**

**Das *e*Book ist ein kleiner grauer Kasten, mit dem man viele Bücher lesen kann.**

1 Das *e*Book ist ein elektronisches Buch. Man kann es seit Juni 2000 in Deutschland kaufen.
2 Das *e*Book ist ein neues Gerät. Mit ihm kann man Platz sparen.
3 Der *e*Book-Besitzer kann sich 500 Bücher herunterladen. Er findet sie im Internet.
4 Das *e*Book ist ein Traum für die Verleger. Sie brauchen keine teuren Druckereien oder Lagerhallen mehr.
5 Die Frage ist, was die Leser denken. Sie haben das *e*Book ausprobiert.
6 Das elektronische Buch hat einen Akku. Man kann den Akku wieder aufladen.
7 Manche Leute bewundern die Eleganz des *e*Books. Es hat ein klassisch-schlichtes Design.
8 Traditionelle Buchliebhaber dagegen finden das *e*Book nicht ansprechend. Sie wollen richtige Bücher besitzen.
9 Die „New York Times" bietet ein Abonnement an. Für das Abo zahlt man 20 Dollar im Halbjahr.

# Übung 24

In diesem Artikel werden zwei verschiedene Positionen (These und Antithese) gegenübergestellt. Dies kann man an dem Gebrauch von bestimmten Wörtern (wie „obwohl" oder „jedoch") erkennen. Suchen Sie Wörter im Artikel, die eine ähnliche Funktion haben.

# Übung 25

Konzentrieren Sie sich nun auf die Struktur des Artikels. Wie ist die Argumentation des Artikels aufgebaut? Ergänzen Sie sie in der Tabelle. Was sind die fehlenden Unterthemen? Entscheiden Sie, ob es bei jedem Unterthema nur positive Argumente gibt („Pro"), positive oder negative („Pro und Kontra") oder nur negative („Kontra"). Notieren Sie jeweils ein Beispiel.

| Gliederung | Unterthemen | Pro/Kontra | Beispiel für Argument |
|---|---|---|---|
| Einleitung | Lesegewohnheiten | – | Hinführung zum Thema |
| Hauptteil: Unterthema 1 | Perspektive der Verleger | Pro | |

| Hauptteil: Unterthema 2 | | | |
|---|---|---|---|
| Hauptteil: Unterthema 3 | | | |
| Hauptteil Unterthema 4 | | | |
| Schluss | Fazit | | (Zusammenfassung der Argumente und Ausblick) |

## Übung 26

Schreiben Sie nun eine Zusammenfassung des Artikels. Die Einleitung und der Schluss sind schon für Sie geschrieben worden. Benutzen Sie zum Schreiben des Hauptteils die nachfolgenden Fragen und Ihre Analyse des Artikels in Übung 25. Verwenden Sie auch einige der Wörter aus Übung 24. Schreiben Sie 60 bis 70 Wörter.

### Einleitung

**Im Juni 2000 ist das elektronische *eBook* auf den Markt gekommen, mit dem man 500 Bücher auf einmal speichern kann.**

### Hauptteil

* Was denken die Verleger?
* Wie reagieren die traditionellen Bücherliebhaber?
* Und was denken andere Leute?

### Schluss

**Zusammenfassend kann man sagen, dass das eBook es zwar einfacher und billiger macht, Bücher zu verkaufen. Trotzdem stellt sich die Frage, ob Leute, die Bücher mögen, das *eBook* benutzen werden. Aber zumindest ist es praktisch zum Lesen von Zeitungen.**

# Teil 6  Die Netzeitung

Im letzten Artikel dieses Themas geht es um Deutschlands erste Tageszeitung, die es nur im Internet gibt. Sie beschäftigen sich hier mit den Argumenten für und gegen diese Zeitung. Dies dient auch zur Vorbereitung Ihrer eigenen Gliederung in Teil 7.

# NETZEITUNG.DE

MELDUNG IM INTERNET SUCHEN    suchen ▶ in über 300 Quellen

**Konkurenz
fürchtet
Monopol**
Appell an
Merkel

**Raubkopie**
Madonna
sauer:
Neue CD
im Netz

**Wunderschön
und grausam**
Marathon in
New York mit
Foto-Finish

**Harry
Potter 4**
Bilder von
der Film-
Premiere

**Führungs-
krise bei HVB**
Betriebsrat
kritisiert
Vorstände

| Deutschland | Sport | Auto & Technik |
|---|---|---|
| Ausland | Entertainment | Arbeit & Beruf |
| Wirtschaft | Internet | Medien |
| Vermischtes | Kultur | Wetter |
| | Wissenschaft | Reise |

Homepage der Netzeitung vom 07.11.05

## Übung 27

Bevor Sie den Text lesen, überlegen Sie sich Argumente für und gegen eine Zeitung, die es nur im Internet gibt. Machen Sie eine Liste und notieren Sie die Pro- und Kontraargumente in Stichwörtern.

## Übung 28

Lesen Sie nun den Artikel aus der Wochenzeitung „Die Zeit" und beantworten Sie die folgenden Fragen:

1  Wie verlief Michael Maiers Karriere?
2  Welche Lesergruppe will die Zeitung ansprechen? Mit welchen Mitteln soll dies geschehen?
3  Wie ist die Qualität der meisten anderen „Sites" mit Nachrichten? Was ist der Grund dafür?
4  Beschreiben Sie die norwegische Online-Zeitung „Nettavisen".
5  Was sind die Vorteile der „Netzeitung"?
6  Was sind die Nachteile der „Netzeitung"?

# Und täglich grüßt der Cyberspace

**Seit dieser Woche erscheint die „Netzeitung" – Deutschlands erste Tageszeitung, die es nur im Internet gibt**

*Von Ulf Schönert*

[...]

Seit gut einem Monat ist Michael Maier Chefredakteur der Berliner *Netzeitung*, der „ersten Tageszeitung Deutschlands, die ausschließlich im Internet erscheint". In dieser Woche wurde die Site (www.netzeitung.de) offiziell gestartet.

Es ist keine zwei Jahre her, da spielte der 42-Jährige noch in einer ganz anderen Liga. Da war er Chefredakteur des *stern*, Herr über 170 Redakteure und 16 Außenbüros und bediente nahezu sieben Millionen Leser. Mit einem zweistelligen Millionenetat hatte er zuvor die DDR-Postille *Berliner Zeitung* zu einer modernen Hauptstadtzeitung umgekrempelt. In seinem Heimatland Österreich war er als Chef des Traditionsblatts *Die Presse* bekannt geworden.

[...]

Jetzt also die *Netzeitung*. Herausgeber ist der zu Lycos Europe gehörende Internet-Dienst spray.net. Der hat Maier geholt, um aus dem ganz neuen Blatt möglichst bald ein etabliertes zu machen. [...]

Ein Abstieg? „Das Schöne am Internet ist sein egalitärer Charakter", sagt Maier, lehnt sich zurück und bläst Rauchringe. „Da gibt es solche Kategorisierungen nicht." Dass Internet-Journalismus oft nicht ernst genommen wird, beeindruckt ihn nicht: „Das ging dem Fernsehen in seiner Frühzeit nicht anders." Sollen sie doch spotten. Sie werden schon sehen.

[...]

„Wir wollen uns mit Qualitätsjournalismus profilieren", sagt er. Eigenrecherchen und Hintergrundinformationen sollen Leser mit gehobenen Ansprüchen anlocken. Zu diesem Zweck hat er Leute von der *taz*, der *Neuen Zürcher Zeitung*, von der ARD und vom DeutschlandRadio geholt. Zwanzig Redakteure sind es insgesamt, sechs davon sitzen im Frankfurter Außenbüro. Keiner von ihnen ist älter als 35.

„Das Internet ist ein ideales Medium für aufklärerischen Journalismus", sagt Maier. Doch ist davon bislang kaum etwas zu spüren. Guter Journalismus ist teuer. Geld verdienen kann man im Netz nur mit Bannerwerbung, und deren Preis hängt ab von der Klickrate. Folglich buhlen die meisten Sites mit greller Aufmachung und Ultraseichtmeldungen um die Surfer, und nur wenige setzen auf Qualität. Trotzdem machen die meisten Anbieter Verlust.

Eine der wenigen Ausnahmen ist *Nettavisen*. Die ebenfalls zu spray.net gehörende norwegische Online-Zeitung ist das Vorbild für die Netzeitung. Seit vier Jahren existiert sie ausschließlich im Internet, gehört zu Norwegens beliebtesten Medien-Sites und wirft nach eigenen Angaben fette Gewinne ab. Vor einem Jahr beschloss spray.net den Aufbau eines deutschen Pendants und schickte zwei Gründungsredakteure nach Berlin. [...]

Gleichwohl hatten die Norweger beim Aufbau der *Netzeitung* mit massiven Start-schwierigkeiten zu kämpfen. [...] Andere Online-Publikationen mokierten sich über den Anspruch der *Netzeitung*, die erste reine Internet-Zeitung zu sein. Ein

Aachener Verlag reichte – bisher erfolglos – Klage ein, um verbieten zu lassen, dass sich eine Online-Publikation überhaupt Zeitung nennen darf. Im September, zu den Olympischen Spielen, ging die *Netzeitung* mit einer Probeversion an den Start, zunächst ausschließlich mit Nachrichten aus dem In- und Ausland, Wirtschaft und Sport. Dazu Wetter und Börsenkurse.

„Im Gegensatz zur Konkurrenz haben wir keine Mutterredaktion, auf die wir Rücksicht nehmen müssen", sagt [Olav] Øvrebø [einer der beiden norwegischen Gründungsredakteure]. „Wir können unsere Kräfte voll auf das Internet konzentrieren. Außerdem sind wir schneller." Schon in den letzten Wochen habe die *Netzeitung* einen Vorsprung vor der Konkurrenz herausgearbeitet. „Den Flugzeugabsturz in Taiwan hatten wir vor allen anderen, bei den Olympischen Spielen hatten wir den einzigen deutschsprachigen Online-Korrespondenten vor Ort. Da waren wir sogar schneller als dpa."

Als gelte es, das zu beweisen, ist jeder Artikel mit der genauen Uhrzeit seiner Erstellung gekennzeichnet. Die letzte Aktualisierung liegt meist gerade mal ein paar Minuten zurück. Die Nachrichten sind frisch, verständlich formuliert und übersichtlich aufbereitet. Leser-Top-Ten listen die Artikel auf, die am häufigsten angeklickt werden. Jeder Autor ist per E-Mail erreichbar, jeder Artikel per E-Mail verschickbar.

[...]

Das schlichte Design hält sich gegenüber der bannerblinkenden Konkurrenz angenehm zurück. Doch mangelt es der *Netzeitung* bislang allzu sehr an der Vielfalt. Weder gibt es Leitartikel noch eine Rubrik Vermischtes, geschweige denn die vielen Kleinigkeiten, die die Lebendigkeit einer gedruckten Zeitung ausmachen: Glossen, Kolumnen, Kleinanzeigen, die Schachspalte.

„Abwarten", sagt Øvrebø. „Das Angebot wird Schritt für Schritt ausgebaut." Eine Hochschulseite, eine Medienseite und ein Kulturteil (*Voice of Germany*) wurden gerade erst gestartet.

[...]

Noch aber seien die Leser nicht für alles, was möglich ist, auch bereit, sagt [der Schweizer Perikles] Monioudis [der das Feuilleton konzipiert hat]: „Das muss organisch wachsen." Jetzt soll erst einmal eine große Online-Werbekampagne Leser heranholen. Davon hängt ab, ob und wie es weitergeht mit der *Netzeitung*.

(Ulf Schönert, *Und täglich grüßt der Cyberspace*,
„Die Zeit", 46/2000, S. 55, gekürzt und leicht abgeändert)

## VOKABULAR

*die DDR-Postille (–n)* = GDR (German Democratic Republic) rag, newspaper
*der aufklärerische Journalismus* = investigative journalism
*die Klickrate (–n)* = hit rate

*um jdn buhlen* = to woo s.o.

*die Ultraseichtmeldung (–en)* = ultra trivial news

*das Pendant (–s)* = counterpart

*sich über etw./jdn mokieren* = to sneer at s.th./s.o.

*dpa (= Deutsche Presse-Agentur)* = German news agency

*die Glosse (–n)* = (polemic) commentary

*die Schachspalte (–n)* = chess column

## Übung 29

Vervollständigen Sie nun Ihre Pro- und Kontraliste aus Übung 27 mit den Argumenten aus dem Artikel.

## Übung 30

In dem Artikel in Übung 28 wird das Wort „werden" als eigenständiges Verb (Vollverb) und als Hilfsverb zur Bildung des Passiv und des Futurs benutzt. Lesen Sie die aus dem Artikel entnommenen Sätze und notieren Sie neben den Sätzen, welche Funktion „werden" hat.

1    In dieser Woche wurde die Site [...] offiziell gestartet.
2    In seinem Heimatland Österreich war er als Chef des Traditionsblatts „Die Presse" bekannt geworden.
3    Dass Internet-Journalismus oft nicht ernst genommen wird, beeindruckt ihn nicht.
4    Sie werden schon sehen.
5    Leser-Top-Ten listen die Artikel auf, die am häufigsten angeklickt werden.
6    Das Angebot wird Schritt für Schritt ausgebaut.
7    Eine Hochschulseite, eine Medienseite und ein Kulturteil [...] wurden gerade erst gestartet.

# Teil 7 „Haben nur elektronische Bücher und Zeitungen eine Zukunft?"

In der letzten Übung zu diesem Thema geht es darum, mit Hilfe der Informationen, die Sie in Teil 4–6 gefunden haben, einen Aufsatz vorzubereiten. Das Thema ist „Haben nur elektronische Bücher und Zeitungen eine Zukunft?" Bei diesem Aufsatz handelt es sich um eine andere Aufsatzart als in Übung 17. Hier gibt es zwei gegensätzliche Seiten, die diskutiert werden müssen:

**Nur elektronische Bücher und Zeitschriften haben eine Zukunft („Pro")**

**Auch konventionelle Medien haben eine Zukunft („Kontra")**

Sie müssen also Argumente für und gegen die im Titel gestellte Frage finden.

## Übung 31

Schauen Sie sich noch einmal die Artikel in Teil 5 und Teil 6 und die Lösungen mit den Argumenten zu den Übungen 26, 27 und 29 an. Auch Teil 4 (besonders die Lösung zu Übung 19) enthält einige nützliche Argumente. Notieren Sie dann zusätzlich Ihre eigenen Ideen in der Tabelle.

| Pro | Kontra |
|-----|--------|
|     |        |

## Übung 32

Ordnen Sie nun Ihre Argumente und machen Sie eine Gliederung. Sie haben zwei Möglichkeiten.

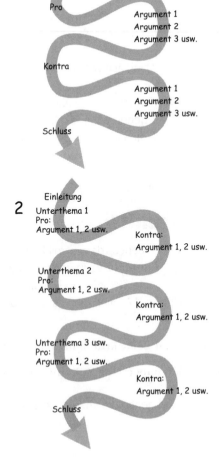

# 5 *Literatur und Kritik*

In diesem Thema befassen Sie sich mit einer Kurzgeschichte, „Das Judenauto", geschrieben von dem ostdeutschen Autor Franz Fühmann. Diese Geschichte spielt Anfang der dreißiger Jahre, kurz vor Beginn des Dritten Reiches. In den ersten Übungen machen Sie sich erste Gedanken zum Inhalt, lernen relevantes Vokabular und erfahren mehr über den Hintergrund der Geschichte und den Schriftsteller (Teil 1–4). Anschließend arbeiten Sie mit der Kurzgeschichte (Teil 5–8).

Sie lernen dann, wie man eine Einleitung für einen Aufsatz bzw. andere Formen schriftlicher Arbeiten verfasst (Teil 9–10). Sie lernen, was man beim Schreiben der Einleitung berücksichtigen muss, und analysieren mehrere Einleitungen. Zum Schluss verfassen Sie selbst eine Einleitung.

Am Ende dieses Themas haben Sie

- eine Kurzgeschichte gelesen und verstanden;

- sich den Hintergrund zu dieser Geschichte erarbeitet;

- mehr über den Autor und seine Biografie gelernt;

- verschiedene Arten von Einleitungen gelesen und analysiert;

- selbst eine Einleitung verfasst;

- Ihre Kenntnisse über literarische Texte im Allgemeinen erweitert.

# Teil 1  Das Judenauto

Als Erstes lesen Sie einen kurzen Ausschnitt aus der Erzählung „Das Judenauto" von Franz Fühmann, um die es in diesem Thema geht.

## Übung 1

Überlegen Sie, worum es in dieser Erzählung gehen könnte, und machen Sie sich Notizen. Achten Sie dabei besonders auf den Titel der Erzählung und die Jahreszahl im ersten Satz.

### Das Judenauto

... Eines Morgens, es war im Sommer 1931, und ich war damals neun Jahre alt, kam, wie immer wenige Minuten vor dem Läuten, das Klatschmaul der Klasse [...] Gudrun K. wieder einmal mit ihrem Schrei: »Ihr Leute, ihr Leute, habt ihr's schon gehört!« in die Klasse gestürmt ...

# Teil 2  Die Weltwirtschaftskrise

Als Nächstes erfahren Sie etwas über den Kontext, in dem Fühmanns Erzählung steht. Sie spielt im Jahre 1931, also zwei Jahre nach dem Beginn der Weltwirtschaftskrise. Die Ereignisse in der Erzählung werden mit dieser Krise und dem wachsenden Antisemitismus in Deutschland verbunden.

## Übung 2

Lesen Sie die Informationen zur Weltwirtschaftskrise und ergänzen Sie dann die Tabelle.

### Weltwirtschaftskrise

Zwischen den Jahren 1924 und 1928 war Deutschland von einer gewissen wirtschaftlichen und politischen Stabilität geprägt. Im Oktober 1929 kam es jedoch an der New Yorker Börse zu einem Kurssturz, der auch „Schwarzer Freitag" genannt wird. Dies leitete eine Krise ein, die sich zur Weltwirtschaftskrise weiterentwickelte und auch Europa erfasste.

In Deutschland hatte die Weltwirtschaftskrise schwerwiegende Folgen. Die Industrieproduktion ging zurück, die Aktien verloren an Wert und es kam zu Bankzusammenbrüchen. Viele Menschen verloren dadurch ihre Ersparnisse. Auch in der Industrie gab es eine Reihe von Konkursen zum Teil bekannter Betriebe. In vielen anderen Unternehmen wurde weniger gearbeitet und viele Leute machten Kurzarbeit. Außerdem gab es Zwangsversteigerungen, denn viele Menschen, die Kredite aufgenommen hatten, konnten diese Kredite nicht zurückzahlen.

Das Hauptproblem der Weltwirtschaftskrise war jedoch die Massenarbeitslosigkeit. Es kam zu massenhaften Kündigungen und die Arbeitslosenzahlen stiegen drastisch an. Im Oktober 1929 gab es in Deutschland 1,6 Millionen

Arbeitslose, im Februar 1930 waren es schon 3 Millionen. Die höchsten Arbeitslosenzahlen wurden im Februar 1932 erreicht. 6,13 Millionen Menschen waren arbeitslos und nur noch 12 Millionen hatten Arbeit.

Viele Menschen litten während der Krise große Not. Außerdem kam es zu einer allgemeinen politischen Radikalisierung und rechts- und linksextreme Parteien wie die KPD (Kommunistische Partei Deutschlands) und die NSDAP (Nationalsozialistische Deutsche Arbeiterpartei) gewannen an Bedeutung. Die Weltwirtschaftskrise trug u.a. dazu bei, dass die Weimarer Republik scheiterte und 1933 die Nationalsozialisten an die Macht kamen.

## VOKABULAR

*die Börse* = stock market
*der Kurssturz* = sharp fall in share prices
*der Konkurs* = bankruptcy
*die Zwangsversteigerung (–en)* = compulsory auction

| Datum | Informationen |
|---|---|
| 1924–1928 | |
| Oktober 1929 | |
| Februar 1930 | |
| Februar 1932 | |
| 1933 | |

# Teil 3  Franz Fühmann

Der Erzählband, aus dem die Geschichte „Das Judenauto" ursprünglich stammt, ist eine Sammlung autobiografischer Erzählungen des Schriftstellers Franz Fühmann, die erstmals 1962 unter dem Titel „Das Judenauto: 14 Tage aus zwei Jahrzehnten" erschien. Als Nächstes erfahren Sie deshalb etwas über den Autor. Diese Informationen werden Sie auch am Ende dieses Themas brauchen, wenn Sie eine Einleitung schreiben.

## Übung 3

Lesen Sie die Biografie und beschreiben Sie dann die drei wichtigsten Stadien in Fühmanns Leben in Stichwörtern.

### Biografie

Franz Fühmann wurde am 15.1.1922 in Rochlitz/ČSSR als Sohn eines Apothekers geboren. 1932 wurde er in ein Jesuitenkonvikt bei Wien aufgenommen. Er wuchs in einer Atmosphäre von Kleinbürgertum und Faschismus auf, bewunderte Hitler und sah im Nationalsozialismus den Sinn seines

Lebens. 1936 wurde er Mitglied im Deutschen Turnverein, bei der sudetendeutschen Hitlerjugend, und trat 1938 der Reiter-SA bei. 1939 meldete er sich freiwillig zur Wehrmacht und geriet 1945 in sowjetische Gefangenschaft.

Ein Jahr später wurde er in eine antifaschistische Schule geschickt, wo er sich kritisch mit dem Faschismus auseinandersetzte und sich dem Marxismus zuwandte. Nachdem er 1949 in die DDR entlassen worden war, arbeitete er zuerst für die National-Demokratische Partei Deutschlands, u.a. als Leiter der kulturpolitischen Arbeit. 1958 wurde er freier Schriftsteller. In dieser ersten Zeit unterstützte er die SED und ihre Kulturpolitik aktiv und in seinen Arbeiten der 50er Jahre geht es vor allem um den sozialistischen Neubeginn. In den späteren Texten – wie z.B. dem Erzählungsband „Das Judenauto" (1962) – steht die Verarbeitung der Vergangenheit im Mittelpunkt. Fühmann versuchte, die Perspektive der jungen Generation darzustellen, die wie er selbst am Nationalsozialismus beteiligt gewesen war.

Mitte der 60er Jahre wandte sich Fühmann jedoch langsam vom Marxismus-Leninismus und der Kulturpolitik der DDR ab. In seinen Arbeiten fing er an, sich mit Themen wie Mythos, Fantasie und Traum zu beschäftigen und mit der Sprache zu spielen. Der Einmarsch sowjetischer Truppen in die ČSSR verursachte 1968 eine existentielle Krise und er beschloss, sich in Zukunft mehr auf die Literatur zu konzentrieren. In dem biografisch-autobiografischen Werk „Vor Feuerschlünden: Erfahrung mit Georg Trakls Gedicht" (1982) zum Beispiel beschreibt Fühmann den Versuch, sich von der ideologischen Doktrin zu befreien. Bis zu seinem Tod am 8.7.1984 hielt er zwar am Sozialismus fest, kritisierte aber den DDR-Staat scharf. Er unterstützte die Opposition (vor allem die Friedensbewegung) und war der wichtigste Förderer der jungen Generation von Autoren in der DDR.

## VOKABULAR

*die ČSSR* = Czechoslovakia
*die Hitlerjugend* = Hitler Youth (organisation)
*die Reiter-SA (= Sturmabteilung)* = mounted storm troopers of the Nazis
*die Wehrmacht* = armed forces
*die National-Demokratische Partei Deutschlands* = one of the parties in the German Democratic Republic (GDR) that were forced to join a permanent alliance under the leadership of the SED (see below) (the NDPD was founded to attract support from former Wehrmacht officers and members of the NSDAP)
*der freie Schriftsteller (–)* = freelance writer, author
*die SED (= Sozialistische Einheitspartei Deutschlands)* = ruling party in the GDR
*die Verarbeitung der Vergangenheit* = process of coming to terms with the past

# Übung 4

Überlegen Sie, inwiefern der Lebenslauf von Fühmann typisch bzw. untypisch für Menschen in dieser Zeit ist. Machen Sie sich Notizen.

# Teil 4  Vokabular

## Übung 5

Sie arbeiten nun mit einigen Wörtern, die in der Erzählung vorkommen. Ordnen Sie den Begriffen auf der linken Seite die jeweils richtige Erklärung beziehungsweise das Synonym auf der rechten Seite zu.

| Begriff | Erklärung/Synonym |
|---|---|
| 1  das Vorurteil | (a)  eine Gruppe in einer Gemeinschaft, die den Übrigen an Zahl unterlegen ist |
| 2  der Antisemitismus | (b)  die Xenophobie |
| 3  die Minderheit | (c)  feindselige Gesinnung, heftige Abneigung |
| 4  das Feindbild | (d)  eine feste, meist negative Meinung über Menschen oder Dinge, von denen man nicht viel weiß oder versteht |
| 5  der Rassismus | (e)  voreingenommen, parteiisch |
| 6  befangen | (f)  negative Vorstellungen, die man von einer (gegnerischen) Person oder Gruppe hat |
| 7  die Ausländerfeindlichkeit | (g)  jemand, dem man die Schuld an etwas gibt (obwohl er unschuldig ist) |
| 8  der Hass | (h)  die Unterdrückung von Menschen anderer Herkunft |
| 9  der Sündenbock | (i)  die feindliche und aggressive Haltung gegenüber den Juden |

# Teil 5  Zusammenfassung

## Übung 6

Diese Übung macht Sie mit dem Inhalt der Kurzgeschichte von Franz Fühmann bekannt. Die folgenden Sätze (a)–(l) fassen die Erzählung zusammen, sind jedoch nicht in der richtigen Reihenfolge. Lesen Sie die einzelnen Sätze und rekonstruieren Sie den Text (die ersten zwei Sätze sind vorgegeben). Achten Sie dabei auf Wörter, die wiederholt werden, und Ideen, die weiterentwickelt werden, und unterstreichen Sie sie, wenn Sie wollen.

## Beispiel

1 (a) Der Erzähler schildert seine **ersten Kindheitserinnerungen**.

2 (b) **Eine Erinnerung** handelt von einem obdachlosen Mann, der nett zu ihm ist.

(c) Der Lehrer weckt ihn jedoch aus seinen Träumen und die anderen Schüler lachen ihn aus. Zur Strafe muss er länger in der Schule bleiben.

(d) Dann entlarvt jedoch das Mädchen seine Geschichte als Fantasie. Sie erzählt, dass ihr Onkel am Tag zuvor mit dem Auto zu Besuch gekommen sei und einen Jungen nach dem Weg gefragt habe, der schreiend weggelaufen sei.

(e) Nach der Schule macht er einen Umweg nach Hause. Er geht über die Felder, wo er einem Auto begegnet.

(f) Das Mädchen erzählt, dass die Juden in dem Auto kleine Mädchen fangen würden, sie schlachten und ihr Blut zu Brot verarbeiten würden.

(g) Er glaubt, dass es das Judenauto ist. In panischer Angst rennt er vor dem Auto weg.

(h) Eine andere Erinnerung hat mit der Schule zu tun. Als der Junge neun Jahre alt ist, hört er in der Schule von einer Mitschülerin ein Gerücht über ein Judenauto.

(i) Seine Eltern z.B. glauben, dass die Juden an der allgemeinen Krise schuld sind. Der Junge ist so besessen von der Geschichte, dass er im Unterricht davon träumt, wie er ein Mädchen, das er gern hat, vor den Juden rettet.

(j) Am nächsten Tag erzählt er in der Klasse, wie er dem Judenauto entkommen ist. Zuerst glauben ihm alle und feiern ihn als Held. Er hofft, dass er nun die Bewunderung des Mädchens, das er gern hat, gewonnen hat.

(k) Die anderen Kinder lachen den Jungen aus und er gibt am Ende den Juden die Schuld an der ganzen Geschichte.

(l) Obwohl der Junge noch nie einen Juden gesehen hat, glaubt er die Geschichte des Mädchens, weil er von den Erwachsenen viel Schlechtes über die Juden gehört hat.

# Teil 6  Das Judenauto

## Übung 7

Lesen Sie nun die Kurzgeschichte, die hier in sieben Abschnitte eingeteilt ist, um Ihnen das Lesen zu erleichtern. Versuchen Sie, beim ersten Lesen kein Wörterbuch zu verwenden. Beantworten Sie nach jedem Abschnitt die Fragen, die Ihnen helfen, die zentralen Stellen der Erzählung zu verstehen.

### Das Judenauto

**Wie tief hinab reicht das Erinnern? Ein warmes Grün, das ist in meinem Gedächtnis wohl das früheste Bild: das Grün eines Kachelofens, um dessen oberes Bord sich das Relief eines Zigeunerlagers gezogen haben soll; doch das weiß ich nur noch aus den Erzählungen meiner Mutter, keine Anstrengung des Hirns bringt mir dies Bild zurück. Das Grün aber habe ich behalten: ein warmes Weinflaschengrün mit stumpfem Glanz. Immer, wenn ich mir dieses Grün vor Augen führe, fühle ich mich leicht**

über den Dielen in Lüften schweben: Ich konnte, wie Mutter erzählte, die Zigeuner nur sehen, wenn Vater mich zweijährigen Knirps in die Höhe hob.

Dann folgt in meinem Gedächtnis etwas Weiches und Weißes, auf dem ich unendlich lange Zeit stillsitzen und dabei in ein sich auf- und abwärts krümmendes Schwarz starren mußte, und dann eine Höhle Holunder mit einer Bank und einem Mann drauf, der nach Abenteuern roch und mich auf seinem Knie reiten ließ und mir ein Stück wunderbar süßer Wurst in den Mund schob, die ich gierig kaute, und diese Erinnerung ist verbunden mit einem Schrei und einem Sturm, der plötzlich Mann und Laube von mir fortriß, um sie jählings ins Nichts zu wirbeln. Es war natürlich keine Sturmbö, es war der Arm der Mutter, der mich aus der grünen Höhle gerissen hatte, und auch der Schrei war der Schrei ihres Entsetzens gewesen: Der Mann, dessen Knie mich gewiegt hatte, war eine der Spottfiguren des Dorfs: ein heruntergekommener Großbauer, der, auf säbelkrummen Beinen einherschwankend, die Dörfer nach Brot und Schnaps zu durchbetteln pflegte, und der Geruch wilder Abenteuer war sein Atem von Brenn-spiritus und die Wurst ein Abfall der Roßschlächterei. Jedenfalls muß es herrlich gewesen sein, auf seinen Knien zu reiten: Es ist dies das erste Bild, das ich heute noch ganz deutlich vor mir sehe, und ich war damals drei Jahre alt.

Von da an folgen die Bilder dichter und dichter: die Berge, der Wald, der Brunnen, das Haus, der Bach und die Wiese; der Steinbruch, in dessen Grotten die Geister, die ich mir ausdachte, hausten; Kröte, Hornisse, der Käuzchenruf, die Vogelbeerenallee vor der grauen Fabrik, der Jahrmarkt mit seinem Duft von türkischem Honig und dem Drehorgelgeschrei der Schaubudenausrufer und schließlich die Schule mit ihrem kalkgetünchten, trotz der hohen Fenster stets düstren Korridor, durch den aus allen Klassenräumen heraus die Menschen-angst wie eine Nebelschwade kroch. Die Gesichter der Lehrer habe ich vergessen; ich sehe nur noch zwei verkniffene graue Augen über einer langgezogenen messerscharfen Nase und einen von Ringen gekerbten Bambusstock, und auch die Gesichter der Mitschüler sind blaß und unscharf geworden bis auf ein braun-äugiges Mädchengesicht mit schmalem, kaum geschwungenem Mund und kurzem hellem Haar über der hohen Stirn: Das Gesicht, vor dessen Augen man die seinen, zum erstenmal durch eine rätselhafte Macht verwirrt, niederge-schlagen hat, man vergißt es nicht, auch wenn danach Bitteres geschehen ist ...

## VOKABULAR

*der Kachelofen* = tiled stove
*das Bord* = ledge
*der Knirps* = tiny tot
*eine Höhle Holunder* = a cave formed by elder bushes
*jählings* = suddenly
*wiegen* = to rock
*der Brennspiritus* = methylated spirits
*die Rossschlächterei* = knacker's yard

*das Drehorgelgeschrei* = noise of the barrel organ

*der Schaubudenausrufer* = crier at a show booth

*kalkgetüncht* = whitewashed

Frühe Erinnerungen des Erzählers

1 Was ist die erste Erinnerung des Erzählers?
2 Was ist das erste Ereignis, an das er sich deutlich erinnert?
3 An welches Gesicht aus der Schule kann er sich noch gut erinnern? Wie sieht es aus?

# Übung 8

Eines Morgens, es war im Sommer 1931, und ich war damals neun Jahre alt, kam, wie immer wenige Minuten vor dem Läuten, das Klatschmaul der Klasse, die schwarzgezopfte, wie ein Froschteich plappernde Gudrun K. wieder einmal mit ihrem Schrei: »Ihr Leute, ihr Leute, habt ihr's schon gehört!« in die Klasse gestürmt. Sie keuchte, da sie das schrie, und fuchtelte wild mit den Armen; ihr Atem flog, doch sie schrie dennoch: »Ihr Leute, ihr Leute!« und rang im Schreien schnaufend nach Luft. Die Mädchen stürzten ihr, wie immer, entgegen und umdrängten sie jäh wie ein Bienenschwarm seine Königin; wir Jungen jedoch achteten kaum auf ihr Getue, zu oft schon hatte das Klatschmaul etwas als Sensation ausgeschrien, was sich dann als Belanglosigkeit entpuppte. So ließen wir uns in unserm Tun nicht stören: Wir diskutierten gerade die neuesten Abenteuer unsres Idols Tom Shark, und Karli, unser Anführer, machte uns vor, wie man nach dessen Manier den gefährlichsten Wolfshund im Nu erledigt: ein fester Griff in den Rachen, dorthin, wo die Zähne am spitzesten stehen, den Oberkiefer festgehalten, den Unterkiefer hinuntergerissen, den Schädel im Wirbel gedreht und dem Tier einen Tritt in den Kehlkopf – da hörten wir aus dem Schwarm der Mädchen einen schrillen Schrei. »Iii, wie gräsig!« hatte eines der Mädchen geschrien, ein ganz spitzes quiekendes Iii des panischen Schreckens; wir fuhren herum und sahen das Mädchen stehen, die Hand vor dem weit offenen Mund und in den Augen das blanke Entsetzen, und die Gruppe der Mädchen stand vor Schauder gekrümmt. »Und dann rühren sie das Blut mit Nullermehl an und backen draus Brot!« hörten wir Gudrun hastig berichten, und wir sahen, wie die Mädchen sich schüttelten. »Was erzählst du da für 'n Quatsch!« rief Karli laut. Die Mädchen hörten nicht. Zögernd traten wir zu ihnen. »Und das essen sie dann?« fragte eine mit heiserer Stimme. »Das essen sie dann zu ihrem Feiertag, da kommen sie zu Mitternacht alle zusammen und zünden Kerzen an, und dann sagen sie einen Zauber, und dann essen sie das!« bestätigte Gudrun mit keuchendem Eifer. Ihre Augen brannten. »Was für ein Zauber?« fragte Karli und lachte, aber das Lachen klang nicht echt. Plötzlich fühlte ich eine seltsame Angst. »So red schon!« schrie ich Gudrun an, und auch die anderen Jungen schrien, und wir drängten uns um die Mädchen, die Gudrun umdrängten, und Gudrun wiederholte in hastigen, fast schreienden Sätzen ihren Bericht: Ein Judenauto sei, so sprudelte sie heraus, in den Bergen aufgetaucht und fahre abends die wenig begangenen Wege ab, um Mädchen einzufangen und zu schlachten und aus ihrem Blut ein Zauberbrot zu backen; es sei ein gelbes, ganz gelbes Auto, so redete sie, und Mund und Augen waren vor Entsetzen verzerrt: ein gelbes, ganz gelbes Auto mit vier Juden drin, vier schwarzen mörderischen Juden mit langen Messern, und alle Messer seien blutig gewesen, und vom Trittbrett habe auch Blut getropft, das hätten die Leute deutlich gesehen, und vier Mädchen hätten sie bisher geschlachtet, zwei aus Witkowitz und zwei aus Böhmisch-Krumma; sie hätten sie an den Füßen aufgehängt und ihnen den Kopf abgeschnitten und das Blut in Pfannen auslaufen lassen, und wir lagen übereinandergedrängt, ein Klumpen Entsetzen, der kreischte und bebte, und Gudrun überschrie unser Grauen mit schriller Käuzchenstimme und beteuerte, obwohl niemand ihre Erzählung anzweifelte, gierig, das sei alles wirklich wahr. Wenn sie gestern nach Böhmisch-Krumma gegangen wäre, um Heimarbeit auszutragen, hätte sie das Judenauto mit eigenen Augen sehen können: gelb, ganz gelb, und vom Trittbrett das tropfende Blut, und ich starrte Gudrun ins Gesicht, das rot war, und dachte bewundernd, daß sie ein tolles Glück gehabt habe, nicht abgeschlachtet worden zu sein, denn daß das Judenauto durch die Felder fuhr und Mädchen einfing, daran zweifelte ich keinen Augenblick.

## VOKABULAR

*das Klatschmaul* = (person) gossip
*Tom Shark* = hero in a series of children's books
*die Manier* = manner, style
*der Wirbel* = vertebra
*gräsig* (regional) = horrible
*das Nullermehl* (dated) = very fine flour
*das Trittbrett* = running board
*mit Käuzchenstimme* = in a screechy voice

Die Geschichte vom Judenauto

1  Welche Geschichte erzählt Gudrun K. über das Judenauto?
2  Wie reagieren der Erzähler und die anderen Kinder darauf?

# Übung 9

Ich hatte zwar noch keinen Juden gesehen, doch ich hatte aus den Gesprächen der Erwachsenen schon viel über sie erfahren: Die Juden hatten alle eine krumme Nase und schwarzes Haar und waren schuld an allem Schlechten in der Welt. Sie zogen den ehrlichen Leuten mit gemeinen Tricks das Geld aus der Tasche und hatten die Krise gemacht, die meines Vaters Drogenhandlung abzuwürgen drohte; sie ließen den Bauern das Vieh und das Korn wegholen und kauften von überallher Getreide zusammen, gossen Brennspiritus drüber und schütteten es dann ins Meer, damit die Deutschen verhungern sollten, denn sie haßten uns Deutsche über alle Maßen und wollten uns alle vernichten – warum sollten sie

dann nicht in einem gelben Auto auf den Feldwegen lauern, um deutsche
Mädchen zu fangen und abzuschlachten? Nein, ich zweifelte keinen Augenblick
daran, daß das Judenauto existierte, und auch die Worte des Lehrers, der unter-
dessen die Klasse betreten und die Nachricht vom Judenauto, die alle Münder ihm
zugeschrien, für wenig glaubwürdig erklärt hatte, änderten nichts. Ich glaubte an
das Judenauto; ich sah es gelb, ganz gelb zwischen Kornfeld und Kornfeld fahren,
vier schwarze Juden mit langen, spitzigen Messern, und plötzlich sah ich das Auto
halten und zwei der Juden zum Kornfeld springen, an dessen Rand ein braunäu-
giges Mädchen saß und einen Kranz blauer Kornraden flocht, und die Juden,
Messer zwischen den Zähnen, packten das Mädchen und schleppten es zum Auto,
und das Mädchen schrie, und ich hörte ihren Schrei, und ich war selig, denn es
war mein Name, den sie schrie. Laut und verzweifelt schrie sie meinen Namen; ich
suchte nach meinem Colt, doch ich fand ihn nicht, und so stürmte ich mit bloßen
Händen aus meinem Geheimgang hinaus und sprang die Juden an. Den ersten
schmetterte ich mit einem Schlag gegen das Kinn zu Boden, dem zweiten, der das
Mädchen schon hochgehoben hatte, um es in den Wagen zu wälzen, schlug ich mit
der Handkante ins Genick, so daß auch er zusammensank; der Jude am Steuer gab
Gas, und der Wagen schoß auf mich zu. Doch darauf war ich natürlich gefaßt
gewesen und schnellte zur Seite; das Auto schoß vorbei, ich sprang auf sein Heck,
zertrümmerte mit einem Faustschlag die Wagendecke, drehte dem Juden auf dem
Beifahrersitz das Messer aus der zustoßenden Hand, warf ihn aus dem Wagen,
überwältigte den Juden am Steuer, bremste, sprang ab und sah im Gras vorm
Kornfeld ohnmächtig das Mädchen liegen, und sah ihr Gesicht, das vor mir reglos
im Gras lag, und plötzlich sah ich nur ihr Gesicht: braune Augen, ein schmaler,
kaum geschwungener Mund und kurzes, helles Haar über der hohen Stirn. Ich sah
Wangen und Augen und Lippen und Stirn und Haar, und mir war, als sei dies
Gesicht immer verhüllt gewesen und ich sähe es das erste Mal nackt. Scheu befing
mich; ich wollte wegsehen und konnte es doch nicht und beugte mich über das
Mädchen, das reglos im Gras lag und berührte, ein Hauch, mit meiner Hand ihre
Wange, und mir wurde flammend heiß, und plötzlich brannte meine Hand: ein
jäher Schmerz; mein Name dröhnte in mein Ohr; ich fuhr auf und der Lehrer hieb
mir ein zweites Mal das Lineal über den Handrücken. »Zwei Stunden Nachsitzen«,
schnaubte er, »ich werd' dir das Schlafen im Unterricht schon austreiben!« Die
Klasse lachte. Der Lehrer schlug ein drittes Mal zu; die Hand schwoll auf, doch ich
biß die Zähne zusammen: Zwei Bänke vor mir saß das Mädchen, dessen Gesicht
ich im Gras gesehen hatte, und ich dachte, daß sie jetzt als Einzige nicht über mich
lachen würde. »Im Unterricht schlafen – glaubt der Kerl, die Bank sei ein Bett!«
Der Lehrer hatte das als Witzwort gesprochen, und die Klasse brüllte vor Lachen.
Ich wußte, daß sie niemals über mich lachen würde. »Ruhe«, schrie der Lehrer.
Das Lachen verebbte. Die Striemen auf meiner Hand wurden blau.

## VOKABULAR

*das Geld aus der Tasche ziehen* = to get s.o. to part with his/her money
*die Drogenhandlung* (dated) = pharmacy

*die Kornrade* = corncockle
*das Genick* = neck
*die Wagendecke* = car roof
*die Scheu* = shyness, timidity
*auffahren* = to awake with a start
*nachsitzen* = to be kept in, to have detention
*die Strieme, der Striemen* = weal

Vorstellungen über die Juden

1   Woher hat der Junge seine Informationen über die Juden?
2   Wie stellt er sich die Juden vor?
3   Von welcher Krise redet der Junge?
4   Was denkt der Lehrer über die Geschichte vom Judenauto?
5   Wovon handelt der Tagtraum des Jungen in der Schule?
6   Wie wird er aus seinem Traum geweckt? Wie reagieren die anderen Schüler und
    das Mädchen, das er gern hat?

# Übung 10

Nach dem Nachsitzen traute ich mich nicht nach Hause; ich grübelte, als ich
langsam die Dorfstraße hinaufging, nach einer glaubwürdigen Ausrede und kam
schließlich auf den Gedanken, zu Haus zu erzählen, ich hätte dem Judenauto
nachgeforscht, und so bog ich, um nicht von der Hauptstraße, sondern von den
Feldern aus nach Hause zu kommen, von der Straße ab, und ging einen Feldweg
hinauf, den Bergen zu: Kornfelder rechts und Wiesen links, und Korn und Gras
wogten mir übers Haupt. Ich dachte nicht mehr ans Nachsitzen und nicht mehr
an das Judenauto; ich sah das Gesicht des Mädchens in den Wellen der Gräser,
und im Korn sah ich ihr helles Haar. Die Wiesen dufteten sinnverwirrend, das
pralle Fleisch der Glockenblumen schwang blau in der Höhe meiner Brust; der
Thymian sandte wilde Wellen betäubenden Duftes, Wespenschwärme brausten
bös, und der Mohn neben den blauen Raden glühte, ein sengendes Gift, in
hitzigstem Rot. Die Wespen schwirrten wild um mein Gesicht, die Sonne
dünstete; die Grillen schrien mir eine irre Botschaft zu, große Vögel schossen jäh
aus dem Korn auf; der Mohn neben den Raden lohte drohend, und ich war
verwirrt. Ich war bisher arglos in der Natur gestanden wie eins ihrer Geschöpfe,
eine Libelle oder ein wandernder Halm, doch nun war mir, als ob sie mich von
sich stieße und ein Riß aufbräche zwischen meiner Umwelt und mir. Ich war
nicht mehr Erde und nicht mehr Gras und Baum und Tier; die Grillen schrien,
und ich mußte daran denken, daß sie beim Zirpen die Flügel aneinanderrieben,
und plötzlich kam mir das schamlos vor, und plötzlich war alles verändert und
wie zum erstenmal gesehen: Die Kornähren klirrten im Wind, das Gras schmiegte
sich weich aneinander, der Mohn glühte, ein Mund, tausend Münder der Erde,
der Thymian brodelte bitteren Dunst, und ich fühlte meinen Leib wie etwas
Fremdes, wie etwas, das nicht Ich war; ich zitterte und fuhr mit den Fingernägeln

über die Haut meiner Brust und zerrte an ihr; ich wollte schreien und konnte doch nur stöhnen; ich wußte nicht mehr, was mir geschah, da kam, Korn und Gras zur Seite drängend, ein braunes Auto langsam den Feldweg herunter.

## VOKABULAR

*grübeln* = to brood
*wiegen* = to sway
*das Haupt* (elevated) = head
*sinnverwirrend* = confusing one's senses
*die Rade* = corncockle
*lohen* (elevated) = to blaze

Der Erzähler und die Natur

1   Warum geht der Junge nach der Schule nicht direkt nach Hause?
2   Was sagt er über sein neues Verhältnis zur Natur?
3   Was sieht er auf dem Feldweg?

# Übung 11

Da ich es wahrnahm, schrak ich zusammen, als sei ich bei einem Verbrechen ertappt worden; ich riß die Hände von meiner Brust, und das Blut schoß mir jäh in den Kopf. Mühsam sammelte ich meine Gedanken. Ein Auto? Wie kommt ein Auto hierher, dachte ich stammelnd; da begriff ich plötzlich: das Judenauto! Ein Schauer überrann mich; ich stand gelähmt. Im ersten Augenblick hatte ich zu sehen vermeint, daß das Auto braun war; nun, da ich, entsetzt und von einer schaurigen Neugier angestachelt, ein zweites Mal hinblickte, sah ich, daß es mehr gelb als braun war, eigentlich gelb, ganz gelb, grellgelb. Hatte ich anfangs nur drei Personen drin gesehen, so hatte ich mich sicher getäuscht, oder vielleicht hatte sich einer geduckt, sicher hatte sich einer geduckt, es waren ihrer vier im Wagen, und einer hatte sich geduckt, um mich anzuspringen, und da fühlte ich Todesangst. Es war Todesangst; das Herz schlug nicht mehr; ich hatte sein Schlagen nie wahrgenommen, doch jetzt, da es nicht mehr schlug, fühlte ich es: ein toter Schmerz im Fleisch, eine leere Stelle, die, sich verkrampfend, mein Leben aussog. Ich stand gelähmt und starrte auf das Auto, und das Auto kam langsam den Feldweg herunter, ein gelbes Auto, ganz gelb, und es kam auf mich zu, und da, als habe jemand einen Mechanismus in Gang gesetzt, schlug mein Herz plötzlich wieder, und nun schlug es rasend schnell, und rasend überschlugen sich meine Gedanken: schreien, davonlaufen, im Korn verstecken, ins Gras springen, doch da fiel mir in der letzten Sekunde noch ein, daß ich keinen Verdacht erregen durfte. Ich durfte nicht merken lassen, daß ich wußte: Das war das Judenauto, und so ging ich, von Grauen geschüttelt, mäßigen Schrittes den Feldweg hinunter, mäßigen Schrittes vor dem Auto, das Schritt fuhr, und mir troff der Schweiß von der Stirn, und ich fror zugleich, und so ging ich fast eine Stunde, obwohl es zum

Dorf nur ein paar Schritte waren. Meine Knie zitterten; ich dachte schon, daß ich umfallen würde, da hörte ich, wie einen Peitschenschlag knallend, eine Stimme aus dem Wagen: ein Anruf vielleicht oder ein Befehl, und da wurde mir schwarz vor den Augen; ich spürte nur noch, wie meine Beine liefen und mich mit sich nahmen; ich sah und hörte nichts mehr und lief und schrie, und erst, als ich mitten auf der Dorfstraße stand, zwischen Häusern und unter Menschen, wagte ich keuchend, mich umzuschauen, und da sah ich, daß das Judenauto spurlos verschwunden war.

## VOKABULAR

*der Schauer* = shudder
*sich ducken* = to duck
*ihrer vier* (dated) = four of them

Begegnung mit dem Judenauto

1   Warum glaubt der Erzähler, dass das Auto, das er sieht, das Judenauto ist?
2   Wie reagiert er, als er das Auto sieht?
3   Was macht er, als er angesprochen wird?

# Übung 12

Natürlich erzählte ich am nächsten Morgen in der Klasse, daß mich das Judenauto stundenlang gejagt und fast erreicht habe; und daß ich nur durch ganz tolles Haken-schlagen entkommen sei, und ich schilderte das Judenauto: gelb, ganz gelb und mit vier Juden besetzt, die blutige Messer geschwungen hatten, und ich log nicht, ich hatte alles ja selbst erlebt. Die Klasse lauschte atemlos; man hatte mich umdrängt und sah mich bewundernd und auch neidvoll an; ich war ein Held und hätte jetzt an Karlis Stelle der Anführer werden können, doch das wollte ich nicht, ich wollte nur einen Blick und wagte doch nicht, ihn zu suchen. Dann kam der Lehrer; wir schrien ihm die ungeheure Nachricht ins Gesicht. Fiebernd schilderte ich meine Erlebnisse, und der Lehrer fragte nach Ort und Zeit und Umständen, und ich konnte alles genauestens angeben, da waren keine Mogeleien und Widersprüche, da gab es nichts als unwiderlegliche Tatsachen: das gelbe, ganz gelbe Auto, die vier schwarzen Insassen, die Messer, das Blut am Trittbrett, der Feldweg, der Befehl, mich zu fangen, die Flucht, die Verfolgung; und die Klasse lauschte atemlos.

Da sah das Mädchen mit dem kurzen, hellen Haar auf, und nun wagte ich, ihr ins Gesicht zu sehen, und sie wandte sich halb in ihrer Bank um und sah mich an und lächelte, und mein Herz schwamm fort.

## VOKABULAR

*die Mogelei (–en)* = cheating
*mein Herz schwamm fort* = my heart melted

Der Held

1 Was erzählt der Junge am nächsten Tag in der Schule über sein Erlebnis?
2 Warum schwimmt das Herz des Jungen fort?

# Übung 13

Das war die Seligkeit; ich hörte die Grillen schreien und sah den Mohn glühen und roch den Thymianduft, doch nun verwirrte mich das alles nicht mehr, die Welt war wieder heil, und ich war ein Held, dem Judenauto entronnen, und das Mädchen sah mich an und lächelte und sagte mit ihrer ruhigen, fast bedächtigen Stimme, daß gestern ihr Onkel mit zwei Freunden zu Besuch gekommen sei; sie seien im Auto gekommen, sagte sie langsam, und das Wort »Auto« fuhr mir wie ein Pfeil ins Hirn; in einem braunen Auto seien sie gekommen, sagte sie, und sie sagte auf die hastige Frage des Lehrers: Sie seien zur gleichen Zeit, da ich das Judenauto gesehen haben wollte, den gleichen Feldweg hinabgefahren, und ihr Onkel habe einen Jungen, der am Wiesenrand gestanden habe, nach dem Weg gefragt, und der Junge sei schreiend davongelaufen, und sie strich die Zunge über ihre dünnen Lippen und sagte, ganz langsam, der Junge am Weg habe genau solche grünen Lederhosen getragen wie ich, und dabei sah sie mich freundlich lächelnd an, und alle, so fühlte ich, sahen mich an, und ich fühlte ihre Blicke bös wie Wespen schwirren, Wespenschwärme über Thymianbüschen, und das Mädchen lächelte mit jener ruhigen Grausamkeit, deren nur Kinder fähig sind. Als dann eine Stimme aus mir herausbrüllte, die blöde Gans spinne ja, es sei das Judenauto gewesen: gelb, ganz gelb und vier schwarze Juden drin mit blutigen Messern, da hörte ich wie aus einer anderen Welt durch mein Brüllen ihre ruhige Stimme sagen, sie habe mich ja selbst vor dem Auto davonlaufen sehen. Sie sagte es ganz ruhig, und ich hörte, wie mein Brüllen jählings abbrach; ich schloß die Augen, es war totenstill, da plötzlich hörte ich ein Lachen, ein spitzes, kicherndes Mädchenlachen wie Grillengezirp schrill, und dann toste eine brüllende Woge durch den Raum und spülte mich fort. Ich stürzte aus der Klasse hinaus und rannte aufs Klosett und schloß hinter mir zu; Tränen schossen mir aus den Augen, ich stand eine Weile betäubt im beizenden Chlorgeruch und hatte keine Gedanken und starrte die schwarzgeteerte, stinkende Wand an, und plötzlich wußte ich: Sie waren dran schuld! Sie waren dran schuld, sie, nur sie: Sie hatten alles Schlechte gemacht, das es auf der Welt gibt, sie hatten meinem Vater das Geschäft ruiniert, sie hatten die Krise gemacht und den Weizen ins Meer geschüttet, sie zogen mit ihren gemeinen Tricks den ehrlichen Leuten das Geld aus der Tasche, und auch mit mir hatten sie einen ihrer hundsgemeinen Tricks gemacht, um mich vor der Klasse zu blamieren. Sie waren schuld an allem; sie, kein anderer, nur sie! Ich knirschte mit den Zähnen: Sie waren schuld! Heulend sprach ich ihren Namen aus; ich schlug die Fäuste vor die Augen und stand im schwarzgeteerten, chlordünstenden Knabenklosett und schrie ihren Namen: »Juden!« schrie ich und wieder: »Juden!«, wie das nur klang: »Juden, Juden!«, und ich stand heulend in der Klosettzelle und schrie, und dann erbrach ich mich. Juden. Sie waren schuld. Juden. Ich würgte und ballte die Fäuste. Juden. Judenjudenjuden. Sie waren dran schuld. Ich haßte sie.

(Franz Fühmann, *Das Judenauto* in
„Das Judenauto: 14 Tage aus zwei Jahrzehnten", 1968, S. 7–18)

### VOKABULAR

*spinnen* = to talk rubbish, to be crazy

*das Grillengezirpe* = the chirping of crickets

*tosen* = to roar, to rage

Die Juden sind an allem schuld

1 Was erzählt das Mädchen?
2 Wie reagieren die anderen Kinder darauf?
3 Wie reagiert der Erzähler am Ende der Geschichte?

# Teil 7 Fantasie und Wirklichkeit

## Übung 14

Schauen Sie sich nun noch einmal genauer die Begegnung des Erzählers mit dem Judenauto an, und was danach passiert (ab Übung 10). Hier wird gezeigt, wie sich Vorurteile auswirken können. Entscheiden Sie, was Fantasie des Jungen ist und was in Wirklichkeit passiert.

| Fantasie | Realität |
|---|---|
| gelbes Auto | braunes Auto |
| ... | ... |

# Teil 8 Fragen zur Erzählung

## Übung 15

Schauen Sie sich jetzt die Erzählung noch einmal in Verbindung mit den Informationen zur Weltwirtschaftskrise in Teil 2 und dem Vokabular in Teil 4 an. Beantworten Sie abschließend einige Fragen zu der Erzählung und den Hintergrundinformationen.

1 Wie ist die Einstellung des Jungen gegenüber den Juden?
2 Woher kommt diese Einstellung?
3 Wie wird diese Einstellung in der Erzählung erklärt?
4 Wie kann man den großen Unterschied zwischen der Realität und der Fantasie des Jungen erklären?
5 Beschreiben Sie Ihre eigene Reaktion auf die Erzählung.

# Teil 9  Die Einleitung

In Thema 4 haben Sie geübt, wie man Argumente sammelt und strukturiert und den Hauptteil eines Aufsatzes aufbaut. In den nächsten Übungen geht es nun um die Einleitung. Dies ist der Teil, mit dem ein Aufsatz beginnt und der die Leser und Leserinnen an das Thema heranführt. Sie beschäftigen sich hier nicht nur theoretisch, sondern auch praktisch mit der Einleitung.

## Übung 16

Lesen Sie den folgenden Text, der beschreibt, wie eine Einleitung aussehen kann. Machen Sie sich dann zu den nachfolgenden Fragen Notizen.

> *DIE EINLEITUNG*  **Die Einleitung soll die Leserin und den Leser an das Thema heranführen und ihr Interesse wecken. Sie soll die folgenden Gesichtspunkte enthalten: den eigentlichen Einleitungsgedanken, die Überleitung zum Thema und am Schluss das zu behandelnde Thema (das aber nicht wörtlich zitiert werden muss). Bei einem längeren Aufsatz kann man auch skizzieren, wie man im Hauptteil vorgehen wird.**
>
> **Man darf in der Einleitung das Thema nicht inhaltlich verändern und keine Argumente oder Urteile vorwegnehmen (diese gehören in den Hauptteil oder den Schluss). Außerdem darf der erste Satz der Einleitung nicht unmittelbar an den Titel anknüpfen, das heißt der Aufsatz muss auch ohne den Titel für sich stehen können.**
>
> **Es gibt verschiedene Möglichkeiten, auf das Thema hinzuführen. Man kann vom Besonderen zum Allgemeinen oder vom Allgemeinen zum Besonderen gehen. Auch eine gegenteilige Behauptung bietet einen Ausgangspunkt. Ein Zitat, ein konkretes Beispiel, ein aktueller Anlass oder ein persönliches Erlebnis sind weitere Ausgangspunkte. Man kann auch von der Klärung des im Thema vorkommenden zentralen Begriffs ausgehen.**

1  Was soll man in einer Einleitung tun?
2  Was soll man in einer Einleitung nicht tun?
3  Wie kann man in einer Einleitung auf das Thema hinführen?

## Übung 17

Lesen Sie jetzt die Einleitungen zu verschiedenen Texten, die sich mit den Wandlungen in Fühmanns Leben beschäftigen. Beantworten Sie dann die nachfolgenden Fragen mit Hilfe der Informationen aus Übung 16.

(a) Ein unbestechlicher, verlässlicher Schriftsteller: Wissenschaftliche Konferenz zu Poetologie und Werk Franz Fühmanns

Der 1984 verstorbene Franz Fühmann zählt neben Christa Wolf und Heiner Müller zu den interessantesten Schriftstellerpersönlichkeiten nicht nur in der DDR-Literatur. Er hat wie kaum ein anderer seiner Generation die Brüche und Wandlungen dieses Jahrhunderts als Last angenommen und die damit verbundenen Erfahrungen in seinen Werken thematisiert.

[...]

(http://www.uni-potsdam.de/u/putz/mai97/04.htm, leicht abgeändert)

(b) SA-Mitglied Fühmann

Als er ins Kriegsgefangenlager kam, fragte man Franz Fühmann: „Waren Sie Mitglied der NSDAP oder einer der anderen nationalsozialistischen Gruppierungen?" Darauf sagte er mit erhobenem Kopf, dass er in der SA gewesen sei. Diese Aussage ist von ungeheurer Wichtigkeit, wenn man den Schriftsteller Franz Fühmann verstehen will.

(c) „Die Humanität des Einzelgängers": Ausstellung zu Leben und Werk des Schriftstellers Franz Fühmann im Alten Rathaus

„Verlässlich ist er als der große Erinnerungskünstler in der deutschen Literatur dieses Jahrhunderts", würdigte Walter Jens das Leben und Werk des ostdeutschen Schriftstellers Franz Fühmann (1922–1984). Im Vorgriff auf eine große wissenschaftliche Konferenz der Universität Potsdam Ende Februar ist am Freitag Abend eine Ausstellung mit Selbstzeugnissen, Fotografien und künstlerischen Werken im Alten Rathaus eröffnet worden. Sie war bereits 1993 in Berlin gezeigt worden. Die Schau steht unter dem Titel „Es bleibt nichts anders als das Werk" und gibt intimen Einblick in ein Leben mit extremen Brüchen und Widersprüchen.

(Ronald Glomb, Die Humanität des Einzelgängers, „Berliner Morgenpost", 02.02.97)

(d) Franz Fühmann: Ein deutsches Dichterleben in zwei Diktaturen

Franz Fühmanns Lebensweg ist gekennzeichnet von großen Hoffnungen, schweren Enttäuschungen und bitteren Krisen. Dem Betrachter eröffnen sich Gegensätze radikaler und tief greifender als bei vielen seiner Zeitgenossen, die wie er in den zwanziger Jahren geboren werden, in die Fänge des Nationalsozialismus, später des Kommunismus geraten und ihre Prägungen durch die beiden deutschen Diktaturen in unserem Jahrhundert erfahren. Wandlungen erschüttern sein Leben. Sie sind Ausdruck der totalitären Versuchungen dieses Jahrhunderts. [...]

[...]

(Günther Rüther, Franz Fühmann, „Das Parlament", 12/17.03.00)

(e) Franz Fühmann: Opportunist oder Zeitzeuge des 20. Jahrhunderts?

> Diese Frage stellt sich, wenn man Franz Fühmanns Leben und Werk betrachtet. Er wuchs unter dem Nationalsozialismus auf und trat freiwillig in die SA und die Wehrmacht ein. 1945 konvertierte er dann zum Sozialismus. Er selbst hat sich in seinem Testament als gescheitert erklärt. Mit dieser Einschätzung stimme ich überein, vor allem im Hinblick auf seine Biografie. Diese Biografie soll im Folgenden genauer beschrieben werden.
>
> [...]

1 Welche Einleitung beginnt mit einem Zitat?
2 Welche Einleitung knüpft unmittelbar an den Titel an?
3 Welche Einleitung geht von einer allgemeinen Beobachtung aus?
4 Welche Einleitung geht vom Besonderen zum Allgemeinen?
5 In welcher Einleitung wird das im Titel erwähnte Thema verändert?
6 In welcher Einleitung wird ein Urteil ausgesprochen?
7 Welche Einleitung geht von einem Erlebnis aus?
8 Welcher Text ist damit als Einleitung ungeeignet?

# Teil 10  Aufsatz

## Übung 18

Schreiben Sie nun eine eigene Einleitung zu dem nachfolgenden Aufsatz. Das Thema ist „Die Entwicklung von Vorurteilen am Beispiel der Erzählung ‚Das Judenauto' von Franz Fühmann". Dazu finden Sie hier eine Liste mit Möglichkeiten, wie Sie das Thema einführen können. Wählen Sie eine aus und schreiben Sie eine Einleitung von ca. 40–60 Wörtern.

1 Vom Besonderen zum Allgemeinen: Fühmanns persönliche Erfahrungen
2 Vom Allgemeinen zum Besonderen: Diktaturen brauchen Feindbilder
3 Zitat: „Juden. Judenjudenjuden. Sie waren dran schuld. Ich haßte sie."
4 Aktueller Anlass: Rassismus heute
5 Persönliches Erlebnis: eigene Reaktion auf die Lektüre des „Judenauto"
6 Klärung des im Thema vorkommenden zentralen Begriffes: Definition von „Vorurteil"

### Die Entwicklung von Vorurteilen am Beispiel der Erzählung „Das Judenauto" von Franz Fühmann

*... (Schreiben Sie hier Ihre Einleitung)*

Ende der 20er und Anfang der 30er Jahre verschlechterte sich die wirtschaftliche Lage in Deutschland zunehmend. 1929 begann die Weltwirtschaftskrise, die auch in Deutschland schwerwiegende Folgen hatte. Viele Leute verloren ihr Geld und die Arbeitslosenzahlen stiegen bis auf über 6 Millionen im Jahre 1932. Die wirtschaftlichen und sozialen Probleme führten dazu, dass extreme Parteien immer beliebter wurden. Sie versprachen einfache Lösungen. Die Nationalsozialisten zum Beispiel machten die Juden für die Krise verantwortlich.

Auch die Familie des Jungen in Franz Fühmanns Erzählung „Das Judenauto" ist von der Krise betroffen. Die Apotheke des Vaters ist dem Bankrott nahe. Die Einstellung des Vaters ist von den Vorurteilen gegenüber den Juden beeinflusst. Wie viele andere Leute macht er die Juden zum Sündenbock und glaubt zum Beispiel, dass die Juden den Bauern das Vieh und das Getreide wegnehmen und vernichten, weil sie die Deutschen hassen. Der Junge wiederholt die stereotypen Vorstellungen der Erwachsenen, ohne sich zunächst viele Gedanken darüber zu machen. Dies ist ein Beispiel dafür, wie Kinder zum Fremdenhass erzogen werden und wie sie Feindbilder entwickeln.

Die Kinder in der Erzählung sind insgesamt eher negativen als positiven Einflüssen ausgesetzt. Der Junge zum Beispiel bekommt von seinen Eltern nicht viel Liebe; eine seiner ersten Erinnerungen ist die negative Reaktion seiner Mutter, als er mit einem obdachlosen Mann spielt. Das Kind lernt, dass man mit Außenseitern nicht spielt, sondern sich vor ihnen fürchten muss. Alles Fremde beziehungsweise Andere ist verdächtig und wird abgelehnt. Auch die Schule hat einen eher negativen Einfluss. Statt die Kinder zu offenen und toleranten Menschen zu erziehen, verbreitet sie Angst. Die Lehrer herrschen mit Hilfe von harten Strafen. Die Kinder werden auch von gewalttätigen Jugendbüchern beeinflusst und wollen wie die Helden dieser Bücher sein.

All dies trägt dazu bei, dass die Kinder das Gerücht von einem Judenauto, das kleine Mädchen fängt, einfach glauben. Sie sind gleichzeitig schockiert und fasziniert. Auch der Junge ist fasziniert von der Geschichte und fängt an, von dem Auto zu fantasieren. Er erfindet seine eigene Geschichte, wie er ein Mädchen aus seiner Klasse, das er gerne hat, vor den Juden rettet. Nach einer scheinbar wirklichen Begegnung mit dem Judenauto ist er sicher, dass er die Bewunderung des Mädchens gewonnen hat. Jedoch gerade dieses Mädchen entlarvt seine Geschichte als Fantasie. Deshalb ist der Junge sehr enttäuscht. Er will nicht zugeben, dass er selbst schuld ist, und macht die Juden verantwortlich. Er macht sie zum Sündenbock für alles Schlechte in seinem Leben.

Fühmann zeigt in seiner autobiografischen Erzählung, wie ein kleiner Junge fremdenfeindliche Tendenzen entwickelt. Er macht seinen Lesern bewusst, wie verschiedene Faktoren dazu beitragen, dass Vorurteile entstehen und sich verbreiten. Dadurch versucht er, vor Extremismus und Fremdenhass zu warnen.

# 6 Kaufen und Verkaufen

In diesem Thema geht es um Werbung und Konsumverhalten. Zuerst beschäftigen Sie sich im Allgemeinen mit den Faktoren, die unsere Wahl im Konsumalltag beeinflussen und lernen dann spezifische Aspekte des Konsumverhaltens der Deutschen kennen. Als Letztes beschäftigen Sie sich mit dem Einfluss von Werbung auf das Konsumverhalten und mit der Frage, ob man sie für Kinder deshalb regulieren sollte.

Zu diesem Thema lesen Sie verschiedene Texte, z.B. Internetseiten, Zeitschriftenartikel und einen Buchausschnitt. Sie beschäftigen sich mit der Struktur von Texten und besonders damit, wie man seinen Text logisch beenden kann und sollte. Sie üben noch einmal, wie Sie aus verschiedenen Quellen Informationen sammeln (Teil 5–7), um diese dann zu einer logischen Schlussfolgerung zu verbinden (Übung 28).

Am Ende dieses Themas haben Sie

- über verschiedene Aspekte des Konsumverhaltens reflektiert;

- Gründe für und gegen bestimmte Konsumentscheidungen gegeneinander abgewogen;

- den Aufbau eines Artikels analysiert;

- die Schlussfolgerung eines Aufsatzes analysiert;

- geübt, selbst eine Schlussfolgerung zu schreiben;

- nützliches Vokabular und Wendungen für Schlussfolgerungen kennen gelernt und verwendet;

- mit Hilfe von Doppelkonjunktionen Aussagen einander gegenüber gestellt;

- verschiedene Wege kennen gelernt, wie man sich auf die Aussagen anderer beziehen kann.

# Teil 1 Warum kaufen?

Bevor Sie in den nachfolgenden Abschnitten verschiedene Faktoren kennen lernen, die das Konsumverhalten der Deutschen beeinflussen, machen Sie sich als Einstieg Gedanken über Ihre eigenen Konsumentscheidungen und die Ihrer Umgebung.

## Übung 1

Überlegen Sie, wie Sie selbst und andere entscheiden, was gekauft wird. Welche Faktoren haben hier einen Einfluss? Machen Sie eine Mind-map wie in Thema 2.

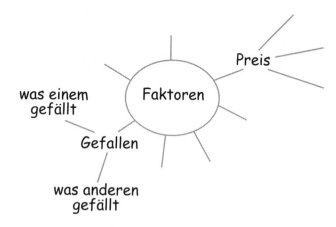

# Teil 2 Sparen um jeden Preis?

In diesem Teil geht es um die Popularität der Discount-Händler in Deutschland und die Frage, wie wichtig der Preis beim Konsumverhalten ist. Sie betrachten hierzu eine Graphik und lesen einen Artikel.

## Übung 2

Sehen Sie sich das Schaubildauf S.106 an und ergänzen Sie die Lücken im Text mit Wörtern aus dem Kasten.

## Marktmacht Discounter

**05.11.2004**

**Aldi, Lidl, Plus und Co. sind weiter auf dem Vormarsch. Mit _____, „Dauerniedrigpreisen", Sonderaktionen und _____ bieten die _____ allwöchentlich in großformatigen Zeitungsanzeigen ihre _____ feil. Und sie haben damit _____. In den letzten 13 Jahren – von 1991 bis 2004 – hat sich die Zahl der Discountgeschäfte im Lebensmitteleinzelhandel nahezu _____, ebenso ihre _____; die Verkaufsfläche hat sich sogar _____. Heute haben die Discounter einen _____ (also einen Anteil am Umsatz des Lebensmitteleinzelhandels) von weit mehr als einem Drittel (38,4 Prozent). 1991 kamen sie erst auf ein knappes _____ (23,4 Prozent). Dieses Plus ging vor allem zu Lasten der traditionellen kleinen Lebensmittelgeschäfte und der Supermärkte.**

(Globus-Infographik 9562, „Marktmacht der Discounter")

### VOKABULAR

*der Discounter (–)* = discount shop; discount dealer
*Aldi, Lidl, Plus* = names of discount retail chains
*feilbieten* (old) = to offer for sale
*der Einzelhandel* = retail trade

---

Erfolg • Sonderangeboten • Marktanteil • verdoppelt • Preissenkungen •
verdreifacht • Umsätze • Discounter • Leistungen • Viertel

## Übung 3

Überlegen Sie sich mögliche Antworten auf die folgenden Fragen:

1 Warum sind Discounter gerade in den letzten Jahren in Deutschland so beliebt geworden?
' 2 Welche Nachteile kann es haben, wenn man beim Kauf nur auf den Preis achtet? Denken Sie dabei sowohl an Nachteile für den Einzelnen als auch für die Gesellschaft im Allgemeinen.

## Übung 4

Lesen Sie nun den Artikel aus dem deutschen Wochenmagazin „Stern" und beantworten Sie die folgenden Fragen zum Artikel:

1 Warum haben die Deutschen bisher gespart?
2 Warum erwartet man jetzt, dass sie wieder mehr ausgeben werden?
3 Warum führen Sonderpreise laut Marktforschern zu Konsumzurückhaltung?
4 Durch welche Aspekte haben sich Käufer und Käuferinnen bisher überzeugen lassen? Auf welche achten sie jetzt wieder?

# Angst geht, Konsum kommt

**Ein neuer Optimismus macht sich breit: Nach Ansicht von Marktforschern werden die Deutschen dieses Jahr deutlich mehr konsumieren. Und gleichzeitig ebbt die Billig-Welle ab.**

Nach langer Zeit blicken die Deutschen wieder optimistisch in die Zukunft. Der Konsumklimaindex des Nürnberger GFK-Instituts machte im Januar einen großen Sprung nach oben. Die Konjunktur- und Einkommenserwartungen hätten sich deutlich aufgehellt, entsprechend sei auch Kauflust wieder gewachsen, sagten die Marktforscher.

[…]

## Angst vor Arbeitslosigkeit geht zurück

Noch stärker stieg die persönliche Einkommenserwartung, die Angst, arbeitslos zu werden, sei gesunken, die Einschnitte bei den Sozialleistungen und die gestiegenen Energiekosten seien inzwischen verdaut, und die letzte Stufe der Steuerreform habe bei den Verbrauchern die Erwartung geweckt, dass sie im Jahresverlauf wieder mehr im Geldbeutel hätten, so die Marktforscher.

[…]

Die bisherige Konsumzurückhaltung führen die Marktforscher erstaunlicherweise auf die Rabattschlachten im Einzelhandel zurück. Immer mehr Verbraucher hätten die Nase voll von lauten Preiskämpfen, „weil sie feststellen müssen, dass das Schnäppchen gar keins ist", sagt Wolfgang Twardawa von der GFK. Der „Spaß an der kollektiven Besessenheit, das Erstbeste ohne Preisvergleich einfach zu kaufen", sei vielen verdorben, sagt Stephan Grünewald, Geschäftsführer des Marktforschungsinstituts Rheingold in Köln. Konsumenten hätten nach all den ultimativen Rabattaktionen das Gefühl, sie seien in die Falle getappt. Was bleibt, ist Irritation, Argwohn, Kaufzurückhaltung.

Deshalb erwarten Markt- und Trendforscher, dass die „Geiz-ist-geil-Welle" in diesem Jahr kippen wird. Man gönnt sich in Deutschland vermutlich wieder mehr, getrieben vom Wunsch nach mehr Verlässlichkeit, Service und Qualität. Die Trendumkehr sei bereits seit einigen Monaten spürbar, sagt Wolfgang Twardawa. „Das Pendel schwingt zurück." Der Höhepunkt der Rabattschlachten sei überschritten.

(www.stern.de.wirtschaft/unternehmen, gefunden 04.05.05, gekürzt)

## VOKABULAR

*abebben* = to fade away

*GFK (= Gesellschaft für Konsumforschung)* = society for consumer research

*die Konjunktur* = economic situation

*der Einschnitt* = here: reduction

*die Sozialleistungen* (pl.) = employers' contributions

*verdauen* = here: to come to terms with

*der Rabatt* = discount

*von etw. die Nase voll haben* (coll.) = to have it up to here with s.th.

*das Schnäppchen (–)* = bargain

*die Besessenheit* = obsession

*die „Geiz-ist-geil-Welle"* = common slogan describing a consumer trend to save money at all cost, literally: penny-pinching is in

## Übung 5

Schauen Sie sich den Artikel noch einmal an und beantworten Sie die folgenden Fragen zu seinem Aufbau:

1  Der Artikel hat eine Einleitung, einen Hauptteil und einen Schluss. Markieren Sie diese Teile im Artikel.
2  Wie ist die Einleitung aufgebaut?
3  Wie ist der Hauptteil aufgebaut?
4  Was macht der Autor im Schlussteil des Artikels?

# Teil 3  Aldi trifft Gucci

Der folgende Artikel aus dem „manager magazin" betrachtet das Konsumverhalten der Deutschen im Allgemeinen und stellt zusätzlich zum Preis weitere Gründe für die Produktwahl vor.

## Übung 6

Die folgenden Aussagen geben Teile des Artikels wider. Lesen Sie die Aussagen und den Text. Unterstreichen Sie im Artikel die Originalstellen.

1 Fast alle Branchen sind von der neuen Mentalität des intelligenten Käufers betroffen, auch die Luftfahrt.

2 Fachleute haben elegante Bezeichnungen für die neuen Konsumenten, die sich in Massen vom Mittelmaß zurückziehen.

3 In der Zukunft werden manche Wirtschaftszweige oder Preisklassen aussterben.

4 Firmen, die den Durchschnittsverbraucher ansprechen, haben heute Schwierigkeiten, weil auch der etwas Besonderes möchte.

5 Oft wird fälschlich behauptet, dass die Gruppe der Durchschnittsverbraucher immer kleiner wird, weil die gesellschaftliche Mittelklasse verschwinden würde.

6 Da wir in unserer heutigen Gesellschaft alles im Übermaß haben, kaufen Kunden nur noch das Beste.

7 Sobald sie das Alltägliche gekauft haben, sind Konsumenten bereit, für die Dinge viel Geld auszugeben, die ihnen wichtig sind.

8 Es gibt heute viel mehr arme Haushalte als noch vor fünf Jahren.

9 Das Bild des Marktes hat sich verändert. Früher waren die Käufergruppen, die nur das Beste und nur das Billigste kauften, klein. Die Gruppe in der Mitte, zwischen diesen beiden, war die größte. Heute ist die mittlere Gruppe die kleinste, weil alle nur noch das Billigste oder das Beste kaufen wollen.

10 Der Mittelstand ist nicht wirklich verschwunden; nur die Käufer denken anders. Sie wollen nicht mehr Teil davon sein.

# Aldi trifft Gucci

**Nie war der Kunde so unberechenbar wie heute. Discount boomt, Luxus auch. Viele Firmen müssen sich neu erfinden.**

[...] Kjell Nordstroem [...] spricht über die Zukunft [...] von Gucci und Wal-Mart, von Sexyness und Fitness, ein lustiger Vortrag. Die Manager im Publikum, Konsumgüterhersteller, Telefonbranche und Werber, lachen. Dabei ist Nordstroem gerade im Begriff, ganze Branchen und Preissegmente zu Grabe zu tragen.

Denn das, was der Schwede in seinem aktuellen Buch „Karaoke Capitalism" nennt, das ewige Benchmarken und Best-Practice-Kopieren, ist zum Scheitern verurteilt. Heute reicht es nicht mehr, einem Produkt ein paar Extras anzupappen. In der Überflussgesellschaft wird es keinen Grund mehr geben, das Zweitbeste zu kaufen. Die Akteure der Wirtschaft sind zu Getriebenen geworden. Überleben wird nur, wer entweder fit ist wie Wal-Mart oder sexy wie Gucci. „Niemand will mehr Mittelmaß sein", sagt Nordstroem, „deshalb wird die Mitte verschwinden."

Längst ist aus der dickbauchigen Zwiebel, die einst den Konsummarkt repräsentierte, eine stark taillierte Sanduhr geworden: Discount boomt, Luxus aber auch. Lange wurde das Phänomen als skurrile Lifestyle-Anekdote kolportiert, dessen Tragweite erst mit der Krise bei Karstadt und Opel ins Bewusstsein rückte. Morgens Aldi, abends Armani – das Kaufverhalten gerade der Deutschen weist Züge von Schizophrenie auf. Konsumexperten sprechen vornehm vom „hybriden" oder „multioptionalen" Käufer, meinen aber das Gleiche: die Massenflucht aus dem Mainstream.

[...]

Kaum ein Bereich ist vor der Smart-Shopper-Attitüde sicher: „Wer heute in Business-Kreisen mit seinem teuren Lufthansa-Ticket protzt, gilt als Dummkopf", sagt Nordstroem. Zwar ist er selbst für mehr als tausend Euro nach Frankfurt geflogen – aber nur, weil der Veranstalter bezahlt hat. Privat fliegt er Easyjet.

Sind die Grundbedürfnisse gestillt, ist der neue Konsument bereit, für Dinge, die ihm am Herzen liegen, viel Geld zu bezahlen. Deshalb wachsen auch Premium- und Luxusmarken. Der weltgrößte Luxuskonzern, LVMH (Louis Vuitton, Dior), hat seinen Gewinn im ersten Halbjahr 2004 um 50 Prozent auf fast 400 Millionen Euro gesteigert.

Selbst in Deutschland legen Nobelmarken wie BMW oder Cartier deutlich zu. „Auf den Geiz folgt der Reiz", sagt GfK-Konsumexperte Wolfgang Twardawa. So wie bei Benedikt Schmaus. Der Unternehmensberater verdient gutes Geld, kauft dennoch bei Wal-Mart ein, seine Möbel sind „fast 100 Prozent Ikea". Neulich allerdings hat sich der begeisterte Saxofonist eine Stereoanlage fuer 8000 Euro gekauft. „Ein Traum von mir, da achte ich nicht aufs Geld." Allein die Verkabelung hat 1000 Euro gekostet.

Das schrumpfende Mittelsegment wird häufig mit dem Verschwinden der „gesellschaftlichen Mitte" erklärt. Tatsächlich ist die Zahl der Haushalte, deren Einkommen unter der Armutsgrenze liegt, zwischen 1998 und 2003 von 12,1 auf 13,5 Prozent gestiegen. Gleichzeitig, so der aktuelle „Armutsbericht" der Bundesregierung, besaßen die reichsten 10 Prozent im vergangenen Jahr 47 Prozent des Nettovermögens aller Haushalte – 1998 waren es noch 2 Prozentpunkte weniger.

Die Mitte mag bedroht sein – von ihrem „Verschwinden" aber kann keine Rede sein. Im Vergleich etwa mit den USA ist Deutschland einkommensmäßig noch immer ein homogenes Land. Die „Krise des Gelsenkirchener Barock" („Zeit") – das Verschwinden bürgerlicher Milieus – hat vor allem mentale Ursachen: Die Mitte ist noch da – aber keiner möchte mehr dazugehören. Karstadt oder Opel müssen schmerzlich erfahren: Otto Normalverbraucher ist nicht mehr schick. Alle möchten besonders sein – jeder sucht sich seinen eigenen Spielplatz.

[...]

(Klaus Werle, Aldi trifft Gucci, „manager magazin", 01.01.05, gekürzt und leicht abgeändert)

**VOKABULAR**

*Kjell Nordstroem* = lecturer at the Stockholm school of economics

*etw./jdn zu Grabe tragen* = to bear s.th./s.o. to their grave

*anpappen* (informal) = to stick on

*Überflussgesellschft* = society where everything can be had in abundance

*das Mittelmaß* = mediocracy

*tailliert* = waisted

*skurril* = droll, comical

*kolportieren* (rare) = to spread, circulate

*protzen* (informal) = to show off

*die Grundbedürfnisse* (pl.) = basic needs

*stillen* = to satisfy, still

*schrumpfen* = to shrink

*Otto Normalverbraucher* = Joe Bloggs; John Doe

# Übung 7

Formulieren Sie nun einige der Aussagen aus dem Artikel neu, indem Sie Doppelkonjunktionen benutzen.

## Beispiel

**Benedikt Schmaus – verdienen – gut – er – kaufen – seine Möbel – fast ausschließlich – bei IKEA**

**(zwar ... aber)**

**Zwar verdient Benedikt Schmaus gut, aber er kauft seine Möbel fast ausschließlich bei IKEA.**

1  die Deutschen – kaufen – bei Billiganbietern – sich interessieren – auch – für Premium- und Luxusmarken
   (nicht nur … sondern auch)
2  geben – es – noch – eine gesellschaftliche Mitte – niemand – mögen – dazugehören
   (zwar … aber)
3  sein – die reichsten 10% der deutschen Haushalte – reicher – werden – sein – die Zahl derer unter der Armutsgrenze – steigen
   (einerseits … andererseits)
4  bestimmte Preisklassen – ganze Branchen – sein – von den Marktveränderungen – betreffen
   (sowohl … als auch)

# Teil 4  Eine-Welt-Laden

Hier beschäftigen Sie sich mit ethischen Gesichtspunkten beim Einkauf. In diesem Zusammenhang behandeln Sie die Internet-Seite eines Welt-Ladens. Solche Läden gibt es schon seit ca. 30 Jahren in vielen Städten der deutschsprachigen Länder. In Deutschland heißen sie meistens Eine-Welt-Laden.

## Übung 8

Lesen Sie die Internet-Seite zur Arbeit des Eine-Welt-Ladens in Köln-Lindenthal einmal schnell ohne Wörterbuch. Setzen Sie die fehlenden Überschriften der vier Teile der Seite wieder ein.

    (a) Eine-Welt-Laden – warum?
    (b) Informationsarbeit
    (c) Mehr als Fair Trade
    (d) Der ungerechte Handel

# Eine-Welt-Laden Köln-Lindenthal: Über unsere Arbeit

**Der Durchschnittsbürger trinkt im Jahr über 100 Liter Kaffee. Aber wie kommt es eigentlich, dass eine ehemalige Luxusware zu einem billigen Massenprodukt geworden ist? Und was ist mit anderen klassischen Kolonialwaren wie Tee und Gewürzen? Sie sind für uns zur Normalität geworden und zu erschwinglichen Preisen zu haben. Und dabei kommen doch gerade diese Waren von weit her und nicht vom Acker nebenan!**

**1** _____

Der derzeitige Welthandel ist geprägt von ungerechten Strukturen, die den Industrienationen Vorteile bringen und die so genannten Entwicklungsländer benachteiligen. Gerade an den typischen Kolonialwaren wird dieser ungerechte Handel deutlich. Viele Länder der so genannten Dritten Welt sind hoch verschuldet und auf Devisen angewiesen, um überhaupt die Zinsen aufbringen zu können.

Die Waren, die sie deshalb in die Industrienationen exportieren, sind in der Regel Rohstoffe und Agrarprodukte. Eine einseitige Ausrichtung der Wirtschaft auf solche Produkte bedeutet jedoch eine starke Abhängigkeit von den Abnehmern, die dann die Preise diktieren können.

Aber auch innerhalb dieser Länder gibt es eine Minderheit, die von diesen Strukturen profitiert [...] z.B. in den Ländern Lateinamerikas [...] [besitzt] eine kleine Minderheit [...] viel Land und die breite Masse sehr wenig. Die Kleinbauern, die aufgrund dieser ungerechten Landverteilung nicht genug Grund und Boden besitzen, um sich und ihre Familien zu ernähren, müssen für Hungerlöhne als Saisonarbeiter auf Plantagen von Großgrundbesitzern arbeiten.

Weitere Probleme sind Kinderarbeit, fehlende soziale Absicherung [und] mangelnde Umweltrichtlinien [...].

**2** _____

Die Idee des alternativen Handels ist es, eine gerechtere Form des Wirtschaftens zu ermöglichen.

Die angebotenen Produkte stammen von Kleinbauernorganisationen, Handwerkszusammenschlüssen und Kooperativen. Die Produzenten erhalten garantierte, überdurchschnittliche Bezahlung, die eine Kostendeckung ermöglicht, d.h. den Lebensunterhalt der Menschen sichert und Entwicklungshilfeprojekte (z.B. Schulbau) fördert.

**3** _____

So genannte fair gehandelte Produkte werden inzwischen auch in Supermärkten angeboten, vor allem Kaffee. Das „Trans Fair"-Siegel, das diese Waren tragen, garantiert jedoch nur gewisse Mindeststandards, entzieht sich aber der Verantwortung für ungerechte Marktstrukturen. So bieten beispielsweise manche Kaffeegroßkonzerne in ihrem Sortiment eine Trans-Fair-Marke für den ethisch motivierten Käufer an.

Der alternative Handel der Eine-Welt-Läden aber hat einen höheren Anspruch und zielt nicht nur auf den Verkauf, sondern auch auf Information ab. Uns geht es außerdem darum, auch regionale Kleinbetriebe zu unterstützen, um eine nicht nur gerechte, sondern auch ökologisch vertretbare Form des Wirtschaftens aufzuzeigen (z.B. kurze Transportwege der Waren). Diesen Ansatz wollen wir zunächst am Produkt Honig verwirklichen. Deshalb bieten wir zusätzlich zu einem Honig aus einem so genannten Entwicklungsland auch ein Alternativprodukt aus der Region an. [...]

**4** _____

Neben dem Verkauf ist uns die politische Bildungsarbeit ein wichtiges Anliegen. Es bedarf tiefgreifender Veränderungen auch hier in der „Ersten Welt", wenn die Menschen in der „Dritten Welt" eine Entwicklungs- und Zukunftschance haben sollen. Mit unserer Arbeit wollen wir z.B. durch Vortragsabende ein Bewusstsein für solche Veränderungen schaffen.

(http://www.weltlaeden-koeln.de/lindenthal/, gefunden 05.05.05, gekürzt und abgeändert)

## VOKABULAR

*die Kolonialwaren* (pl.) = groceries; originally: colonial produce
*erschwinglich* = affordable
*verschuldet* = in debt
*die Devisen* (pl.) = foreign exchange or currency
*die Zinsen* (pl.) = interest
*soziale Absicherung* = social welfare or security
*der Lebensunterhalt* = (cost of) living

# Übung 9

Lesen Sie nun die Webseite noch einmal. Welche Antworten finden Sie hier auf die folgenden Fragen? Vorsicht – für die Antworten müssen Sie oft mehrere Stellen des Artikels verwenden.

1   Wen unterstützt der Welt-Laden nach eigener Aussage mit seiner Arbeit?
2   Welche wirtschaftspolitischen Strukturen will der Laden nicht unterstützen?

3 Welche umweltpolitischen Gesichtspunkte spielen nach Angabe dieser Webseite beim Warenangebot eine Rolle?

4 Welche Probleme sehen die Betreiber und Betreiberinnen des Ladens mit fair gehandelten Produkten in Supermärkten?

5 Warum sind die Waren des Welt-Ladens teurer als die herkömmlichen Produkte in Kolonialwarenläden oder Supermärkten?

## Übung 10

Lesen Sie nun erneut die Webseite und machen Sie eine Liste der Gründe, die laut der Verfasser für den Einkauf im Welt-Laden sprechen. Überlegen Sie sich dann weitere Gründe, die für Sie oder andere dafür und dagegen sprechen könnten.

## Übung 11

Machen Sie nun eine Liste von den Gesichtspunkten, die bei der Warenauswahl von Käufern eine Rolle spielen können. Sehen Sie sich hierzu noch einmal Übung 1 und die Texte in den Übungen 2, 4, 6 und 8 an.

## Übung 12

Schreiben Sie jetzt eine kurze Stellungnahme (50–60 Wörter) dazu, welcher der Gesichtspunkte aus Übung 10 für Sie persönlich am wichtigsten ist und warum.

# Teil 5  Der Schluss oder der Schlussteil

In Thema 5 der Schreibwerkstatt haben Sie gelernt, wie man einen Aufsatz anfängt, d.h. wie man eine Einleitung schreibt. Hier lernen Sie, wie man einen Aufsatz abschließt. Anschließend lesen Sie einen Aufsatz und analysieren zwei verschiedene Schlussteile.

## Übung 13

Lesen Sie zuerst den folgenden Text mit Tipps für das Verfassen von Schlussfolgerungen bei Aufsätzen und beantworten Sie die Fragen dazu. Diese Informationen sind aber auch relevant für andere Texte, die Sie selbst verfassen, z.B. Hausarbeiten, Artikel oder Berichte. Hierbei gilt, je formeller der Text, desto genauer sollten Sie sich an diese Regeln halten.

*Der Schluss oder der Schlussteil*  Ein Aufsatz darf nicht einfach aufhören, sondern muss beendet werden. Im Hauptteil wird das Thema detailliert erörtert; der Schluss sollte diese Argumentation in einer allgemeinen Aussage oder Schlussfolgerung zusammenfassen. Er muss sich also auf das Thema beziehen. Der Aufsatz sollte jedoch nicht einfach in verkürzter Form noch einmal wiederholt werden. Der Schluss sollte stattdessen auf die Bedeutung der Argumentation eingehen. Es ist zum Beispiel möglich auf Konsequenzen hinzuweisen, die sich aus der Argumentation ergeben. Man sollte im Schlussteil jedoch auf keinen Fall neue Argumente einführen.

Der Schluss sollte also:

- sich auf das Thema des Aufsatzes beziehen;
- die Ideen zusammenbringen;
- die Schlussfolgerungen darlegen;
- eventuelle Zukunftsperspektiven andeuten, d.h. auf die Bedeutung der Schlussfolgerung und auf mögliche Konsequenzen hinweisen.

Nachdem Sie Ihren Aufsatz fertig geschrieben haben, sollten Sie sich fragen: Hat der Aufsatz einen Schluss,

- der relevant ist?
- der die Hauptpunkte des Aufsatzes zusammenfasst?
- der logisch aus der Erörterung des Themas folgt?
- der keine neuen Argumente bringt?
- der auf die Bedeutung der Argumentation, also auf deren mögliche Konsequenzen eingeht?

1   Was macht man im Schlussteil eines Aufsatzes?
2   Was ist der Unterschied zwischen einer Zusammenfassung und dem Schlussteil?
3   Was bedeutet es, wenn man von der Bedeutung und den Konsequenzen der Argumentation in dem Schlussteil spricht?

# Übung 14

Wenn Sie einen Schluss schreiben, können Sie folgende Wörter und Strukturen benutzen. Ordnen Sie den deutschen Begriffen den jeweils passenden englischen Ausdruck zu.

1   So können Sie den Schluss anfangen:

| | |
|---|---|
| 1 Zusammenfassend kann man sagen … | (a) These facts lead us to the conclusion that … |
| 2 Zum Schluss kann man folgern, … | (b) The above arguments show that … |
| 3 Man kommt unweigerlich zu dem Schluss, dass … | (c) What conclusions can be drawn from this analysis? |
| 4 Welche Schlussfolgerungen lassen sich aus dieser Analyse ziehen? | (d) Finally, one can conclude … |
| 5 Die angeführten Argumente zeigen, dass … | (e) One is forced to the conclusion that … |
| 6 Daran lässt sich sehen, dass … | (f) To summarise, one can say … |
| 7 Diese Tatsachen lassen den Schluss zu, dass … | (g) It can be seen from this that … |

2   Diese Ausdrücke können beim Schreiben des Schlussteils nützlich sein:

| | |
|---|---|
| 1  Es deutet darauf hin, dass … | (a)  It shows that … |
| 2  Es zeigt sich, dass … | (b)  That is why … |
| 3  Daraus kann man folgern, dass … | (c)  The decisive factor is … |
| 4  Daraus kann man schließen, dass … | (d)  Therefore/Because of that … |
| 5  Daher … | (e)  From this one can infer … |
| 6  Deswegen/Deshalb … | (f)  From this one can conclude … |
| 7  Aus diesem Grund … | (g)  It indicates that … |
| 8  Das Entscheidende dabei ist … | (h)  For this reason … |

# Übung 15

Lesen Sie den folgenden Aufsatz. Er hat zwei mögliche Schlussteile, ein Schlussteil ist jedoch wesentlich besser als der andere. Welcher Schlussteil ist Ihrer Meinung nach der Bessere? Begründen Sie Ihre Entscheidung.

## Was man kauft ist eine ganz persönliche Entscheidung, oder etwa nicht?

Viele Menschen treffen Konsumentscheidungen anhand von individuell verschiedenen Gesichtspunkten, wie z.B. ihrer eigenen Lebenssituation. Doch was man konsumiert, hat nicht nur Auswirkungen auf das eigene Leben, sondern auch auf die Gesellschaft, in der man lebt und die anderer Länder.

Oft kaufen Leute entweder, was ihnen persönlich gefällt, oder, was sie einfach bekommen können, z.B. im großen Supermarkt, wo sie viele Produkte unter einem Dach finden. Hinzu kommt aber auch die persönliche Situation der Käufer, z.B. wie viel Zeit sie haben und wie viel Geld ihnen zur Verfügung steht.

Der Preis war in den letzten Jahren ein maßgeblicher Faktor bei den Konsumentscheidungen der Deutschen. Ein Beispiel hierfür ist die stark gewachsene Beliebtheit der Discounter, deren Anteil am Umsatz des Lebensmitteleinzelhandels im Jahr 2004 bei mehr als eim Drittel (38,4%) lag. Ein wichtiger Grund hierfür war die allgemeine Unsicherheit in Bezug auf das private Einkommen in Deutschland. Eine Konjunkturkrise, steigende Energiekosten, eine Steuerreform und die Angst vor Arbeitslosigkeit hielten Konsumenten zum Sparen an. Dies sind äußere Faktoren, die Konsumentscheidungen Einzelner beeinflussen können.

Doch bei der Produktwahl sollten nicht nur persönliche Gesichtspunkte eine Rolle spielen. Das Konsumverhalten Einzelner kann auch einen wichtigen Einfluss auf die Gesellschaft im Allgemeinen haben. So führt z.B. der

Popularitätszuwachs bei Discountern häufig zu Ladenschließungen bei kleineren Geschäften. Auf die Dauer bedeutet dies für Käufer und Käuferinnen eine Einschränkung der Auswahl. Auch kann es für Konsumenten ohne Auto bedeuten, dass sie den einfachen Zugang zu Geschäften verlieren.

Außerdem hat unser Konsumverhalten auch globale Auswirkungen. Die Beliebtheit der großen Supermarktketten gibt diesen Firmen bei Verhandlungen mit Produzenten viel Macht. So kam es zu Preissenkungen bei vielen Produkten. In den so genannten Dritte-Welt-Ländern führt dies oft zu ungerechten Einkommensverhältnissen und ungeregelter Kinderarbeit. Auch kommt es durch die zunehmende Globalisierung der Wirtschaft oft zu langen Transportwegen von Produkten, z.B. wird Honig billig aus anderen Ländern importiert, obwohl das gleiche Produkt auch im eigenen Land produziert wird. Diese unnötigen Transportwege verbrauchen Energie, womit wiederum die Umwelt unnötig belastet wird.

Konsumenten können Ihre persönlichen Kaufentscheidungen auch von solchen ethischen Gesichtspunkten abhängig machen. So kann man z.B. in Deutschland bestimmte Produkte in Eine-Welt-Läden kaufen, die sich für die gerechte Bezahlung der Produzenten in den so genannten Dritte-Welt-Ländern verpflichten. Durch den Kauf von regionalen Produkten können Konsumenten die Umwelt schützen.

*Schluss 1*

Zusammenfassend kann man sagen, dass viele verschiedene Gesichtspunkte eine Rolle bei persönlichen Konsumentscheidungen spielen. Ob man eher auf der Basis von ethischen oder persönlichen Gründen entscheidet ist sicherlich für jeden Käufer unterschiedlich. Bei mir persönlich handelt es sich um eine Mischung aus vielen der oben angeführten Gesichtspunkte. So kaufe ich zwar häufig fair gehandelte Produkte, doch habe ich nicht immer genügend Geld oder auch Zeit einen Eine-Welt-Laden zu erreichen. Auch kann ich dort nicht alle Produkte bekommen.

*Schluss 2*

Das Entscheidende ist meiner Meinung nach, dass man kauft, was einem gefällt und dabei auf den Preis achten kann. Es zeigt sich, dass dies eine ganz persönliche Entscheidung ist. Heutzutage kommen in Deutschland nach der „Geiz-ist-geil-Welle" auch wieder andere Werte wie Qualität und Service hinzu, und die Tatsache, dass viele Leute gerne etwas kaufen, was nicht alltäglich ist.

# Teil 6  Kinder und TV-Werbung

Kinder werden in der heutigen Gesellschaft schon früh zum Konsum erzogen und eine wichtige Rolle bei ihren Konsumentscheidungen spielt die Werbung. Sie behandeln zuerst unterschiedliche Perspektiven diese Themas. Danach lesen Sie einen Aufsatz, der

Argumente für und gegen ein Verbot von Werbung im Kinderfernsehen enthält. Ihre Aufgabe ist es, hierfür den Schlussteil zu schreiben.

## Übung 16

Bevor Sie einen Auszug aus einem Buch lesen, überlegen Sie sich zuerst selbst Argumente für und gegen das Verbot von Werbung im Kinderfernsehen. Notieren Sie sich diese Argumente in zwei Listen. In den nachfolgenden Übungen haben Sie Gelegenheit diese zu ergänzen.

## Übung 17

Lesen Sie nun den Auszug und die nachfolgenden Aussagen. Entscheiden Sie, ob sie richtig oder falsch sind. Korrigieren Sie die falschen Aussagen.

### Kinder und TV-Werbung

Die gesellschaftspolitische Auseinandersetzung um den Bereich Kinder und Fernsehwerbung klingt ab, nachdem sie in den zurückliegenden Jahren die Öffentlichkeit intensiv beschäftigt hat.

Nachdem die Landesrundfunkanstalt Nordrhein-Westfalen im Mai 1995 noch irreführende Behauptungen auf der Grundlage einer von ihr beauftragten Studie, „Fernsehwerbung und Kinder", aufgestellt hatte, dominierte zunächst Verwirrung in der Öffentlichkeit über die Werbekompetenz von Kindern.

Der ZAW [Zentralverband der Deutschen Werbewirtschaft] hat in zahlreichen Beiträgen anhand empirischer Daten insbesondere auf drei Punkte immer wieder verwiesen:

- Kinder sind in der Regel werbekompetent.
- Die rechtliche und selbstdisziplinäre Einengung der Werbung in Deutschland ist mehr als ausreichend – sie geht weit über das gebotene Maß hinaus.
- Es ist sehr viel national und international auf diesem Sektor geforscht worden; alle Versuche sind letztlich gescheitert, der Werbung einen schädlichen Einfluss nachzuweisen.

### Thema wird überschätzt

Vor allem hat der ZAW öffentlich darauf aufmerksam gemacht, wie stark das Thema Kinder und Werbefernsehen in der öffentlichen Debatte überschätzt wird.

[...]

Der Wissenschaftler [Professor J. Goldstein, Universität von Utrecht] kritisiert das Standardargument, Kinder könnten nicht den Unterschied zwischen Fernsehsendung und Werbespots erkennen. Die Beweisgrundlage dafür sei „schwach und beruht auf geringem Verständnis hinsichtlich der Reaktion von

Kindern". Gaines und Essermann (1981) hätten bereits gezeigt, dass Kinder von bereits drei und vier Jahren in der Lage sind, die Absicht von Fernsehwerbespots zu verstehen. Anita Werner (1993) von der Universität Oslo habe keinen direkten Zusammenhang zwischen dem Wissen von Kindern über die Absichten der Werbung und dem Überzeugungsgrad feststellen können.

Tatsächlich sei Werbung, so Goldstein, eine von vielen Einflüssen. Kinder lernten Verbraucherverhalten von Freunden, Familie, Lehrkräften und Medien. „Sie verwenden die Werbung als eine der verfügbaren Informations- und Wissens- quellen." Werbung sei eines derjenigen Mittel, mit dem Kinder die wirtschaftliche Realität erlernen. Sie von dieser Informationsquelle zu trennen, würde sie deshalb um die vollwertige Teilnahme an Diskussionen bringen und sie davon abhalten, das Treffen von Entscheidungen zu erlernen sowie ihr Geld zu verwalten.

(Zentralverband der deutschen Werbewirtschaft (Hg.), Kinder und TV-Werbung in „Werbung und Gesellschaft", 1996, gekürzt und abgeändert)

## VOKABULAR

*die Landesrundfunkanstalt* = public broadcasting corporation of a federal state

| | | Richtig | Falsch |
|---|---|:---:|:---:|
| 1 | Die Diskussion um Kinder und TV-Werbung wird immer heftiger geführt. | ☐ | ☐ |
| 2 | Eine Studie über Kinder und Fernsehwerbung hat die Bevölkerung verunsichert. | ☐ | ☐ |
| 3 | Die Forschung hat bewiesen, dass Fernsehwerbung für Kinder schlecht ist. | ☐ | ☐ |
| 4 | Kinder können den Unterschied zwischen Fernsehsendung und -werbung erkennen. | ☐ | ☐ |
| 5 | Fernsehwerbung hat den stärksten Einfluss auf das Konsumverhalten von Kindern. | ☐ | ☐ |
| 6 | Kinder können durch Werbung lernen, mit ihrem eigenen Geld umzugehen. | ☐ | ☐ |

# Übung 18

Unterstreichen Sie nun diejenigen Stellen im zweiten Teil dieses Auszugs, in denen der Autor sich auf die Aussagen anderer Fachleute bezieht. Erklären Sie, woran man das erkennt. In Thema 7 üben Sie, wie Sie Meinungen und Thesen anderer Leute in Ihre eigene Arbeit einbauen können.

# Übung 19

1 Notieren Sie jetzt in Ihren eigenen Worten die Argumente gegen ein Verbot von Werbung im Kinderfernsehen, die in diesem Auszug verwendet werden.
2 Welches Argument gegen Werbung im Kinderfernsehen wird hier abgelehnt?

# Teil 7 Werbung im Kinderfernsehen verbieten?

In diesem Artikel geht es darum, ob man Werbung im Kinderfernsehen verbieten sollte. Es handelt sich dabei um die Rubrik „Pro und Contra" aus dem Wochenmagazin „Focus".

## Übung 20

Lesen Sie nun den Artikel und entscheiden Sie: Wer sagt was? Kreuzen Sie an. Nicht alle der Aussagen in der Liste stehen im Artikel.

|  |  | Bartels | Nickel | Keiner |
|---|---|---|---|---|
| 1 | Kinder sollten entscheiden, was für sie schädlich ist. | ☐ | ☐ | ☐ |
| 2 | Viele Experten sind gegen ein Werbeverbot. | ☐ | ☐ | ☐ |
| 3 | Werbung sagt, dass Konsum glücklich macht. | ☐ | ☐ | ☐ |
| 4 | Werbung im Kinderfernsehen ist für die Entwicklung von Kindern schädlich. | ☐ | ☐ | ☐ |
| 5 | Kinder haben eine relativ große Kaufkraft. | ☐ | ☐ | ☐ |
| 6 | Kleine Kinder sind normalerweise in der Lage, Werbung von Fernsehsendungen zu unterscheiden. | ☐ | ☐ | ☐ |
| 7 | Kleine Kinder werden von Werbung zu stark beeinflusst. | ☐ | ☐ | ☐ |
| 8 | Eltern sollten Kindern weniger Taschengeld geben. | ☐ | ☐ | ☐ |
| 9 | Erwachsene sollten Werbung im Kinderfernsehen verbieten. | ☐ | ☐ | ☐ |

# Werbung im Kinderfernsehen verbieten?

## JA

**Hans-Peter Bartels**

**Der 39-jährige SPD-Politiker gehört dem Deutschen Bundestag seit 1998 an. Bartels ist Mitglied im Ausschuss für Familie, Senioren, Frauen und Jugend und dort vor allem mit den neuen Medien beschäftigt**

Erwachsene – Eltern, Erzieherinnen, Lehrer – müssen entscheiden, was einer guten kindlichen Entwicklung förderlich ist und was ihr schadet. Denn Kinder können noch nicht [...] wissen, was gut für sie ist. [...] Wozu erzieht nun Fernsehwerbung im Kinderprogramm? [...] Es geht um etwa 200 Millionen Mark, die jährlich für Werbung im Umfeld von TV-Kindersendungen ausgegeben werden. Die Botschaft jedes Werbespots heißt: kaufen und haben. Nur wer kauft und hat, ist glücklich. Kinderwerbung soll schon die Kleinsten als Konsumenten zurichten. Vielfach werden Kindern, deren Identität sich erst herausbildet, Images und Markenidentitäten angeboten, die das Gegenteil von förderlich sind.

[...] Je kleiner die Kinder sind, desto weniger können sie dieser kommerziell-manipulativen Miterziehung ausweichen. Sie haben ein Recht darauf, dass Erwachsene es für sie tun.

## NEIN

### Volker Nickel

**Der 57-Jährige ist Geschäftsführer des Zentralverbands der Deutschen Werbewirtschaft (ZAW), dem 40 Organisationen aller Arbeitsbereiche der Werbung angehören. Nickel gilt als Analytiker der Werbewirtschaft**

[...] Die meisten Medienpädagogen halten nichts von einem Werbebann. Die Welt der Kinder ist eben nicht mehr die Kinderwelt der jetzt lebenden Erwachsenen. Heute gewinnen Kinder früh Medienkompetenz, sie steigt mit zunehmendem Alter schnell an. Niemand sieht weniger fern als die 3- bis 13-Jährigen (97 Minuten). Am Zeitbudget des einzelnen Kindes von 780 Minuten pro Tag hat Fernsehen lediglich einen Anteil von zwölf Prozent (davon TV-Werbung: 1,4 Prozent).

Der gewachsene Wohlstand hat den Konsumspielraum auch von Kindern erweitert; sie sind mit 19 Milliarden Mark Kaufkraft ein Marktfaktor. Doch ihr Sparverhalten verläuft parallel zu dem der Erwachsenen. Ihr aktives Komsumpotenzial liegt bei knapp neun Milliarden Mark – im Schnitt 2,38 Mark pro Tag. Kinder sind keine Konsumäffchen. Sie definieren sich nicht überwiegend über Marken und Labels. In nur vier von 29 Produktkategorien ist die Marke für sie wichtig, belegt eine Kids-Verbraucheranalyse. Und: Kinder können in der Regel Werbung und Programm bereits im Vorschulalter unterscheiden. Sie entwickeln laut einer Studie von ARD und ZDF früh und rasch ansteigend kritische Distanz zur Werbung. [...]

(„FOCUS", 31/31.07.00, gekürzt)

## VOKABULAR

*zurichten* = here: to prepare
*die Miterziehung* = involvement in a child's upbringing
*Mark* = former German currency, today Euro

| Mark | Euro |
|---|---|
| 1,96 | 1 |
| 19 Mrd. | 9,7 Mrd. |
| 9 Mrd. | 4,6 Mrd. |
| 2,38 | 1,22 |

## Übung 21

Ergänzen Sie nun Ihre Listen mit Pro- und Kontra-Argumenten zum Thema Werbung im Kinderfernsehen.

## Übung 22

Welche Position spiegelt Ihre eigene Meinung wider und warum? Schreiben Sie mindestens zwei Sätze.

# Teil 8  Wenn Kinder im Werbenetz hängen

Dieser Artikel aus der Tageszeitung „Die Welt" behandelt eine Alternative zum Werbeverbot im Kinderfernsehen. Hier geht es um den reflektierten Umgang mit Werbung im Kinderfernsehen.

## Übung 23

Lesen Sie den Artikel und die nachfolgenden Aussagen. Sie sind falsch. Unterstreichen Sie diejenigen Stellen im Text, die dem Inhalt der Aussagen widersprechen.

# Wenn Kinder im Werbenetz hängen

**Bremer Medienpädagogin trainiert den selbstbewussten Umgang mit Werbung**

### Von Sabine Komm

Wenn ihre Eltern am Wochenende in aller Ruhe ausschlafen, hat für Julia längst der Fernseh-Alltag begonnen. Allein sitzt die 5-Jährige vorm Fernseher und nimmt neben dem Kinderprogramm Dutzende von Werbespots auf, neugierig und leicht beeinflussbar. Etwa 200 auf Kinder zugeschnittene Werbespots zeigen Privatsender wie RTL eigenen Angaben zufolge jedes Wochenende. Denn schon bei den Kleinen sollen Kaufwünsche geweckt und Markenbindungen aufgebaut werden. Medienpädagogen wie die Bremerin Carola Michaelis steuern jetzt dagegen und trainieren Kinder in Sachen Werbekompetenz.

„In Kindergärten lernen die Kinder, sich Schuhe anzuziehen, die Zähne zu putzen und aus Holzspielzeug Burgen zu bauen. Aber mit Fernsehen und seinen Inhalten umzugehen, lernen sie dort nicht", kritisiert Michaelis. Dabei sitzen schon die Vierjährigen, so das Ergebnis einer aktuellen Studie, durchschnittlich eine Stunde pro Tag vor der Mattscheibe. Den Fernseher einfach auszuschalten, hält Carola Michaelis trotzdem für die falsche Taktik. Ein sinnvoller Umgang mit Fernsehen bedeute für viele Kinder eine Möglichkeit, sich zu entspannen, fremde Länder zu sehen, sich mit Abenteurern zu identifizieren – alles Dinge, die ihnen der Alltag nicht bietet.

Genau wie das Team des Göttinger Vereins „Blickwechsel", für den Michaelis bundesweit tätig ist, ist sie den Medien gegenüber aufgeschlossen: „Um Kinder für die Medien fit zu machen, muss man mit den Medien arbeiten. Sie zu verteufeln, hilft den Kindern wenig." In mehr als 60 Kindergärten und Schulen in Niedersachsen, Schleswig-Holstein, Thüringen, Bayern und Nordrhein-Westfalen hat sie bereits – im Auftrag von „Blickwechsel" – Kinder, Erzieherinnen und Eltern geschult.

Bei ihren medienpraktischen Aktionen geht Michaelis spielerisch vor. Kinder malen ihre Erfahrungen mit TV-Werbung auf ein Stück Papier oder reisen durch Bewegungsspiele in ein Fernseh-Wunderland. Weil rund 40 Prozent der Vorschulkinder zwischen Fernsehwerbung und Programm nicht unterscheiden können, trainiert Michaelis das kritische Sehen. An einem Papp-Fernseher lernen sie, dass bei Werbespots das Logo des jeweiligen Senders fehlt – eine wichtige Hilfestellung für Vorschulkinder.

Bildgeschichten verdeutlichen die Mechanismen der Werbung. Um „Billy Büchse" geht es da zum Beispiel, eine Erbsendose, die wegen ihrer langweiligen Verpackung zum Ladenhüter wird. Bei einem speziellen TV-Memory tauscht die Pädagogin mit den Kindern Erfahrungen mit Werbung aus. Dabei geht es auch um Teletubbie-T-Shirts, Pokémon-Karten und Arielle-Duschgel. Denn Kinder sind empfänglich für solche Figuren einer Fernsehsendung, die auch außerhalb des Programms vermarktet werden, die so genannten Merchandising-Produkte.

Beliebt sind bei den Kindergarten-Projekten die Dialoge zwischen den Handpuppen Frido und Plietschi. Während die eine Puppe für ein No-Name-Produkt wirbt, schwärmt die andere von Ernie-und-Bert-Keksen. Um Aussehen, Inhalt und den Preis der Kekse kreist das Gespräch. Zum Schluss führen die Kinder mit verbundenen Augen einen Geschmackstest durch – ein fantasievoller Weg, um sie für Sinn und Unsinn von Werbung zu sensibilisieren.

„Die Kinder begegnen uns mit Offenheit und freuen sich, dass mit ihnen endlich jemand über Fernsehen spricht", erzählt Michaelis. Neben der Medienforschung bietet sie seit drei Jahren Fortbildungen für Eltern und Erzieherinnen sowie Medienprojekte für Kinder an. Nach ihrer eigenen Ausbildung zur Erzieherin hatte sie in Bremen Kulturwissenschaften studiert und sich dabei auf die neuen Medien konzentriert. Heute ist die 35-Jährige selbst hautnah dran an den Themen ihrer Seminare und Projekte. Sohn Bela ist fünf Jahre alt – und TV-Fan wie all die anderen.

Doch in Belas Kindergarten hat sie bisher kein Seminar angeboten. Bremen ist ihrer Meinung nach bei der Medienerziehung von Vor- und Grundschulkindern hinten dran. Hier werden solche Projekte kaum gefördert. Dabei gäbe es viele Möglichkeiten, Kinder kritisch zu begleiten. Schüler zum Beispiel könnten eigene Videos produzieren. Wer als Regisseur, Cutter oder Schauspieler einen Werbespot inszeniert und dabei nach Herzenslust manipuliert hat, begibt sich in der Regel schnell auf einen neuen Trip: besser No-Name als no Taschengeld.

(Sabine Komm, Wenn Kinder im Werbenetz hängen, „Die Welt", 10.08.00)

## VOKABULAR

*Markenbindungen aufbauen* = to build up brand loyalties

1   Julia interessiert sich nicht für den Inhalt von Fernsehwerbung.
2   Fernsehwerbung versucht nicht, Kindern Konsumprodukte zu verkaufen.
3   In der Regel sehen vierjährige Kinder vier Stunden am Tag fern.
4   Im normalen Leben bekommen Kinder bereits genug Anregungen. Vom Fernsehen lernen sie nichts Neues.
5   Frau Michaelis' Schulungen sind ziemlich ernst und trocken.
6   Fast alle Kinder sind bereits werbekompetent, bevor sie in die Schule kommen. Deshalb ist es nicht wichtig, kritisches Sehen zu üben.
7   Kinder interessiert die Vermarktung ihrer Lieblingsfiguren aus dem Fernsehen nicht.
8   Kinder finden es peinlich, über Fernsehen zu sprechen.
9   In Bremen werden regelmäßig medienpraktische Seminare in Kindergärten angeboten.

# Übung 24

In diesem Artikel gibt es mehrere trennbare Verben. Notieren Sie diese im Infinitiv.

# Übung 25

In dieser Zusammenfassung des Artikels fehlen alle trennbaren Verben. Ergänzen Sie jeweils die richtige Form. Die Infinitivformen finden Sie im Kasten. Manche Wörter brauchen Sie mehrere Male.

> **Fernsehen ist ein normaler Teil des heutigen Alltags. Schon kleine Kinder
> _____ ohne ihre Eltern _____ . Dabei sehen sie auch viele Werbespots
> und _____ die Werbebotschaft _____ . Viele dieser Werbespots wollen
> die Kinder direkt _____ und ihnen bestimmte Produkte verkaufen.
> Deshalb ist es sinnvoll, Kindern zu helfen, besser damit _____ . _____
> ist jedoch nicht immer schlecht. Kinder _____ auch positive Sachen durch
> das Fernsehen _____ . Carola Michaelis arbeitet in Kindergärten und
> Schulen. Ihr Ziel ist es Kindern _____ , zwischen Fernsehsendung und
> Fernsehwerbung zu unterscheiden. Sie _____ zum Beispiel einen Keks-
> Geschmacks-Test _____ , in dem sie mit den Kindern bespricht, dass die
> Qualität des Produktes nicht von der Marke _____ . Man kann Kindern
> also helfen, kritischer zu werden, was den Konsum _____ .**

---

beibringen • fernsehen • umgehen • angehen • anbieten • aufnehmen •
ansprechen • abhängen

---

# Übung 26

In diesem Artikel haben Sie weitere Informationen und Gegenargumente zum Thema Kinder und Fernsehwerbung erhalten. Ergänzen Sie wiederum Ihre Liste.

# Übung 27

Beantworten Sie nun die folgende Frage schriftlich (100–150 Wörter): Wie trainiert man kritisches Fernsehen bei Kindern?

# Übung 28

Zum Ende dieses Themas der Schreibwerkstatt lesen Sie einen Aufsatz, der auf den Informationen aus Teil 6, 7 und 8 basiert und keinen Schlussteil hat. Schreiben Sie für diesen Aufsatz den Schluss selbst (80–100 Wörter). Versuchen Sie dabei Wörter und Ausdrücke aus Übung 14 zu benutzen.

## Sollte man Werbung im Kinderfernsehen verbieten?

Seit Jahren wird in der Öffentlichkeit diskutiert, ob man Werbung im Kinderfernsehen verbieten sollte. In diesem Aufsatz werden beide Seiten dieser Diskussion dargestellt. Zunächst werden die Gründe für und gegen ein Verbot besprochen. Anschließend wird eine Methode vorgestellt, die Kindern helfen kann, kritischer mit Fernsehwerbung umzugehen.

Warum gibt es überhaupt Werbung im Kinderfernsehen? Werbung hat das Ziel, Kaufwünsche zu wecken und bestimmte Marken attraktiv zu machen. Dazu benutzen viele Firmen z.B. Fernsehfiguren, für die Kinder besonders empfänglich sind. Man könnte also sagen, dass Werbung Kinder systematisch zu Konsumenten erzieht. Es ist jedoch fraglich, ob dies wünschenswert ist.

Einerseits bekommen Kinder in Werbespots die Botschaft vermittelt, kaufen und besitzen zu müssen. Sie lernen, dass man glücklich wird, wenn man konsumiert. Eltern und Erwachsene wollen aber nicht unbedingt, dass Kinder dies lernen. Sie wollen nicht, dass das Kind in seiner Entwicklung von Werbung beeinflusst wird. Außerdem sind vor allem kleine Kinder noch nicht in der Lage, der Manipulation durch die Werbung auszuweichen. Sie können noch nicht entscheiden, was gut für sie ist. Das ist die Rolle der Erwachsenen. Da Kinder viele Werbespots ohne ihre Eltern sehen, ist es nach Ansicht des SPD-Politikers Hans-Peter Bartels erforderlich, Werbung im Kinderfernsehen zu verbieten, um diese Manipulation und Beeinflussung zu vermeiden.

Andererseits kann man Fernsehwerbung auch positiver sehen. Sowohl in Deutschland als auch in anderen Ländern wurden Studien über den Einfluss von Fernsehwerbung auf Kinder durchgeführt. Diese Wissenschaftler konnten nicht beweisen, dass Werbung Kindern schadet. Viele Fachleute sind deshalb gegen das Verbot von Werbung im Kinderfernsehen und meinen, dass die bestehenden Regelungen ausreichen.

Eigentlich verbringen Kinder jedoch nur einen relativ geringen Teil ihres Tages

vor dem Fernseher. Sie lernen ihr Konsumverhalten außerdem nicht nur aus
der TV-Werbung, sondern auch von Freunden und der Familie. Sie verfügen
heute auch über mehr Geld als früher und müssen lernen, damit umzugehen.

In der heutigen Gesellschaft werden Kinder früh werbe- und medienkompetent.
Schon mit drei oder vier Jahren können viele von ihnen Werbung von
Sendungen im Fernsehen unterscheiden. Man kann auch mit Kindern
arbeiten, um ihre Medienkompetenz zu erhöhen. Eine Medienpädagogin z.B.
trainiert kritisches Sehen durch spielerische Übungen in Kindergärten und
Schulen.

Schreiben Sie jetzt den Schluss.

# 7 Glaube und Gesellschaft

In diesem Thema geht es um die Rolle des Glaubens für die Menschen in deutschsprachigen Ländern und anderswo sowie um das Leben in einer ethnisch und religiös gemischten deutschen Gesellschaft anhand eines konkreten Beispiels. Sie lesen zuerst einen Artikel, in dem es darum geht, warum Menschen glauben (Teil 1). Worauf hoffen sie? Wie zeigt sich ihr Glaube? Und was denken die Kritiker des Glaubens (Teil 3)? Anschließend lesen Sie einen Artikel über ein multikulturelles Stadtviertel in Hamburg, in dem sehr unterschiedliche gesellschaftliche Gruppen miteinander leben (Teil 4). Sie lernen neues Vokabular zum Thema und üben, kontroverse Standpunkte zu diskutieren. Außerdem üben Sie, Ideen und Sätze logisch zu verknüpfen und Zitate in Ihre eigenen Texte einzubauen. Am Ende des Themas schreiben Sie – anhand der Informationen aus den Artikeln–einen Aufsatz oder einen Zeitungsartikel.

Am Ende dieses Themas haben Sie

- mit unterschiedlichen Quellen gearbeitet und ihnen wichtige Informationen entnommen;

- einen strukturierten Aufsatz oder Zeitungsartikel geschrieben;

- Ihr Verständnis zu Fragen des Glaubens vertieft;

- mehr über das Zusammenleben in einem multikulturellen Umfeld erfahren;

- einem Artikel kontroverse Standpunkte entnommen;

- die logische Struktur und Argumentation eines Aufsatzes analysiert;

- geübt, Sätze und Ideen logisch miteinander zu verbinden;

- geübt, Zitate aus Quellen in Ihren Aufsatz oder Artikel einzubauen.

# Teil 1  Warum glauben wir?

Sie beschäftigen sich in diesem Teil mit Auszügen aus einem „Stern-Artikel", der eine Serie über die sechs Weltreligionen einleitete: „Warum glauben wir?"

## Übung 1

Bevor Sie den Artikel lesen, machen Sie sich als Einstieg in das Thema Notizen zum Thema Glauben und Religion. Teilen Sie Ihr Vorwissen zum Thema in zwei Kategorien ein: „Fakten" und „Meinungen".

### Beispiele

**Fakten**
Der Islam ist eine der Weltreligionen.
In … sind viele Menschen heute Atheisten.

**Meinungen**
Gläubige Menschen leben moralischer.

Notieren Sie sich auch Fragen zum Thema Glauben, die Sie persönlich interessieren.

### Beispiele

Welche Weltreligionen gibt es?
Wie viele Menschen glauben an Buddha?
Woran könnte ich nie glauben?

## Übung 2

Ordnen Sie die Zahlen und Stichwörter im Kasten den Begriffen zu. Raten Sie ruhig. Wenn Sie sich nicht sicher sind, können Sie es nach Übung 3 noch einmal versuchen.

**Gläubige**
**Weltreligionen**
**Christentum**
**Islam**
**Hinduismus**
**Buddhismus**
**Judentum**

---

Jesus • Allah • Kaaba • Thora • Wiedergeburt • Berg Kailash • Tibet • 5 Mrd. • 6

---

## Übung 3

Lesen Sie die Einleitung zum Text „Warum glauben wir?". Welche Fakten können Sie diesem kurzen Absatz entnehmen? Überlegen Sie: Was wissen Sie bereits, das diese Informationen erweitern kann? An welche anderen Fakten erinnern Sie sich, wenn Sie diese Sätze lesen? Machen Sie Notizen.

### Einleitung

# Warum glauben wir?

**Spurensuche**

Fast fünf Milliarden Menschen bekennen sich zu einer der sechs Weltreligionen. Sie beten zu Jesus oder Allah, sie pilgern zum Berg Kailash in Tibet oder zur Kaaba in Mekka, sie folgen den Geboten der Thora oder wollen ein Ende ihrer Wiedergeburten. Sie möchten himmlischen Frieden, manchmal auch heiligen Krieg. Der Siegeszug der Wissenschaft hat nichts daran geändert, dass die Menschen Sinn und Orientierung in einer göttlichen Ordnung suchen – wie zu Abrahams Zeiten.

[...]

**VOKABULAR**

*sich zu etw. bekennen* = declare one's faith
*pilgern (nach, zu)* = make a pilgrimage
*das Gebot* = commandment
*die Wiedergeburt* = reincarnation
*der himmlische Friede* = heavenly peace
*der heilige Krieg* = holy war
*die göttliche Ordnung* = divine order

## Übung 4

Lesen Sie jetzt Teil 1 des Artikels und suchen Sie nach vier Gründen, warum Menschen glauben. Überlegen Sie: Sind diese vier Gründe nur historisch relevant oder auch heute noch gültig? Machen Sie Notizen.

### Teil 1

Kein Löwe betet. Keine Gazelle glaubt. Nur der Mensch kennt Glaube, Liebe, Hoffnung. Denn er kennt die Furcht. Tiere erleben Schreck, Stress, Panik – körperliche Reaktionen auf Bedrohung. Aber sie kennen nicht die Kategorie des Möglichen. Sie haben keine Angst. Nur Menschen besitzen Verstand. Was der nicht begreift, erregt Furcht. Wer beendet den Tag und lässt die Sonne untergehen? Woher kommen Unwetter, Krankheit, Unfall, Missernte? Der Mensch will Antworten. Er spürt die Macht der Elemente und starrt ins Dunkel. [...] Die Elemente bekommen Namen, Gesichter, Eigenschaften. Re heißt der Sonnengott der Ägypter, Thot der Gott des Mondes. Agni ist der Feuergott in den heiligen Schriften der Hindus, Indra der Gott des Regens. So bevölkert die Menschheit Himmel und Erde, Meer und Berge, Wüsten und Wald mit Göttern. [...]

[...]

Glauben als Gegenentwurf zur Angst: Feindselige Gewalten sollen freundlich gestimmt, Dürre in Regen, Krankheit in Gesundheit, Hunger in Jagdglück, Furcht in Zuversicht verwandelt werden. Angst ist die eine Säule der frühen Religionen, Dankbarkeit die andere. Dankbarkeit für Verschonung; Verehrung für die göttliche Gewalt, deren Blitz nicht getötet, deren Flut nicht verschlungen, deren Hagel nicht zerschmettert hat.

[...]

Aber weshalb verschwindet der Glaube nicht einfach, wenn Wissenschaft die Dunkelheit vertreibt und die Welt erklärbar macht? Wenn Blitzschlag, Sturmflut, Dürre verstehbar, gar abwendbar werden? Weil das Leiden bleibt und auch der Tod.

Der Mensch ist das Tier, das weiß, dass es sterben wird. Was kommt danach? Was war davor? Welchen Zweck hatte es? Ohne Antwort auf diese Fragen scheint das Leben sinnlos. Nichts als ein verrückter Witz im unendlichen Raum der Ewigkeit.

„Religion ist Verzweiflung am Weltzweck", stellte Karl Ferdinand Gutzkow 1835 fest. [...]

Gott hilft aus der Verzweiflung. ER wird zum großen Ordnungsprinzip für alle menschliche Wirrnis, zum Ziel aller Anstrengungen, zum Sinnstifter des Lebens. [...] „Wir wollen einen Grund für das, was uns zustößt", schreibt Bestsellerautor Stefan Klein („Die Glücksformel"). „Wo wir keinen erkennen können, halten sich viele Menschen an den Glauben, die unverständlichen Begebenheiten des Lebens folgten in Wahrheit einem wohlüberlegten Geschick. [...] Man kann Religionen als eine Frucht dieser Sehnsucht nach Sinn ansehen."

Das auf einen Gott ausgerichtete Leben erhält Sinn – durch ihn. Es bekommt Struktur und Bedeutung. Und es hat Bestand über den Tod hinaus. Himmlische Verheißungen, göttliche Gebote und irdische Lebensregeln entwickeln sich zur Glaubenslehre. Die beschreibt und gestaltet die Beziehungen zwischen Gott und den Menschen. Und gleichzeitig erwächst aus ihr ein System von Ethik und Moral, das die Verhältnisse unter den Menschen regelt. [...]

## VOKABULAR

*die Missernte* = crop failure
*heilige Schriften* (pl.) = holy scriptures
*die Verschonung* = sparing
*die Sturmflut* = storm tide
*gar (hier für „sogar")* = even
*der Sinnstifter des Lebens* = s/he who gives life meaning
*irdisch* = earthly

## Übung 5

In dem obigen Ausschnitt aus dem Artikel kommen viele Begriffe aus dem Bereich der Religion vor. Hier arbeiten Sie mit einer Liste von Gegensätzen. Ordnen Sie die richtigen Gegensatzpaare einander zu.

| 1 | himmlisch | (a) | Gott;das Tier |
|---|-----------|-----|---------------|
| 2 | die Dürre | (b) | freundlich |
| 3 | feindselig | (c) | erklärbar |
| 4 | die Macht | (d) | das Vertrauen |
| 5 | das Leiden | (e) | die Flut/der Regen |
| 6 | die Ordnung | (f) | die Freude |
| 7 | unverständlich | (g) | irdisch |
| 8 | die Furcht | (h) | die Wirrnis |
| 9 | der Mensch | (i) | die Ohnmacht/die Machtlosigkeit |

## Übung 6

In dem Textausschnitt gibt es verschiedene Beispiele für die folgenden Stilmittel, die der Autor verwendet, um den Text interessanter zu machen:

(a) Wiederholungen
(b) Dreiergruppen
(c) Gegensätze

Notieren Sie die Beispiele, die Sie gefunden haben.

# Teil 2  Glaube und Wissenschaft

Im nächsten Teil des Artikels geht es um die Vielfalt der Glaubensformen und um die wissenschaftliche Kritik am Glauben. Sie arbeiten mit weiteren Informationen und kontroversen Standpunkten, die Sie in Ihrem Aufsatz oder Artikel verwenden können.

## Übung 7

Als Vorbereitung auf den nächsten Teil des Artikels erarbeiten Sie sich einige wichtige Begriffe aus dem Text. Ordnen Sie die Ausdrücke auf der linken Seite der Tabelle den passenden Definitionen auf der rechten Seite zu. Daraus ergeben sich vollständige Sätze.

### Beispiel

**1 Ein Gott ohne Antlitz (e) ist ein Gott ohne Gesicht, kein „persönlicher" Gott.**

| 1 | Ein Gott ohne Antlitz ... *e* | (a) | ... beschreibt, wie die Erde entstanden ist. |
|---|---|---|---|
| 2 | Ein Heiligtum ... *f* | (b) | ... denkt und benimmt sich wie ein Kind. |
| 3 | Das Diesseits ... *c* | (c) | ... ist die Welt, in der wir leben. |
| 4 | Das Jenseits ... *g* | (d) | ... ist eine Form von psychischer Störung. |
| 5 | Wunder ... *h* | (e) | ... ist ein Gott ohne Gesicht, kein „persönlicher" Gott. |
| 6 | Eine Zwangsneurose ... *d* | (f) | ... ist ein Ort oder Gegenstand, der für einen bestimmten Glauben sehr wichtig ist. |
| 7 | Ein auf der Infantilitätsstufe der Entwicklung stecken gebliebener Mensch *b* ... | (g) | ... ist die Welt, in der wir nach unserem Tod leben. |
| 8 | Der Schöpfungsmythos ... *a* | (h) | ... kann man nicht mit naturwissenschaftlichen Gesetzen erklären. Ein Beispiel ist Jesus' Heilung eines blinden Mannes. |

## Übung 8

Lesen Sie die folgenden Fragen und denken Sie kurz über mögliche Antworten nach. Lesen Sie dann Teil 2 des Artikels. Verwenden Sie die Informationen aus dem Text, um die Fragen vollständig zu beantworten.

1   Was ist der fundamentale Unterschied zwischen Islam, Judentum und Christentum einerseits und den asiatischen Religionen andererseits?
2   Was haben der Berg Kailash, die lauten chinesischen Neujahrsfeiern und die reich verzierte Kapelle in Altötting gemeinsam?
3   Wer übt oder übte Kritik am Glauben?
4   Was raten einige Glaubenskritiker – was sollten die Menschen tun, statt an ein „Jenseits" zu glauben?
5   Für welche Schöpfungsmythen gibt es naturwissenschaftliche Beweise?

## Teil 2

Gott hat viele Gesichter. Für Juden, Muslime und Christen ist er der personale und universelle Schöpfergott, der den Kosmos aus dem Chaos geschaffen hat. Für die Religionen Asiens ist er ohne Antlitz, keine Person, eher ein göttliches Prinzip, das den Kosmos durchsetzt wie Salz das Meer.

Der Glaube hat viele Kraftzentren. Sie finden sich zunächst in Höhlen, Quellen, Bäumen, Hainen. Die werden zu Heiligtümern wie der Fels in Form eines Bienenkorbs, der im Zentrum des Apollon-Tempels von Delphi stand. Der Glaube wohnt auf Bergen wie dem Kailash im Himalaya, der gläubigen Hindus als Achse des Universums und Sitz der Götter gilt. Der Glaube wohnt in den lauten chinesischen Neujahrsfeiern, die den alten Zeitabschnitt auslöschen [und] böse Geister verjagen. Der Glaube wohnt in der kleinen Gnadenkapelle von Altötting, die voll gestopft ist mit Dankbildern für geschehene Wunder. Der Glaube ist schrill und still, tief und naiv, er hat vielfältige Gebote, Gebete, Gesichter, Gestalten.

Und viele Gegner. Feuerbach, der scharfe Kritiker jeden Jenseitsglaubens, schrieb: „Die Menschen sollten an sich selbst glauben. Der Zwiespalt zwischen Diesseits und Jenseits muss aufgehoben werden, damit sich die Menschen auf das Jetzt, auf das Leben in der Welt mit allen Sinnen konzentrieren können."

Für Karl Marx war Religion dann nur noch „Opium des Volkes", eine schädliche Droge, um die Menschen von der Schaffung des Paradieses auf Erden abzuhalten. Und Sigmund Freud, der Vater der Psychoanalyse, sah in Religion lediglich eine psychische Störung, eine Art universelle Zwangsneurose: Gott sei nichts anderes als eine himmlische Version des leiblichen Vaters. Der Gläubige, der sich von diesem Vater nicht lösen kann, ist auf der Infantilitätsstufe der Entwicklung stecken geblieben. Kein Wunder, wenn solche Menschen dann besonders leicht beeinflussbar sind und sogar manchmal im Namen Gottes und der Nächstenliebe Kriege führen.

Neben die philosophische, sozialwissenschaftliche und psychologische Kritik am Glauben trat die naturwissenschaftliche. Je mehr die Forschung über die Entwicklung der Erde und die Evolution des Lebens herausfand, desto weniger waren die Ergebnisse mit den Schöpfungsmythen der Religionen vereinbar. Auch für die zyklischen Abläufe von Werden und Vergehen, wie sie asiatische

Glaubensrichtungen annehmen, fanden sich keine Indizien. Stattdessen haben amerikanische Hirnforscher in jüngster Zeit sogar herausgefunden, wie durch chemische Reaktionen im Kopf des Menschen religiöse Gefühle ausgelöst werden. Sie denken, damit „den Ursprung der Religion im menschlichen Gehirn lokalisiert" zu haben.

## VOKABULAR

*Altöttinger Gnadenkapelle* = the 'Chapel of Grace' in Altötting (Bavaria) hosts a 14th century carving of the Virgin Mary and is a place of pilgrimage for many Catholics
*der Zwiespalt* = conflict
*das Werden und Vergehen* = here: growth and decay

## Übung 9

Verwenden Sie jetzt noch einmal die Informationen, die Sie in Übung 7 zusammengetragen haben. Schreiben Sie die Sätze 1 bis 5 zu Ende.

1   Juden, Muslime und Christen glauben an einen personalen Gott; die Menschen in Asien dagegen …
2   Sowohl Felsen oder Berge als auch Tempel und Kapellen …
3   Der Glaube ist für viele Menschen das Wichtigste im Leben, aber …
4   Während gläubige Menschen auf das Paradies im Jenseits warten, …
5   Weder für die christlichen Schöpfungsmythen noch für die asiatischen Vorstellungen vom Werden und Vergehen …

## Übung 10

Lesen Sie noch einmal den letzten Absatz von Teil 2 des Artikels. Machen Sie eine Liste der Ausdrücke, die diesen Text zusammenhängender machen, zum Beispiel Konjunktionen. Fügen Sie dann weitere Ausdrücke hinzu, die Sie selbst kennen oder die in diesem Buch verwendet werden (zum Beispiel in Übung 9).

- neben
- …
- …
- …
- …
- …
- sowohl … als auch (→ Übung 9)
- …
- …
- …

# Übung 11

Schreiben Sie passende Verbindungswörter aus Ihrer Liste in die Lücken.

1 _____ mehr Erklärungen die Wissenschaft findet, _____ wenige glauben die Menschen an Schöpfungsmythen.

2 _____ dem Buddhismus und Hinduismus spielt der Taoismus in Asien eine große Rolle.

3 _____ Psychologen _____ Sozialwissenschaftler erforschen die Ursachen für den Glauben.

4 Personale Gottesvorstellungen treten in den Hintergrund; _____ nehmen abstrakte Gottesbilder zu.

# Teil 3  Glaube und Individuum

Der dritte Teil des Textes fasst noch einmal Gründe für den Glauben und die Glaubenskritik zusammen und stellt das traditionelle Gottesbild den neuen Glaubensformen gegenüber.

## Übung 12

Lesen Sie nun Teil 3 des Artikels und suchen Sie alle Beschreibungen des traditionellen Gottesbildes. Welche kritischen Ausdrücke beziehen sich auf dieses traditionelle Gottesbild und traditionelle Religionsvorstellungen? Notieren Sie sie oder unterstreichen Sie diese Wörter im Text.

### Teil 3

# Glaube – ein Produkt der Chemie? Und Gott eine Formel?

Sogar wer nicht so weit geht, kann heute mit dem alten Bild des bärtigen Gottvaters meist nichts mehr anfangen, den man um Erfüllung seiner Wünsche und um Erlösung von dem Bösen bittet. In Deutschland ist Gott nur noch für 17 Prozent der Gläubigen eine Person [...]. Mit der Vorstellung der Dreieinigkeit von „Vater, Sohn und Heiligem Geist" können nur noch zwölf Prozent etwas anfangen. 57 Prozent begreifen laut Umfrage des „Sonntagsblattes" von 1997 Gott als „göttliche Kraft". Je höher die Bildung, desto weniger wird das traditionelle Kirchen-Bild von Gott akzeptiert. [...]

„Die Menschen", so das „Sonntagsblatt", „konstruieren, sehr zum Verdruss der Kirchen, ihre eigene Religion. Sie adaptieren, modellieren, verändern Formen und Inhalte. Kirchliche Pauschalangebote, gleichsam religiöse Pakete, sind ziemlich unbeliebt." Das erstaunliche Ergebnis: 27 Prozent der Protestanten und 18,5 Prozent der Katholiken geben an, sich keiner Religion nahe zu fühlen.

Dabei sind sie in bester Gesellschaft. Albert Einstein, der große Physiker des vergangenen Jahrhunderts, hielt jenseits allen Kirchenglaubens am Gedanken fest, dass es hinter dem sinnvollen Aufbau unserer Welt eine Art Ordnungsprinzip geben müsse: „Im unbegreiflichen Weltall offenbart sich eine grenzenlos überlegene Vernunft. Die gängige Vorstellung, ich sei Atheist, beruht auf einem großen Irrtum." Auch Stephen Hawking, der große Physiker der Gegenwart, hat versucht, eine Brücke zwischen Wissen und Glauben zu schlagen: „Wenn Sie wollen, können Sie sagen, Gott sei die Verkörperung der physikalischen Gesetze." [...]

Zu einer solchen Vorstellung von Gott passt kein Alleinvertretungsanspruch irgendeiner Religion mehr. Die Gläubigen sind da oft weiter als die Kirchen. Die konfessionellen Milieus alter Prägung sind in Auflösung begriffen. 62 Prozent der Befragten finden die Spaltung der christlichen Kirche in katholisch und evangelisch befremdlich, jüngere Christen fühlen sich auch vom Buddhismus angezogen. „In Zukunft wird nur noch eine Religion glaubwürdig sein", sagt der katholische Denker und Kirchenkritiker Eugen Drewermann, „die sich nach außen nicht gewalttätig und exklusiv darstellt, sondern integrierend und dialogisch." [...]

[M]it den Worten des indischen Gurus Ramakrishna: „Es ist nicht gut zu meinen, dass nur die eigene Religion wahr ist und alle anderen falsch. Es ist damit wie mit dem Wasser im Teich. Manche trinken es an einer Stelle und nennen es Jal, andere an einer anderen Stelle und nennen es Pani, noch andere an einer dritten Stelle und nennen es Wasser. Die Hindus sagen Jal, die Christen Wasser und die Muslime Pani, aber es ist ein und dasselbe."

Das Bunkerdenken religiöser Fundamentalisten – egal, ob in islamischer Selbstmordversion oder in der Gestalt „bibeltreuer" US-Christen, die Darwins Evolutionslehre aus dem Schulunterricht verbannen – ist nichts anderes als Rückkehr zum Ursprung: ein Angst-Reflex auf die Erschütterung, Veränderung und Unverständlichkeit der Welt.

Das alte Denken der Kirchen und Konfessionen ist wie das der alten Physik: Wo ein Objekt ist, kann kein anderes sein; wo ein Glaube herrscht, muss ein anderer weichen. Moderne Systemtheorie sieht das anders. Es geht immer um ein Ganzes, dessen Teile voneinander abhängen. [...] Religionen bilden ein Netzwerk. Glaube ist ein Prozess.

Ein Prozess, dessen Ausblick eine Vision ist. Die Sehnsucht, so sagte es der Philosoph und Soziologe Max Horkheimer, „dass es bei dem Unrecht, durch das die Welt gekennzeichnet ist, nicht bleiben soll, dass das Unrecht nicht das letzte Wort sein möge. Diese Sehnsucht gehört zum wirklich denkenden Menschen." [...]

Es ist letztlich eine Hoffnung auf Neuschaffung der Welt. Auf die Erneuerung des Menschen. Wer glaubt, erlebt sie schon. Darum glauben wir.

(Peter Sandmeyer, Warum glauben wir?, „Stern", 47/2004, leicht abgeändert und gekürzt)

## Übung 13

Entscheiden Sie, ob die folgenden Aussagen dem Abschnitt entsprechend richtig oder falsch sind. Korrigieren Sie die falschen Aussagen.

| | | Richtig | Falsch |
|---|---|---|---|
| 1 | In einer Umfrage sagen 62 Prozent der Befragten aus, dass Gott ein gütiger Vater mit Bart ist. | ☐ | ☑ |
| 2 | Für 57 Prozent ist Gott eine göttliche Kraft. | ☑ | ☐ |
| 3 | 18,5% der Protestanten konstruieren sich ihre eigene Gottesvorstellung. | ☐ | ☑ |
| 4 | 17 Prozent der Gläubigen sehen Gott als eine Person. | ☑ | ☐ |
| 5 | Zwölf Prozent der Katholiken sind Atheisten. | ☐ | ☑ |

## Übung 14

Verbinden Sie die folgenden Satzteile zu vollständigen Sätzen, die einen Sinn ergeben.

| 1 | Weil Gläubige sich ihre eigene Religion konstruieren, D | (a) | muss auch die Perspektiven von anderen sehen. |
|---|---|---|---|
| 2 | Wenn Gott ein abstraktes Ordnungsprinzip ist, C | (b) | hofft der gläubige Mensch auf ein höheres Ordnungsprinzip. |
| 3 | Wer eine tolerante Kirche will, a | (c) | verliert die Spaltung in verschiedene Religionen an Überzeugungskraft. |
| 4 | Obwohl die Welt sich als ungerecht zeigt, B | (d) | muss eine heutige Kirche tolerant für neue Formen sein. |

## Übung 15

Bei der Darstellung von Fakten und Meinungen anderer Personen ist es oft nützlich, Quellen zu zitieren. Suchen Sie in Teil 3 des Artikels nach drei verschiedenen Arten, ein Zitat in einem Text zu präsentieren, und notieren Sie diese Beispiele. Wenn Ihnen noch weitere Möglichkeiten einfallen, notieren Sie auch diese Beispiele.

# Teil 4  Multikulturelles Leben

Menschen unterschiedlicher Religionen und Herkunft leben heutzutage in vielen Teilen der Welt neben- oder miteinander. Ein Beispiel hierfür ist das Leben im Hamburger Stadtteil St. Georg, in dem unterschiedliche gesellschaftliche Gruppen leben. In dem Artikel, den Sie im Folgenden lesen, geht es nicht nur um religiöse, sondern auch um kulturelle, ethnische und soziale Unterschiede. Es stellt sich die Frage, ob es wirklich möglich ist, in einer „multikulturellen" Gesellschaft zusammenzuleben, und wie die verschiedenen Gruppen am besten miteinander umgehen sollten.

## Übung 16

Bevor Sie den Artikel über Hamburg lesen, denken Sie kurz an Ihr eigenes Stadtviertel. Welche Gruppen mit unterschiedlichen Interessen, Lebensformen und Lebensstandards gibt es dort?

## Übung 17

Überlegen Sie jetzt, ob in einer Gesellschaft Platz für Menschen mit extrem verschiedenen Weltanschauungen ist. Schreiben Sie einige Argumente für die beiden Positionen auf.

| Ja | Nein |
|---|---|
|  |  |

## Übung 18

Lesen Sie nun die Einleitung des Artikels über St. Georg. Notieren Sie, welche fünf sehr unterschiedlichen Gruppen darin erwähnt werden.

1 _____
2 _____
3 _____
4 _____
5 _____

# Multikulti im Mikrokosmos

Das Wort Parallelgesellschaft nimmt in St. Georg niemand in den Mund. Dabei leben hier, hinter dem Hamburger Hauptbahnhof, Moslems neben Stripperinnen neben Junkies neben Schwulen neben Familien – ein Gang durch das Multikulti-Musterviertel.

## Übung 19

Die Einwohner von St. Georg versuchen, ihr Leben relativ harmonisch zu gestalten. Hier ist eine Liste einiger ihrer Strategien. Lesen Sie den Artikel und entscheiden Sie, in welcher Reihenfolge diese Strategien darin erwähnt werden.

| 1 | Die „Freitagspredigt" in der Moschee wird auf Deutsch gehalten. |
|---|---|
| 2 | Die Einwohner treffen sich in einer Interessengemeinschaft und besprechen die alltäglichen Fragen des Stadtteils. |

| 3 | Sie zeigen eine „pragmatische Neugier" auf die anderen Gruppen. |
|---|---|
| 4 | Man lebt sowohl „miteinander" als auch „nebeneinander". |
| 5 | Eine Predigt in der Moschee beschäftigt sich mit dem Thema des Zusammenlebens und der gegeseitigen Akzeptanz. |

Vorbei an den Bahnhofssäufern, da fängt St. Georg an. [Dann kommen die Striplokale und Sexshops] [...], eine Straße weiter reihen sich schicke Edelgaststätten aneinander, hier und da Allerweltsgeschäfte: türkische Gemüseläden, teure und billige Boutiquen, Import-Export-Läden. Und überall im Viertel: die immer wiederkehrende Drogenszene, eine Schwulen- sowie die muslimische Gemeinde. Vielen St. Georgianern liegt das Image ihres Stadtteils sehr am Herzen, dass aber die Vorstellungen ziemlich unterschiedlich sind, versteht sich von selbst.

## Unterschiedliche Interessen und Ansichten

Deshalb treffen sich die engagierten Gruppen in der „Interessensgemeinschaft St. Georg", in der organisatorische und alltägliche Fragen des Stadtteils gemeinsam besprochen werden. Zu ihren Mitgliedern gehört neben dem lokalen Bürgerverein, der Kirche, der Post, dem Einzelhandel und verschiedenen sozialen Einrichtungen auch die Centrumsmoschee. [...]

„Das ist hier in St. Georg doch ganz normal. Wir haben hier eine Homosexuellen-Community, wir haben Junkies, den Einzelhandel und die Anwohner. Man muss doch zusammenleben können", sagt Ahmet Yazici, der stellvertretende Vorsitzende des BIG [Bündnis der islamischen Gemeinden in Norddeutschland]. [...]

## Kein „Kampf der Kulturen", dafür Predigten auf Deutsch

Im Mikrokosmos von St. Georg scheint der von vielen Seiten der deutschen Gesellschaft heraufbeschworene „Kampf der Kulturen" keinen Platz zu haben. Zwar lässt sich die Neugier auf die jeweils andere Seite nicht aufzwingen und Vorurteile bleiben bestehen. Aber in dem Hamburger Stadtteil ist diese Neugier pragmatisch und spiegelt sich spätestens in der Zusammenarbeit der einzelnen so unterschiedlichen Interessensvertreter wider.

Nicht der Kampf, sondern das Zusammenleben der Kulturen ist auch das Thema der Predigt von Imam Mustafa Özcan-Günesdogdu. „Trotz unserer religiösen, kulturellen und ethnischen Unterschiede müssen wir uns akzeptieren und diese Vielfalt als Bereicherung und nicht gar als Bedrohung ansehen. Deswegen lehnen wir einen ‚Kampf der Kulturen' ab und sprechen uns für ein friedliches Zusammenleben in einer kulturellen Vielfalt aus", sagt der Imam und wechselt in der Predigt vom Türkischen ins Deutsche. [...].

Die Freitagspredigt regelmäßig auf Deutsch zu halten, ist nur eine von vielen Neuerungen, die die Leitung der Centrumsmoschee seit ihrem Bestehen entwickeln musste, um sich dem Wandel der Zeit und ihrer Gläubigen, aber auch der deutschen Gesellschaft anzunähern. „Vor zehn Jahren war es undenkbar, dass Frauen und Männer den gleichen Eingang zur Moschee nehmen. Jetzt ist das total normal", sagt Özlem Nas, Öffentlichkeitsreferentin der „Muslimischen Frauengemeinschaft in Hamburg". [...]

## Deutschland ist „voll von ‚Parallelgesellschaften'"

In St. Georg dreht sich nur noch selten jemand nach einer Muslimin mit Kopftuch und langem Mantel um. Genauso wenig wie nach Händchen haltenden schwulen Paaren oder Fetisch-Artikeln in den Schaufenstern der Sexshops. Es wird miteinander und nebeneinander gelebt. Also kann das Konzept von „Multi-Kulti" doch funktionieren, und der Vorwurf, Muslime würden sich in „Parallelgesellschaften" isolieren, ist eine völlig überzogene Annahme Panik schürender Politiker?

„Klar leben wir in einer Parallelgesellschaft! Deutschland ist voll davon. Sie brauchen doch nur Hamburg Blankenese und Hamburg Barmbek miteinander zu vergleichen. In Blankenese haben Sie die betuchten Hamburger, die Villen, die Reichen. In Barmbek die Arbeiter, die untere Schicht", sagt Yazici nüchtern und lacht. Man solle aufhören, ständig die Existenz von „Parallelgesellschaften" anzuprangern und zu beweinen, sondern Brücken zwischen diesen Gesellschaften aufbauen und erhalten: „Wir sind dazu bereit und unsere Moschee ist für jedermann zugänglich, der sich interessiert. Unsere Kinder gehen in die gleichen Schulen wie die deutschen, wir gehen in die gleichen Kneipen wie die Deutschen. So was muss doch in einer offenen Gesellschaft auch möglich sein", pflichtet ihm Imam Ucar bei.

Was bleibt, ist die Frage, wer von beiden Seiten den Anfang macht: die deutsche Mehrheitsgesellschaft, die die knapp drei Millionen Muslime nach jedem neuen Anschlag irgendwo in der Welt immer skeptischer betrachtet; oder die Muslime, die [...] langsam müde werden, immer wieder gegen dieselben Vorurteile anzukämpfen [...] Das Beispiel aus Hamburg [zeigt], dass Muslime bereit sind, ihren Part an der Diskussion wahrzunehmen, aber auch selbstbewusst ihren Glauben zu verteidigen wissen, wenn sie müssen.

(Özlem Topcu, Multikulti im Mikrokosmos, „stern", 22.12.04, gekürzt)
[URL: http://www.stern.de/politik/panorama/?id=534112]

## VOKABULAR

*schwul (= homosexuell) (umgangssprachlich)* = gay
*heraufbeschwören* = conjure up
*überzogen* = exaggerated
*Panik schüren* = to create panic
*anprangern* = to denounce (lit. pillory)

## Übung 20

Beantworten Sie jetzt die folgenden Fragen:

1 Was ist – laut Ahmet Yazici – in St. Georg „ganz normal"?
2 Wie sollte man dem Imam zufolge mit den religiösen, kulturellen und ethnischen Unterschieden zwischen Türken und Deutschen umgehen?
3 Wie hat sich nach Meinung von Özlem Nas die Centrumsmoschee dem Wandel der Zeit angenähert?
4 Was sagt Ahmet Yazici über die Hamburger Stadtteile Blankenese und Barmbek?
5 Wer sollte Ihrer Meinung nach beim „Brückenschlagen" den Anfang machen – die deutsche Mehrheit der Bevölkerung oder die muslimische Minderheit?

## Übung 21

Inwieweit sollten Menschen in einem Bezirk versuchen, wirklich *mit*einander zu leben? Inwieweit ist es besser in „Parallelgesellschaften" *neben*einander zu leben? Vervollständigen Sie das Streitgespräch zwischen A (für das Miteinanderleben) und B (für das Leben in „Parallelgesellschaften"). Sie können diese Übung entweder schriftlich oder mündlich machen.

A  Die verschiedenen Gruppen müssen auf jeden Fall *mit*einander leben, weil …
B  Nein, das ist ganz falsch. Wenn man versucht, eng miteinander zu leben, … . Wer dagegen in „Parallelgesellschaften" nebeneinander lebt, … .
A  Ja, aber je mehr die verschiedenen Gruppen gemeinsam machen, … .
B  Tatsache ist aber, dass es schon immer „Parallelgesellschaften" gegeben hat und auch immer geben wird; zum Beispiel …

## Übung 22

Unterstreichen Sie die Zitate in diesem Artikel. Wie werden sie eingeleitet bzw. in den Text eingebaut?

## Übung 23

Schreiben Sie einen kurzen Leserbrief mit einem kritischen Kommentar zu dem Artikel. Verwenden Sie dazu einen Satz in dem Artikel, dem Sie kritisch gegenüberstehen. Zitieren Sie diesen Satz in Ihrem Leserbrief und erklären Sie Ihre Kritik.

# Teil 5  Aufsatz

Schreiben Sie jetzt einen Aufsatz (etwa 500 Wörter) mit dem Titel:

Glauben heute – Die neue Welt der Religionen

bzw. einen Zeitungsartikel (etwa 500 Wörter) für eine kostenlose Stadtzeitung mit dem Titel:

> Glauben um die Ecke – Religiöse Vielfalt in der Nachbarschaft

Die nächsten Übungen helfen Ihnen bei der Materialsuche und Planung Ihrer Arbeit. Orientieren Sie sich an den folgenden Schritten.

## Übung 24

Sammeln Sie zuerst Informationen anhand Ihrer Notizen beziehungsweise den Texten und Lösungen aus diesem Thema.

Ihr Aufsatz könnte die folgenden Aspekte behandeln:

- Einige Zahlen und Fakten zu Religion in Deutschland und zu Weltreligionen
- Erklärungsansätze zur Entstehung von Glauben und Religionen
- Entwicklung der Glaubensvorstellungen seit dem 19. Jahrhundert

Für den Zeitungsartikel könnten Sie die folgenden Aspekte benutzen:

- Einige Zahlen und Fakten zu Religionen in Ihrer eigenen Umgebung
- Erklärungsansätze zur Entstehung von Glauben und Religionen
- Beschreibung von religiösen Praktiken
- Konflikt und Zusammenleben der Religionen in Ihrer Umgebung
- Lösungsvorschläge und -ansätze für ein tolerantes Zusammenleben der Religionen

Diese Liste ist noch keine Gliederung. Sie hilft Ihnen, sich auf den Inhalt Ihres Aufsatzes oder Artikels zu konzentrieren. Bei diesem Arbeitsschritt brauchen Sie sich noch nicht zu entscheiden, wie Sie die Informationen verwenden wollen. Vermutlich werden Sie hier mehr notieren, als Sie dann beim Schreiben verwenden können.

Arbeiten Sie vor allem mit Ihren Notizen und lesen Sie nur in den Quellen nach, wenn Ihre Notizen noch Lücken haben. Dadurch erreichen Sie, dass Ihre Notizen kurz und präzise sind.

## Übung 25

Suchen Sie sich für vier der Aspekte aus Übung 24 mindestens ein Zitat (die Aussage einer anderen Person oder eine besonders interessante Formulierung eines Autors beziehungsweise einer Autorin), das sie eventuell in Ihrem Aufsatz verwenden können. Schreiben Sie diese Zitate auf.

# Übung 26

Planen Sie jetzt Ihren Aufsatz oder Ihren Artikel:

1   Entscheiden Sie, welche Informationen in den Hauptteil kommen und welche vielleicht in die Einleitung passen. Sie haben sich mit dem Schreiben von Hauptteil und Einleitung bereits in den Themen 4 und 5 dieses Buches beschäftigt. Für einen Schluss müssen Sie sich jetzt noch nicht entscheiden. Sie können sich jedoch bereits Ideen notieren.

   Wenn Sie sich für einen Zeitungsartikel entschieden haben, bedenken Sie, wie wichtig der Einstieg ist. Orientieren Sie sich am Artikel „Multikulti im Mikrokosmos" für einen mitreißenden und spannenden Anfang.

2   Bevor Sie mit dem Schreiben anfangen, lesen Sie noch einmal alle Wörter und Formulierungen aus diesem Thema, mit denen Sie Ihre Gedanken verbinden und die Meinung einer anderen Person einleiten können. Verwenden Sie einige dieser Wörter und Formulierungen in Ihrem Aufsatz oder Artikel.

3   Schreiben Sie die Einleitung und den Hauptteil. Sie sollten dabei nicht unbedingt mit der Einleitung bzw. dem ersten Absatz anfangen. Meist ist es besser, die Einleitung erst zu schreiben, wenn man schon genau weiß, worauf sie hinleitet. Oder – im Fall des Zeitungsartikels – ist es häufig besser, zunächst einmal die inhaltlich wichtigsten Punkte abzudecken, bevor man sich für den besten Einstieg entscheidet.

   Für den Zeitungsaufsatz wählen Sie auch eine passende Unterüberschrift und Abschnittsüberschriften.

4   Lesen Sie Ihren Aufsatz oder Artikel bis dahin noch einmal durch. Planen Sie dann den Schlussteil. Sie haben sich mit dem Schreiben des Schlussteils bereits in Thema 6 dieses Buches beschäftigt. Schreiben Sie dann den Schlussteil Ihres Aufsatzes oder Artikels.

   Bedenken Sie: Bei einem Aufsatz soll der Schlussteil das Thema abrunden, für den Zeitungsartikel hingegen können Sie auch auf weitere Informationen (vielleicht aus dem Internet) oder weitere geplante Folgen einer Artikelserie zum Thema verweisen.

# 8 Erlebte Geschichte

Source: Reuters/Corbis

In Thema 8 geht es um die Vergangenheit in Deutschland, den Fall der Mauer und die Entwicklungen in Deutschland seit der Wiedervereinigung im Oktober 1990.

Sie arbeiten mit einem Gedicht, Buchauszügen, Meinungsumfragen und Artikeln aus Zeitungen und Zeitschriften. Dabei lernen Sie bestimmte Stilmerkmale dieser Artikel kennen.

Sie üben Zusammenfassungen, machen Notizen und lernen, wie man Schlüsselinformationen aus unterschiedlichen Textsorten herauszieht. Außerdem analysieren Sie einen Aufsatz, der zu diesem Thema geschrieben wurde.

Am Ende dieses Themas haben Sie

- Ihr Wissen über das Leben im wiedervereinigten Deutschland erweitert;

- geübt, wie man Notizen macht;

- geübt, wie man Schlüsselinformationen in verschiedenen Textsorten findet;

- geübt, wie man einen Text mit Hilfe von Satzverbindungen strukturiert;

- mehr über Stilmerkmale in Zeitschriftenartikeln gelernt;

- die Inhalte von Schaubildern beschrieben;

- geübt, wie man Schlüsselinformationen strukturiert zusammenfasst;

- gelernt, wie man aktuelle Informationen findet und deren Qualität sicherstellt;

- einen Aufsatz, der sich mit zeitgenössischen Aspekten der deutschen Geschichte befasst, analysiert.

# Teil 1  Chronik einer deutschen Revolution

Zum Einstieg in dieses Thema arbeiten Sie mit einer Chronik der Ereignisse, die zur Wiedervereinigung der beiden deutschen Staaten am 3. Oktober 1990 geführt haben.

## Übung 1

Bevor Sie sich mit den Ereignissen in Deutschland in den Jahren 1989 und 1990 befassen, lernen Sie einige der wichtigsten Protagonisten dieser Zeit kennen. Ordnen Sie die Informationen den richtigen Personen zu.

1   Helmut Kohl
2   Margaret Thatcher
3   Michail Gorbatschow
4   François Mitterand
5   Erich Honecker
6   Hans Modrow

(a) General-Sekretär des Zentralkomitees der Kommunistischen Partei der Sowjetunion, 1988–90 Vorsitzender des Präsidiums des Obersten Sowjets (Staatsoberhaupt), März 1990 bis Dezember 1991 Staatspräsident der UdSSR. Die von ihm 1985 begonnene Reformpolitik (Glasnost und Perestroika) zielte auf eine grundlegende wirtschaftliche und gesellschaftliche Erneuerung der Sowjetunion. (© 1999 Bibliographisches Institut & F.A. Brockhaus AG, leicht abgeändert)

(b) französischer Ministerpräsident von 1981–1995

(c) Bundeskanzler der Bundesrepublik Deutschland von 1979–1998

(d) Staatsratsvorsitzender (Staatsoberhaupt) der DDR von 1976 bis 1989

(e) Vorsitzender des Ministerrats der DDR (November 1989 bis April 1990). Im August 1995 verurteilte ihn das Land-Gericht Dresden wegen Fälschung der Kommunalwahlergebnisse von 1989 zu einer mehrmonatigen Freiheitsstrafe auf Bewährung. ©1999 Bibliographisches Institut & F.A. Brockhaus AG)

(f) Premierministerin Großbritanniens von 1979–1990

## Übung 2

Lesen Sie die Chronik der Ereignisse und schreiben Sie die passenden Ereignisse von der auf S.146 Liste in die Lücken. Wenn Sie sich nicht sicher sind, lesen Sie die Einträge vor bzw. nach der jeweiligen Lücke besonders genau, so dass Sie die logische Reihenfolge der Ereignisse erkennen können. Natürlich können Sie auch einfach raten, was wann passiert ist.

| | |
|---|---|
| **2. Mai 1989**: | **20.–22. Dezember 1989**: Der französische Präsident François Mitterand besucht die DDR |
| **7. Mai 1989**: Die DDR-Opposition kritisiert offensichtlichen Betrug bei Kommunalwahlen | **20. Januar 1990**: Die britische Premierministerin Thatcher berät sich mit Mitterand in Paris |

| | |
|---|---|
| **6. Juli 1989**: Gorbatschow lehnt eine sowjetische Intervention zur Stützung des DDR-Regimes ab | **18. März 1990**: |
| **23. August 1989**: DDR-Flüchtlinge in der Bonner Botschaft in Budapest dürfen ausreisen | **5. Mai 1990**: Die Zwei-plus-Vier-Gespräche mit den vier Siegermächten beginnen |
| **4. September 1989**: | **18. Mai 1990**: Vertragsunter zeichnung für eine Währungs-, Wirtschafts- und Sozialunion |
| **18. Oktober 1989**: Honecker tritt zurück | **14. Juli 1990**: Gorbatschow räumt einem vereinten Deutschland Bündnisfreiheit ein |
| **9. November 1989**: | **23./24. August 1990**: |
| **13. November 1989**: Wahl Hans Modrows zum Ministerpräsidenten der DDR | **12. September 1990**: Unterzeichnung des Zwei-plus-Vier-Vertrags in Moskau |
| **28. November 1989**: Bundeskanzler Helmut Kohl stellt den Zehn-Punkte-Plan vor | **20. September 1990**: |
| **3. Dezember 1989**: | **3. Oktober 1990**: |

("Die Zeit", Nr. 46, 04.11.04, gekürzt)

(a) Rücktritt des Zentralkomitees und des Politbüros der DDR
(b) Fall der Berliner Mauer
(c) Ungarn beginnt mit dem Abbau seiner Grenzanlagen zu Österreich
(d) Erste Montagsdemonstration in Leipizg
(e) Tag der Deutschen Einheit
(f) Freie Volkskammerwahl
(g) Beide deutschen Parlamente stimmen dem Einigungsvertrag zu
(h) Volkskammer beschließt den Beitritt der DDR zur Bundesrepublik

## VOKABULAR

*die Bonner Botschaft in Budapest* = the embassy of the Federal Republic of Germany which thousands of East Germans had entered demanding the right to leave the GDR and come to West Germany
*die Volkskammer* = parliament of the GDR
*der Zehn-Punkte-Plan* = ten point plan for the reunification of Germany
*sich beraten mit* = to discuss with s.o.

die *Zwei-plus-Vier-Gespräche* (pl.) = talks between the four Allied Forces (USA, Soviet Union, Great Britain, France) and the two Germanys

*einräumen* = here: to concede

die *Bündnisfreiheit* = freedom to choose a political or military alliance (such as NATO)

die *Grenzanlagen* (pl.) = border fortifications

## Übung 3

Wenn Sie über Ereignisse schreiben, die nacheinander stattfinden, ist es notwendig, logische Satzverbindungen zu verwenden. Wählen Sie fünf zusammenhängende Ereignisse aus der Chronik in Übung 2 aus und schreiben Sie einen kurzen Text. Benutzen Sie dabei Begriffe aus dem Kasten, um die Ereignisse miteinander zu verbinden.

> dann • anschließend • danach • schließlich • darauf

# Teil 2 „die mauer"

## Übung 4

Sie arbeiten jetzt mit einem Gedicht von Reiner Kunze. Lesen Sie das Gedicht und beantworten Sie die drei Fragen.

1  Reiner Kunze schreibt in der ersten Strophe über die Mauer „in uns". Was meint er, Ihrer Meinung nach, damit?
2  Was sagt er in der zweiten Strophe über das Leben in der DDR?
3  Was bedeutet Ihrer Meinung nach die letzte Strophe?

### die mauer

**Zum 3. Oktober 1990**

Als wir sie schleiften, ahnten wir nicht,
wie hoch sie ist
in uns

Wir hatten uns gewöhnt
an ihren horizont

Und an die windstille

In ihrem schatten warfen
alle keine schatten

Nun stehen wir entblößt
jeder entschuldigung

(Reiner Kunze, die mauer – zum 3. Oktober 1990, in Anna Chiarloni und Helga Pankoke (Hg.), „Grenzfall-gedichte", 1991, S. 46)

**VOKABULAR**

> *schleifen* = to raze (to the ground)
> *entblößt* = here: stripped

# Teil 3  Die friedliche Revolution

Sie befassen sich nun mit zwei Buchausschnitten zum Fall der Mauer.

## Übung 5

Zur Vorbereitung auf die Arbeit mit den beiden kurzen Buchausschnitten verbinden Sie die deutschen Ausdrücke mit der jeweils passenden englischen Übersetzung.

| | |
|---|---|
| 1  ein System erschüttern | (a)  to bring down a system |
| 2  ein System zu Fall bringen | (b)  to facilitate peaceful change |
| 3  das Gemeinwesen in die Hand nehmen | (c)  to shake up/shatter a system |
| 4  eine Geschichtsverfälschung begehen | (d)  to take the community in hand |
| 5  einen friedlichen Wandel ermöglichen | (e)  to falsify history |

## Übung 6

Lesen Sie die beiden Abschnitte und die nachfolgenden Aussagen. Ordnen Sie die Aussagen jeweils einem der beiden Abschnitte zu.

### Die friedliche Revolution

#### Abschnitt 1

GERHART MAIER

»Wir sind das Volk«, mit diesen vier einfachen und großen Worten wurde ein ganzes System erschüttert und zu Fall gebracht. In ihnen verkörpert sich der Wille der Menschen, das Gemeinwesen, die Res publica, selbst in die Hand zu nehmen. So wurde die friedliche Revolution in Deutschland wahrhaft republikanisch. Dass sie nach beinahe sechzig Jahren bitterer Unterdrückung erfolgte, machte sie nur um so erstaunlicher und glaubwürdiger. Demokraten hatten sich zusammengefunden mit dem Ziel der Freiheit und der Solidarität, beides in einem ein Auftrag für uns alle.

(Gerhart Maier, Die Wende in der DDR (Hg. Bundeszentrale für politische Bilding), in Hermann Glaser (Hg.), „Die Mauer fiel, die Mauer steht. Ein deutsches Lesebuch 1989–1999", 1999, S. 32–33)

**VOKABULAR**

> *„Wir sind das Volk"* = „we are the people", slogan chanted by the demonstrators in Leipzig in autumn 1989
> *die Res publica (lateinisch)* = community

**Abschnitt 2**

HANS BECKER/SOPHINETTE BECKER

[...] Die Rede [...] von der erfolgreichen friedlichen Revolution der DDR-Bürger im Herbst 1989 stellt eine Geschichtsverfälschung dar. Es ist unzweifelhaft, dass die Veränderungen in der Sowjetunion erst einen friedlichen Wandel und eine massenhafte Erhebung in den Ostblockstaaten und damit auch in der ehemaligen DDR ermöglichten. Nur die eindeutige Erklärung der Sowjetunion, nicht militärisch zu intervenieren (ganz im Gegensatz zu den USA in den lateinamerikanischen Staaten), ermöglichte die Demokratisierung.

[...] Auch wenn man [...] von einem ganz pragmatischen Verständnis von Revolution ausgeht als dem Zusammentreffen davon, dass die oben nicht mehr können und die unten nicht mehr wollen, trifft dies viel eher für andere Länder des Warschauer Paktes als für die Ex-DDR zu: Erst die Öffnung der Grenzen (besonders durch Ungarn und die Tschechoslowakei) mobilisierte in erheblicher Zahl das Nicht-mehr-Wollen der »unten« durch massenhafte Flucht in den Westen, die dann das definitive Nicht-mehr-Können der »oben« auslöste.

[...]

(Hans Becker/Sophinette Becker, *Von der ersten zur zweiten und jetzt zur dritten Schuld* ("Frankfurter Rundschau", 9.11.90), in Hermann Glaser (Hg.), „Die Mauer fiel, die Mauer steht. Ein deutsches Lesebuch 1989–1999", 1999, S. 33, gekürzt)

## VOKABULAR

*von einem pragmatischen Verständnis von Revolution ausgehen* = to assume a pragmatic definition of revolution

1 Die damaligen DDR-Bürger und -Bürgerinnen waren entschlossen, ihren Staat aktiv neu zu gestalten.
2 Die so genannte „friedliche Revolution" in der DDR war überhaupt keine „friedliche Revolution".
3 Der Umbruch in der Sowjetunion war die Voraussetzung für die Wende in der DDR.
4 Die Menschen in der DDR wollten ein besseres gesellschaftliches System erreichen.
5 Auch wenn man den Begriff „Revolution" sehr breit definiert, muss man sagen, dass es in anderen Ländern des Ostblocks „revolutionärer" zuging als in der DDR.

# Übung 7

Beantworten Sie die folgenden Fragen schriftlich. Wenn Sie wollen, lesen Sie dazu die beiden Abschnitte noch einmal.

1 Was symbolisiert, nach Aussage von Gerhart Maier, der Slogan „Wir sind das Volk"?

2 Gerhart Maier spricht von „beinahe sechzig Jahren Unterdrückung" – was meint er Ihrer Meinung nach damit?

3 Nach Meinung von Hans und Sophinette Becker kann man nicht von einer „friedlichen Revolution" in der DDR sprechen. Warum nicht?

4 Wer ist mit „die oben" und „die unten" hier gemeint?

5 Die Autoren sind unterschiedlicher Meinung darüber, ob man die Ereignisse in der DDR im Herbst 1989 als „friedliche Revolution" bezeichnen kann oder nicht. Was denken Sie persönlich? Begründen Sie Ihre Meinung.

# Teil 4  Befreiung und Revolution

In den nächsten Übungen befassen Sie sich mit der Reaktion eines britischen Deutschlandkenners auf die Wiedervereinigung und notieren Ihre Meinung dazu.

## Übung 8

Lesen Sie, was Timothy Garton Ash über seine Gefühle zur Wiedervereinigung sagt und die nachfolgenden Aussagen. Entscheiden Sie, ob sie richtig oder falsch sind. Korrigieren Sie die falschen Aussagen.

### Befreiung und Revolution

TIMOTHY GARTON ASH

[...]

Als ich dann am 3. Oktober [1990] gegen halb drei Uhr morgens durch Frankfurts Straßen schlenderte, fragte mich Adam Michnik, einer der Helden der polnischen Selbstbefreiung: »Jetzt sag mir mal, Tim, was empfindest du wirklich bei der deutschen Vereinigung?« Ich antwortete: »Weißt du, ich bin wirklich froh darüber. Denn jetzt sind sechzehn Millionen Menschen frei, die es zuvor nicht waren.« Und für mich ist dies das Eigentliche. Für mich ist der 3. Oktober nicht so sehr der Tag der deutschen Einheit. Es ist der Tag der deutschen Freiheit. Natürlich hat diese Freiheit ihre Grenzen, auch ihre Schattenseiten. Aber es war Unfreiheit, die ich vor zehn Jahren aus erster Hand in Ost-Berlin erlebte, erniedrigende, quälende, lähmende Unfreiheit; und es ist Freiheit, die meine ehemaligen Nachbarn aus der Erich-Weinert-Straße am Prenzlauer Berg heute erleben, unbequeme, beängstigende, vielleicht sogar gefährliche Freiheit – aber trotzdem Freiheit.

(Timothy Garton Ash, Das Jahr, in dem die Freiheit kam („Die Zeit", 07.12.90), in Hermann Glaser (Hg.), „Die Mauer fiel, die Mauer steht. Ein deutsches Lesebuch 1989–1999", 1999, S. 67, gekürzt und leicht abgeändert)

**VOKABULAR**

*Adam Michnik* = Polish historian and journalist, heavily involved in the democratic movement in Poland in 1989, editor of the Polish newspaper *Gazeta Wyborcza*

| | | Richtig | Falsch |
|---|---|---|---|
| 1 | Timothy Garton Ash befand sich am 3. Oktober 1990 in Berlin. | ☐ | ☐ |
| 2 | Er war froh, dass die DDR-Bürger jetzt Freiheit erlangt hatten. | ☐ | ☐ |
| 3 | Für ihn war die Einheit der Nation das Wichtigste am 3. Oktober 1990. | ☐ | ☐ |
| 4 | Er vergleicht die neue, unbequeme und gefährliche Freiheit mit der erniedrigenden Unfreiheit in der DDR. | ☐ | ☐ |

## Übung 9

Schreiben Sie jetzt eine kurze Zusammenfassung über das, was Timothy Garton Ash im Hinblick auf das wiedervereinigte Deutschland sagt. Inwieweit stimmen Sie mit seiner Einschätzung überein? Schreiben Sie etwa 100 Wörter.

## Teil 5  Wir sind noch kein normales Volk

Sie arbeiten jetzt mit einem Artikel von Helmut Schmidt, der von 1974 bis 1982 Bundeskanzler war. In den Abschnitten dieses Artikels, der 1993 geschrieben wurde und noch immer aktuell ist, geht es darum, wie Schmidt das Zusammenwachsen der beiden deutschen Staaten einschätzt.

## Übung 10

Lesen Sie den ersten Teil dieses Artikels und beantworten Sie die folgenden Fragen:

1 Was denkt Helmut Schmidt persönlich über das Zusammenwachsen der beiden deutschen Staaten?
2 Wie lange wird dieser Prozess seiner Meinung nach dauern?
3 Mit welchem historischen Ereignis in einem anderen Land vergleicht er die Situation im wiedervereinigten Deutschland?
4 Was kann seiner Ansicht nach dieses Zusammenwachsen beschleunigen oder verlangsamen?

# Wir sind noch kein normales Volk

**Die Deutschen haben Schwierigkeiten mit ihrer Identität. Viele Missverständnisse treiben einen Keil zwischen die alten und neuen Bundesländer**
**Von Helmut Schmidt**

[...]

Ich halte es mit Willy Brandt. Ich hoffe nicht nur, sondern ich bin gewiss: Es wird tatsächlich zusammenwachsen, was zusammengehört!

Freilich wird das Zusammenwachsen viel länger dauern als nur ein paar Jahre, vielleicht wird die gegenseitige seelische Reintegration beider Teile des Volkes sogar zwei Generationen in Anspruch nehmen. In Amerika hat die Reintegration des Nordens und der Südstaaten nach dem Bürgerkrieg Mitte des 19. Jahrhunderts sogar noch länger gedauert. Wir können diesen Prozess durch kluges und einfühlsames Verhalten von beiden Seiten verkürzen. Wir können die Verschmelzung zu einem Volk durch weitere schwere Fehler und Versäumnisse allerdings auch erheblich verzögern. Aber wir würden vor der deutschen Geschichte nicht bestehen, wenn wir uns nicht mit Mühe und Fleiß und mit ganzem Herzen dieser Aufgabe zuwendeten.

## VOKABULAR

*Willy Brandt* = German Chancellor 1969–1974, famous German politician

# Übung 11

Lesen Sie jetzt den nächsten Teil dieses Artikels und machen Sie sich Notizen zu den folgenden Punkten:

- wichtige Aspekte, die das Zusammenwachsen fördern
- Sozialisation der meisten Deutschen in den östlichen Bundesländern
- positive Aspekte des Lebens in der DDR
- negative/störende Aspekte des Lebens in der DDR
- Voraussetzung für privates Glück in der DDR

Eine der notwendigen Voraussetzungen ist gegenseitige Einfühlung. Die Westdeutschen müssen verstehen: Zwei Drittel aller heute in den östlichen Ländern lebenden Deutschen sind nach 1949 geboren, in der DDR aufgewachsen und von ihr geprägt. Die DDR war ihr Zuhause, die Bundesrepublik war seit 1961 für die allermeisten unerreichbar weit weg. Man hatte Arbeit, man hatte genug zu essen und zu trinken; der Lebensstandard stieg, und er lag erlebbar höher als in anderen sozialistischen Staaten, denn die eigene wirtschaftliche Leistung überragte die in den anderen sozialistischen Ländern. Darauf durfte man stolz sein – und man war auch stolz darauf; man war ebenso stolz auf die internationalen Erfolge der eigenen Sportler. Gewiss waren die durch Junge Pioniere, FDJ und Betriebsgruppen oktroyierte Disziplin und Ideologie vielen Menschen lästig, ebenso der ewig erneuerte Kampf – Klassenkampf, Kampf gegen den Kapitalismus, Kampf gegen Faschismus und so weiter –, aber man war in diesem ideologischen Milieu aufgewachsen und kannte kein anderes.

Nur wenige DDR-Bürger des Jahres 1989 haben die Jahre vor dem Krieg bewusst erlebt, noch sehr viel weniger die Jahre der Weimarer Republik; selbst wer das Wendejahr 1989 als Siebzigjähriger erlebte, ist 1933 als Vierzehnjähriger noch nicht alt genug gewesen, um eigene Anschauungen über das Leben in einer demokratischen Gesellschaft gewinnen zu können. Wenn man sich an die von der SED geschaffenen Umstände angepasst oder sich in seine private Nische zurückgezogen hatte, konnte man durchaus privates Glück erleben, genau wie ein Westdeutscher in Sindelfingen oder in Bremen.

## VOKABULAR

*Junge Pioniere* = children's section of the GDR's official youth organisation FDJ
*FDJ (= Freie Deutsche Jugend)* = official youth organisation in the GDR
*die Betriebsgruppe (normalerweise „Betriebskampfgruppe")* = branch of a workers' militia in the GDR
*oktroyieren* = to force, to impose
*Weimarer Republik* = first German republic from 1918 to1933

# Übung 12

Lesen Sie nun den letzten Teil dieses Artikels und die nachfolgenden Aussagen. Ordnen Sie sie den entsprechenden Abschnitten zu und bringen Sie sie in die richtige Reihenfolge.

[...] Die Westdeutschen müssen schließlich auch die Nostalgie verstehen, die etwas sehnsüchtige Erinnerung vieler Ostdeutscher an die Zeiten, da ihr volkseigener Betrieb gut lief, da sie keine Angst haben mussten vor Arbeitslosigkeit, vor Privatisierung ihrer Wohnung, vor Mietensteigerung und vor „Abwicklungen" aller Art. Dazu gehört auch die wehmütige Erinnerung an die vielfältige menschliche Hilfe, die in Zeiten der DDR selbstverständlich war und die Geborgenheit und Solidarität vermittelte. Nachzufühlen ist auch die Wehmut jener meist jungen Menschen, die durch ihre Montagsdemonstrationen in Leipzig oder durch ihre Manifestationen in der Gethsemane-Kirche in Berlin gehofft hatten, eine grundlegende Wende zum Besseren herbeizuführen, und die jetzt überrascht und enttäuscht erleben, wieviel Zeit und wie viele Opfer die Wende von den Ostdeutschen verlangt.

Aber auch die Ostdeutschen müssen versuchen, die Gefühle der Westdeutschen zu verstehen. Im Westen war man ja doch ebenso begeistert, als das Brandenburger Tor geöffnet wurde und die Mauer fiel. Niemals fühlte man sich einander näher als damals. Man wäre damals auch zu großen materiellen Opfern für diese Wende durchaus bereit gewesen. Aber dann sagte die Regierung: Nein, weder Opfer noch Steuererhöhungen sind nötig, der Markt schafft das ganz allein. Heute leiden die Westdeutschen unter realen Einkommenseinbußen – wie seit langer Zeit nicht mehr – und unter Arbeitslosigkeit. Sie geben die Schuld dafür nicht so sehr – wie es manchen Ostdeutschen erscheint – den ostdeutschen Landsleuten als vielmehr der Regierung in Bonn und der ganzen politischen Klasse – und sogar mit Recht.

Auch die Westdeutschen wurden von der Regierung zu schön gefärbten Illusionen verführt, jetzt müssen sie mühsam lernen, dass die vereinigte Bundesrepublik unter einer Reihe von ökonomischen Kriterien innerhalb der EG auf den neunten oder zehnten Platz zurückgefallen ist, dass dies auf längere Zeit so bleiben wird und dass sie für die nächsten Jahre keine realen Zuwächse ihres Lebensstandards erhoffen können. Viele Westdeutsche haben auch geglaubt, der Zusammenbruch der ostdeutschen Industrie sei ausschließlich die Folge kommunistischer Misswirtschaft. Dieser Zusammenbruch ist jedoch zum Teil eine unvermeidliche Folge der Öffnung der Grenzen beziehungsweise eine Folge des Zusammenbruchs der Sowjetunion und des RGW, zum Teil eine Folge der Kardinalfehler, welche die Regierungen in Ost-Berlin, vornehmlich aber die Regierung in Bonn im Zuge der Vereinigung gemacht haben.

Die Ostdeutschen müssen zuletzt auch wissen, dass die große Mehrheit der westdeutschen Landsleute ihre Rechts-, Wirtschafts- und Sozialordnung niemals als Inkarnation des Kapitalismus angesehen hat, sondern vielmehr als eine Verbindung rechtsstaatlich-demokratischer Grundordnung mit Marktwirtschaft und einem breitgefächerten System sozialer Sicherheit. Manche Westdeutsche fühlen sich beleidigt, wenn man ihre Lebenswelt als Kapitalismus bezeichnet – ich selbst übrigens auch. [...]

(Helmut Schmidt, Wir sind noch kein normales Volk, „Die Zeit", 02.04.93, S. 3, gekürzt)

## VOKABULAR

*volkseigener Betrieb* = nationally owned company (in state socialism)

*die Abwicklung* = here: process of closing down East German factories

*RGW (= Rat für gegenseitige Wirtschaftshilfe)* = COMECON, Council for Mutual Economic Aid

1  Die Westdeutschen müssen akzeptieren, dass ihr Lebensstandard in den nächsten Jahren nicht steigen wird. Sie müssen akzeptieren, dass der Zusammenbruch der ostdeutschen Wirtschaft ein Fehler war, den unter anderem die Regierung zu verantworten hat.

2  Die Westdeutschen sind arrogant, wenn sie den Ostdeutschen vorwerfen, dass die Ostdeutschen angepasst waren.

3  Die Ostdeutschen müssen akzeptieren, dass sich die Westdeutschen von ihrer Regierung betrogen fühlen. Sie müssen jetzt mehr Steuern zahlen und haben eine höhere Arbeitslosenquote. Die Regierung hatte jedoch versprochen, dass es keine Steuererhöhungen geben würde.

4  Die Ostdeutschen müssen akzeptieren, dass die Westdeutschen ihr politisches System als demokratischen Staat mit einer sozialen Marktwirtschaft und einem weiten Netz sozialer Sicherheit betrachten.

5  Die Westdeutschen sollten verstehen, dass sich die Menschen aus der DDR gern an bestimmte Aspekte ihres Lebens erinnern. Sie mussten sich nicht vor Arbeitslosigkeit oder Mieterhöhungen fürchten. Viele fühlten sich solidarisch und geborgen. Die Westdeutschen sollten verstehen, dass sich die Menschen aus der DDR gern an diese Aspekte ihres Lebens erinnern.

## Übung 13

Schauen Sie sich nun den letzten Ausschnitt aus Helmut Schmidts Artikel noch einmal an und notieren Sie sich die wichtigsten Argumente unter den folgenden Stichpunkten:

- worin Westdeutsche die Ostdeutschen besser verstehen müssen
- worin Ostdeutsche die Westdeutschen besser verstehen müssen

## Übung 14

Sie arbeiten jetzt mit der Sprache des Artikels und den Mitteln, die Helmut Schmidt verwendet, um seine Argumente und Gedanken logisch miteinander zu verbinden. Diese Übung hilft Ihnen dabei zu erkennen, wie Autorinnen und Autoren mit bestimmten Mitteln eine bestimmte Wirkung bei den Lesern und Leserinnen erreichen.

Lesen Sie noch einmal den letzten Teil des Artikels (Übung 12) und beantworten Sie die folgenden Fragen:

1 Wie beginnen die verschiedenen Absätze?
2 Wie verbindet der Autor seine Sätze innerhalb eines Absatzes? Nehmen Sie den ersten Absatz als Beispiel.
3 Wie beendet er seinen Artikel? Was wird dadurch erreicht?

# Teil 6 Große Mehrheit der Ostdeutschen sieht deutsche Einheit positiv

Wie sehen die Ostdeutschen die Wiedervereinigung aus größerer zeitlicher Distanz? Darum geht es in den folgenden Artikeln und Meinungsumfragen, die aus den Jahren 1999 und 2004 stammen.

## Übung 15

Lesen Sie die Artikel und die Ergebnisse der Umfrage und machen Sie sich Notizen zu den folgenden Punkten:

| Einschätzung der Lage 1999 | Einschätzung der Lage 2004 |
|---|---|
|  |  |
| Einschätzung des politischen Systems 1999 | Einschätzung des politischen Systems 2004 |
|  |  |

# Große Mehrheit der Ostdeutschen sieht deutsche Einheit positiv

**Umfrage: Für mehr als zwei Drittel überwiegen Vorteile**
**Nur 45 Prozent finden politisches System der Bundesrepublik besser als das der DDR**

BERLIN, 7. November. Mehr als zwei Drittel aller Ostdeutschen ziehen zehn Jahre nach dem Fall der Mauer eine positive Bilanz der deutschen Vereinigung. Das ist das Ergebnis einer repräsentativen Umfrage des Meinungsforschungsinstituts Infratest Dimap im Auftrag der „Berliner Zeitung". Auf die Frage, ob die Entwicklung der vergangenen zehn Jahre eher Vorteile oder eher Nachteile gebracht habe, antworteten 70 Prozent aller Bürger in Ost-Berlin und den fünf neuen Ländern, insgesamt überwögen die Vorteile. 18 Prozent sahen eher Nachteile, neun Prozent der insgesamt 1 000 Befragten antworteten mit „Weiß nicht".

Allerdings differenzieren die Menschen im Osten Deutschlands inzwischen sehr stark. Die Umfrage zeigt, dass sich einzelne Lebensbereiche in ihrer Wahrnehmung deutlich verschlechtert haben. Das politische System der Bundesrepublik beurteilen nur 45 Prozent der Ostdeutschen als besser, 20 Prozent aber als schlechter als das der DDR.

Auf die Frage, was nach der Wiedervereinigung besser geworden sei, nennen 95 Prozent aller Ostdeutschen das Angebot von Waren und Dienstleistungen, 92 Prozent schätzen die Möglichkeit zu reisen. Deutlich negativer wird der Schutz vor Kriminalität bewertet: 81 Prozent sagen, er sei schlechter geworden. Die Zukunftsperspektiven der nachwachsenden Generation sehen 67 von hundert Befragten als schlechter an. Auch die soziale Absicherung wird in der westdeutsch geprägten Gesellschaftsordnung als deutlich schlechter erlebt: 58 Prozent aller Befragten sagen, diese sei im Vergleich zur DDR schlechter; 18 Prozent sagten, sie sei besser geworden.

[...]

(Jutta Kramm, Große Mehrheit der Ostdeutschen sieht deutsche Einheit positiv, „Berliner Zeitung", 08.11.99)

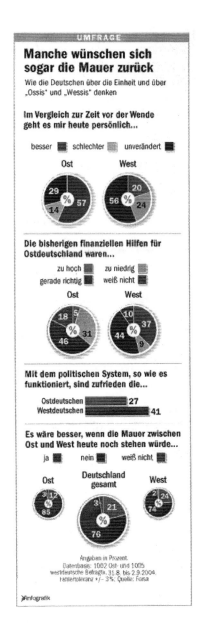

UMFRAGE

**Manche wünschen sich sogar die Mauer zurück**

Wie die Deutschen über die Einheit und über „Ossis" und „Wessis" denken

Im Vergleich zur Zeit vor der Wende geht es mir heute persönlich...

besser  schlechter  unverändert

Ost / West

Die bisherigen finanziellen Hilfen für Ostdeutschland waren...

zu hoch  zu niedrig
gerade richtig  weiß nicht

Ost / West

Mit dem politischen System, so wie es funktioniert, sind zufrieden die...

Ostdeutschen 27
Westdeutschen 41

Es wäre besser, wenn die Mauer zwischen Ost und West heute noch stehen würde...

ja  nein  weiß nicht

Ost / Deutschland gesamt / West

Angaben in Prozent.
Datenbasis: 1002 Ost- und 1005 westdeutsche Befragte, 31.8. bis 2.9.2004.
Fehlertoleranz +/- 3%; Quelle: Forsa

infografik

# Meckern ist bei uns Volkssport

**Die Unzufriedenheit mit dem politischen System ist auch 15 Jahre nach dem Mauerfall hoch. Doch die Zeit vor der Grenzöffnng wollen nur wenige zurück**

[...] Auch 15 Jahre nach der friedlichen Revolution in der DDR sieht das Volk das, was es sehen will. Wenn Westdeutsche nach Osten blicken, sprechen sie statt von

Abwanderung, niedrigeren Löhnen als in den alten Bundesländern und dem Verfall ganzer Städte meist nur von goldenen Wasserhähnen und Glaspalästen, die nach 1990 mit Geldern des Solidarbeitrags gebaut worden sind. Und wenn Ostdeutsche über den Westen nachdenken, kommen ihnen als Erstes die Chefetagen großer Konzerne und Edelkarossen vor schönen Einfamilienhäusern in den Sinn.

Vereint und doch getrennt? Trifft der alte Witz aus der Nachwendezeit noch immer die Befindlichkeiten in Ost und West: Ruft der Ossi zum Wessi: Wir sind ein Volk. Sagt der Wessi: Wir auch.

Tatsächlich gibt es eine Vielzahl von Hinweisen darauf, dass die Bürger der alten und neuen Bundesländer immer noch getrennte Gemeinschaften mit unterschiedlichen Wertepräferenzen bilden. So ergab eine Forsa-Umfrage im Auftrag des Stern vergangegen September, dass 21 Prozent der Bundesbürger den Mauerfall rückgängig machen würden, etwa jeder vierte Westdeutsche und jeder achte Ostdeutsche.

Außerdem ist nur noch eine Minderheit der Ostdeutschen mit dem politischen System zufrieden. Das Statistische Bundesamt in Wiesbaden etwa stellte in seinem Datenreport 2004 fest, dass zwar 80 Prozent der Bürger im Westen die Demokratie der Bundesrepublik Deutschland als die beste Staatsform ansehen; demgegenüber liegt die Akzeptanz der Demokratie im Osten aber nur bei 49 Prozent. [...]

Die kleineren Städte und der ländliche Raum im Osten bluten regelrecht aus. Begabte, egal in welchem Fach, hält es nicht hier, sondern zieht es nach Westen oder gleich ins Ausland. [...]

(Meckern ist bei uns Volkssport, „Rheinischer Merkur", Nr. 45, 04.11.04, gekürzt und leicht abgeändert) [http://www.merkur.de/aktuell/php3?do04mauer_044504.html]

## VOKABULAR

*der Solidarbeitrag* = a tax surcharge which is being paid by all German employees to contribute to the development of East Germany
*die Edelkarossen* (pl.) = luxury limousines

## Übung 16

Beantworten Sie die folgenden Fragen. Lesen Sie, wenn Sie möchten, die Artikel und die Umfrageergebnisse noch einmal.

1   Wie schätzen die Ost- und Westdeutschen ihre persönliche Lage ein?
2   Was halten die Deutschen 1999 und 2004 von ihrem politischen System? Welche möglichen Probleme sehen Sie in diesem Ergebnis?
3   Welche Ergebnisse haben Sie besonders überrascht? Welche Aussagen hatten Sie erwartet?

# Übung 17

Viele Westdeutsche beklagen die Kosten der Wiedervereinigung und die Transferleistungen, die in die ostdeutschen Bundesländer fließen. Schauen Sie sich hierzu das Schaubild an und notieren Sie sich die wichtigsten Ergebnisse in Stichwörtern. Notieren Sie sich auch Ihre Reaktion auf diese Zahlen (z.B. ob sie Ihrer Meinung nach hoch bzw. niedrig sind).

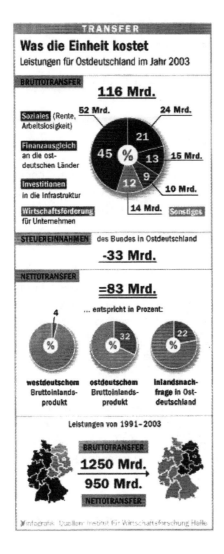

**VOKABULAR**

> *der Bruttotransfer* = transfer before taxes (to East German *Länder*)
> *der Nettotransfer* = transfer after taxes (to East German *Länder*)

## Übung 18

Schreiben Sie jetzt eine kurze Zusammenfassung zur Entwicklung des Verhältnisses zwischen Ost- und West-Deutschland seit 1999 (etwa 100–130 Wörter). Berücksichtigen Sie dabei die Transferzahlungen und was die West- bzw. Ostdeutschen über diese Zahlungen denken. Nehmen Sie auch persönlich Stellung zu diesem Thema.

# Teil 7  Schriftliche Arbeit

Zum Abschluss dieses Themas strukturieren Sie das Material für eine schriftliche Arbeit, die entweder ein Aufsatz oder auch ein Zeitungsartikel sein kann, zum Thema: „ ‚Ossis‘ und ‚Wessis‘ – Tendenzen und Entwicklungen im vereinigten Deutschland seit 1989" und analysieren einen für Sie geschriebenen Aufsatz.

## Übung 19

Schauen Sie sich noch einmal die verschiedenen Materialien und Lösungen dieses Themas in diesem Buch an und überlegen Sie, was Sie zum Thema „ ‚Ossis‘ und ‚Wessis‘ – Tendenzen und Entwicklungen im vereinigten Deutschland seit 1989" schreiben können. Notieren Sie sich die Hauptpunkte aus jeder Quelle in ungefähr einem Satz.

## Übung 20

Wenn Sie sich mit zeitgenössischen gesellschaftlichen Themen befassen, liegt es in der Natur der Sache, dass sich diese Themen weiterentwickeln. Im Fall der Einschätzung der Deutschen im Hinblick auf die Wiedervereinigung sind die Meinungen relativ gleich geblieben, wenn Sie die Umfrageergebnisse von 1999 und 2004 vergleichen. Das kann sich aber schon ein paar Jahre später geändert haben. Daher ist es immer sinnvoll, aktuelle Informationen zu suchen, die Sie in Ihre eigenen schriftlichen Arbeiten einbauen können.

1 Welche Informationsquellen bieten sich an, wenn man aktuelle Informationen zu einem Thema sucht? Notieren Sie sie sowie die möglichen Vor- und Nachteile.
2 Suchen Sie zum Thema der deutschen Wiedervereinigung mindestens zwei aktuelle Informationen aus verschiedenen Quellen und schreiben Sie sie auf.

## Übung 21

Lesen Sie jetzt den Aufsatz und bearbeiten Sie die folgenden Aufgaben auf Englisch.

1 Analysieren Sie die Struktur des Aufsatzes. Was steht in der Einleitung? Wie ist der Hauptteil aufgebaut? Was steht im Schlussteil? Wenn Sie wollen, schauen Sie sich noch einmal die entsprechenden Hinweise in der Schreibwerkstatt in den Themen 4, 5 und 6 an.
2 Unterstreichen Sie im Aufsatz mit Hilfe der Lösung von Übung 15 die Stellen, an denen Informationen aus den Quellen verwendet werden.
3 Wie werden die einzelnen Argumente miteinander verbunden? Welche sprach-

lichen Mittel werden hier verwendet? Schauen Sie sich dazu, wenn Sie wollen, noch einmal die relevanten Übungen in der Schreibwerkstatt in Thema 7 an.

4   Wie wird in diesem Aufsatz klar, dass es sich um die Meinungen anderer Personen handelt? Wie werden andere Quellen verwendet? Wie wird in diesem Aufsatz die eigene Meinung eingebracht?

## „Ossis" und „Wessis" – Tendenzen und Entwicklungen im vereinigten Deutschland seit 1989

Der Fall der Mauer im November 1989 war eines der wichtigsten geschichtlichen Ereignisse im späten 20. Jahrhundert, sowohl für die Deutschen als auch für die Welt. Die Deutschen konnten nach mehr als vierzig Jahren Teilung wieder in einem geeinten Land leben. Der Fall der Mauer symbolisierte für die gesamte Welt das Ende des Kalten Krieges und des Eisernen Vorhangs. Die alte Weltordnung mit den westlichen kapitalistischen Staaten und den sozialistischen Ostblockstaaten existierte nicht mehr und die Länder in Mittel- und Osteuropa wurden zu Demokratien mit einem freien Wirtschaftssystem. Wie aber hat sich der Fall der Mauer auf die Deutschen und vor allem auf die Ostdeutschen ausgewirkt? Diese Frage soll in diesem Aufsatz näher betrachtet werden. Dazu werden verschiedene Quellen herangezogen und analysiert. Der Schlussteil gibt einen kurzen Ausblick auf die möglichen Tendenzen und Entwicklungen in den nächsten Jahren.

„Wir sind das Volk" war der Slogan der Menschen in der DDR, der die Entschlossenheit der damaligen DDR-Bürger und -Bürgerinnen symbolisierte, ihren Staat aktiv neu zu gestalten. Sie wollten sowohl Freiheit als auch Solidarität erlangen und ein neues, anderes Gemeinwesen schaffen. Es ist umstritten, ob man die Ereignisse im Herbst 1989 als „friedliche Revolution" bezeichnen kann. Die Befürworter sind der Meinung, dass es eine friedliche Revolution gewesen sei, weil das Volk der DDR durch Demonstrationen und Proteste das sozialistische System und die Regierung zu Fall gebracht habe. Die Gegner argumentieren, dass es keine friedliche Revolution gewesen sei, weil die Veränderungen in der Sowjetunion und anderen Ostblockstaaten schon begonnen hätten, während das Volk in der DDR immer noch passiv geblieben sei. Erst als die Grenzen in den Westen offen gewesen seien, hätten sie reagiert und seien dann aus der DDR geflüchtet. Deshalb könne man nicht von einer „friedlichen Revolution" sprechen.

Im Gegensatz zur Frage der „friedlichen Revolution" ist jedoch unumstritten, dass der Fall der Mauer den Ostdeutschen Freiheit brachte. Das ist nach Auffassung des britischen Historikers Timothy Garton Ash das wichtigste Ergebnis der Wiedervereinigung, denn die Menschen in der DDR hätten in ihrem Leben eine erniedrigende und lähmende Unfreiheit erlebt.

Von dieser Unfreiheit spricht auch Helmut Schmidt in einem Artikel aus dem Jahre 1993. Er schreibt, dass die meisten ostdeutschen Bürger und Bürgerinnen in der DDR aufgewachsen seien, dort sozialisiert worden seien und kein anderes, demokratisches System kennen gelernt hätten. Die Hauptthese des Verfassers ist, dass das Zusammenwachsen der beiden deutschen Staaten kommen werde. Dieser Prozess werde aber lange dauern. Diese Ansicht spiegelt sich auch in Reiner Kunzes Gedicht „die mauer – zum 3. Oktober 1990" wider. Kunze beschreibt die Mauer in den Köpfen der Menschen, die nach dem Fall der tatsächlichen Mauer weiter bestehe. Helmut Schmidt zufolge müssten sowohl die Westdeutschen als auch die Ostdeutschen versuchen, einander besser zu verstehen, um die Integration zu beschleunigen. Einerseits müssten die Ostdeutschen versuchen, die Gefühle der Westdeutschen besser zu verstehen. Sie müssten sehen, dass die Westdeutschen direkt nach dem Fall der Mauer zu großen materiellen Opfern bereit gewesen seien. Die Regierung hätte ihnen jedoch versprochen, dass es keine Steuererhöhungen geben würde. Andererseits müssten die Westdeutschen versuchen, besser zu verstehen, wie die Ostdeutschen über ihr Leben in der DDR denken würden. Für sie gebe es auch positive Seiten, an die sie sich gern erinnern würden, z.B. die Tatsache, dass sie keine Angst vor Arbeitslosigkeit und Mieterhöhungen hätten haben müssen. Außerdem habe es viel menschliche Hilfe und Solidarität zwischen den Menschen in der DDR gegeben.

Die Ergebnisse einer Meinungsumfrage im Jahre 1999 bestätigen diese Aussagen von Helmut Schmidt teilweise. Zwar sagen die meisten Ostdeutschen, dass die Wende im Allgemeinen mehr Vorteile als Nachteile gebracht habe, aber sie sehen auch viele Veränderungen kritisch. Dazu gehören z.B. der Schutz vor Kriminalität und die Chancen der nachwachsenden Generation. Diese Ergebnisse bestätigen, was Helmut Schmidt über den langsamen Prozess des Zusammenwachsens geschrieben hat.

Die Kosten der Wiedervereinigung sind ausgesprochen hoch, zwischen 1991 und 2003 sind insgesamt 1250 Milliarden Euro in die neuen Bundesländer geflossen (während die Steuereinnahmen im Osten in dieser Zeit bei etwa 300 Milliarden Euro lagen). Diese Hilfen für Ostdeutschland werden von immerhin 37% der Westdeutschen als zu hoch angesehen, nur 5% der Ostdeutschen teilen diese Meinung. Eine Meinungsumfrage aus dem Jahre 2004 spiegelt die wachsende Unzufriedenheit der Deutschen im Osten und Westen wider. Obwohl viele Ostdeutsche noch immer sagen, dass ihre persönliche wirtschaftliche Lage besser sei als vor der Wende, sind sie dem demokratischen System gegenüber sehr kritisch eingestellt. Ein Fünftel aller Deutschen wünscht sich sogar die Mauer zurück. Ich halte vor allem das Desinteresse der Ostdeutschen an der Demokratie für ein Problem, weil diese Einstellung das Entstehen von extremistischen Gruppen und Parteien fördert, die die Demokratie abschaffen wollen. Das kann unter Umständen eine Gefahr für das politische System Deutschlands werden. Meines Erachtens nach hat Helmut Schmidt Recht, wenn er schreibt, dass das Zusammenwachsen zwei Generationen dauern wird (wie in Amerika nach dem Bürgerkrieg im 19. Jahrhundert) und es erst dann ein wirklich vereintes Deutschland geben wird.

# Lösungen

## 1 Lebensumstände

### Übung 1

(1) h; (2) g; (3) b; (4) a; (5) c; (6) d; (7) e; (8) i; (9) f

### Übung 2

Your choice will, of course, depend on what you found unusual, interesting or important, but here are some suggestions and the reasons why they were chosen.

- „Vierteljahrhundert": ein stärkeres Bild als nur 25 Jahre, denn man denkt sofort an das ganze Jahrhundert.
- „Krümel von der Tischdecke geschnippt": ein Beispiel für die Monotonie der Arbeiten einer Hausfrau.
- „geschnippt" (*to flick*): ein gutes Beispiel für Verben, die so klingen wie die Objekte, die sie beschreiben – zum Beispiel Katzen miauen, Bienen summen und Glas klirrt (Onomatopöie – Lautmalerei).
- „Hoffnung begraben": oft verwendete Metapher. Natürlich kann man Hoffnung nicht wirklich begraben, aber man gibt sie so endgültig auf, wie ein Leben bei einer Beerdigung.
- „vom Bügeleisen geträumt … das nicht ausgeschaltet war": Ein Bügeleisen ist ein ziemlich banales Thema für einen Traum. Die Mutter konnte auch im Schlaf nicht aufhören, an den Haushalt zu denken.
- „wuchs und wucherte": Beide Verben haben den gleichen Anfang (Alliteration).
- „drängte meine Mutter langsam aus dem Leben": Hier hält die Spannung bis zum Ende an. Der Satz könnte anders enden (zum Beispiel „drängte meine Mutter in ein Altersheim"). Der Krebs ist so stark, dass er sie aus dem Leben, aus dem eigenen Körper drängt.

In Übung 5 finden Sie ein Beispiel, wie Sie die unterstrichenen Ausdrücke wieder benutzen können.

---

### Biografie

Ursula Krechel wurde 1947 in Trier geboren. She studierte Germanistik, Schauspiel and Kunstgeschichte und promovierte 1972. Seitdem lebt und arbeitet die Schriftstellerin in Deutschland, Großbritannien und den USA, wo sie an verschiedenen Universitäten lehrte. Sie erhielt zahlreiche Stipendien und Auszeichnungen, so z.B. 1997 den Münchener Kinder- und Jugendtheaterpreis.

---

## Übung 3

1　„als sie schon manchmal wagte, die Beine am frühen Nachmittag übereinanderzuschlagen"

2　„als sie anfing, den Töchtern ins Gesicht zu sehen auf der Suche nach Spuren, die sie im eigenen Gesicht nicht fand"

3　„sparsamer [...] in der Liebe als eine, der das Glück in den Schoß gefallen war"

4　„als sie nicht mehr vor Angst aufwachte, weil sie vom Bügeleisen geträumt hatte, das nicht ausgeschaltet war"

5　„Als meine Mutter ein Vierteljahrhundert lang Mutter gewesen war und Frau, aber das konnte sie vergessen mit der Zeit"

6　„als sie die Hoffnung begraben hatte, einmal eine Dame in Pelz zu sein wie in den Modeheften vor dem Krieg"

---

## Übung 4

1　als

2　*when*

　„als" in „sparsamer [...] als eine, der das Glück in den Schoß gefallen war" ist keine Konjunktion und wird mit *than* übersetzt.

3　Durch die häufige Wiederholung warten Leser und Leserinnen gespannt auf das Ende. Der ganze Gedichtauszug besteht nur aus einem langen Satz: vielen Nebensätzen mit „als" und einem Hauptsatz, der den Gedichtauszug beendet („fraß sich ein Krebs ..."). Sätze, die mit „als" beginnen, berichten etwas aus der Vergangenheit. Das Ende des Gedichts wird immer weiter verzögert, weil immer neue Informationen über das Leben der Mutter hinzukommen.

4　die Konjunktionen: und, aber, weil

　die Relativpronomen: die, der

Falls Sie sich nicht sicher sind, wie Konjunktionen oder Relativpronomen verwendet werden, schlagen Sie diese Themen in Ihrem Grammatikbuch nach.

Remember to use some of these words when writing your own texts in German.

## Übung 5

Your answer might well look different, but compare it with this version.

> **Als junge Frau hatte die Mutter noch von einem elegantenLeben mit schönen
> Kleidern geträumt. Aber die Realität als Mutter und die Träume der Frau
> konnten nicht miteinander verbunden werden. Die Frau musste ihre „Hoffnung
> begraben", wie es in dem Gedicht heißt. Die Hausarbeit wurde mehr und mehr
> zur Routine und bereitete ihr keine Alpträume mehr (z.B. vom „Bügeleisen [...]
> das nicht ausgeschaltet war"). Dieses arbeitsame Leben hatte kein glückliches
> Ende, sondern endete mit dem frühzeitigen Tod durch Krebs in der
> Gebärmutter.**

Note the way in which some of the passages underlined in Exercise 2 have been integrated
into this model answer. A few carefully chosen quotations from the original can add variety
to a summary.

## Übung 6

(1) g; (2) e; (3) b; (4) a; (5) f; (6) d; (7) c

## Übung 7

1   Here are some suggestions for things you might have underlined.

- „Essen bestand aus Abfällen": ein Beispiel für die schlechte Behandlung des
  Bauernknechtes.
- „Selchfleisch": ein seltenes Wort, das in dieser Passage gleich dreimal
  vorkommt. (Lesen Sie hierzu auch die Lösung für Übung 8.)
- „das starke Gebiss": eine seltsame Art, die Gesundheit der Familie zu
  beweisen. Man denkt hierbei eher an Pferdehandel oder Viehmärkte.

2   Die Erzählerin hätte vermutlich Karl als Ehemann lieber. Die Familie (Mutter, Vater
und Großmutter) hätte vermutlich Rolf als Ehemann lieber.

## Biografie

Brigitte Schwaiger wurde 1947 in Freistadt, Österreich, geboren. Sie studierte Psychologie, Germanistik und Romanistik, wurde Schauspielerin und war für den Österreichischen Rundfunk und ein Verlagshaus tätig. Heute lebt sie in Wien und arbeitet als Schriftstellerin. Ihr Erstlingswerk „Wie kommt das Salz ins Meer" wurde zu einem sensationellen Erfolg und in mehrere Sprachen übersetzt.

## Übung 8

1   Rolf: ist anständig und tüchtig (Vater); man kann stolz auf ihn sein (Mutter); verspricht eine gutbürgerliche Verbindung (Großmutter)
2   Karl: denkt anders; von Beruf Lehrer; unterrichtet Kinder über Menschenrechte
3   Vater: mag Rolf (schenkt ihm Gummistiefel); ist vermutlich Arzt oder Tierarzt von Beruf (Bauer ist treuer Patient); isst Fleisch, das vielleicht vom Bauern stammt; geht gerne fischen und jagen
4   Mutter: sieht der Erzählerin ähnlich, kommt aus „gesunder" Familie
5   Großmutter: holt für Rolfs Besuch böhmische Kristallgläser, geklöppeltes Tischtuch und braune Fotografien hervor; ist stolz auf die Gesundheit ihrer Familie
6   Bauer: behandelt den Knecht schlecht
7   Knecht: verletzt (gebrochenes Bein), verwahrlost, unterernährt; kann keine zusammenhängenden Sätze sprechen; hat noch nie Geld gesehen

This kind of activity – looking in detail at the characters to find out more about the whole text – is very useful for texts in which the relationships between people are important.

The symbolic meaning of the word *Selchfleisch* becomes clearer when you look at the characters in this novel. There is a link between the misery of the farm hand, who sleeps in the smoked meat storage room of the farmer, who makes a living (a profit) from selling the meat to the father, who likes eating it. The farmer, finally, has been one of the father's patients for many years.

## Übung 9

Your answers will probably look different. Compare them with this version to make sure you have covered the main points.

1   Die Erzählerin möchte wahrscheinlich Karl lieber als Ehemann, weil er sozial sehr engagiert ist (Unterrichtung in Menschenrechten).
2   Die Familie mag Rolfs Anständigkeit, Tüchtigkeit und die Aussicht auf eine „gutbürgerliche Verbindung". Rolf und der Vater haben die gleichen Hobbys (Fischen, Jagen).

3   Die Zukunft ist schon entschieden. Die Familie hat bereits bestimmt, wen die Erzählerin heiraten soll. Der Termin ist schon festgelegt. Die Erzählerin bekommt einen Ehemann, der (ein bisschen) wie der Vater ist.

## Übung 10

Here are some suggestions. You will probably have chosen different items.

**Glück; Enge; Sinn im Leben; man darf nicht machen, was man will; Sicherheit und Geborgenheit; langweilige Familienfeste; Hilfe, wenn man in Not ist; langweilige oder anstrengende Familienurlaube; Menschen, auf die man sich verlassen kann; finanzielle Belastung; keine Ruhe nach einem Arbeitstag**

## Übung 11

**(1) das Erwachsenendasein; (2) die Zielstrebigkeit; (3) die Kontaktfreudigkeit; (4) die Vererbung; (5) die Veranlagung**

*Veranlagung* and *Vererbung* are very similar. *Vererbung* describes the biological process of passing on any kind of genetic information. *Veranlagung* is limited to abilities, both positive and negative, that might have been (but don't have to be) passed on genetically, e.g. being musically or mathematically gifted, as well as all kinds of personality traits.

## Übung 12

1   Richtig.
2   Richtig.
3   Falsch. Welchen Einfluss die häusliche Umgebung auf die Persönlichkeit der Kinder hat, kann man nicht beweisen. („Entwicklungspsychologen [haben] die Auswirkungen der häuslichen Umgebung auf die […] Zielstrebigkeit […] und Kontaktfreudigkeit nicht wirklich nachweisen können.")
4   Richtig.
5   Falsch. Bei Kindern von Einwanderern dominiert der Einfluss der „peers", z.B. in der Sprache. („So lässt sich dort, wo der häusliche vom außerhäuslichen Einfluss eindeutig zu unterscheiden ist, feststellen, dass sich durchsetzt, was von den „peers" kommt.")
6   Richtig.
7   Falsch. Die Begriffe „Gruppe", „Horde", „Clique" und „Rotte" stehen zwischen Individuum und Masse und werden in der modernen Gesellschaft oft nicht beachtet. („Gruppe, Horde […] sind Stiefkinder der modernen Gesellschaft, die es mehr […] mit der Massenkultur und dem Individuum hat.")

## Übung 13

1   Da ist einerseits der Einfluss der Gruppe von Gleichaltrigen und andererseits der Einfluss der Familie. Beide beeinflussen die Entwicklung der Kinder.

2   In der Gruppe werden Kinder sozialisiert. Dort finden sie ihre Nische und auch die Normen der Gesellschaft. In der Gruppe behaupten sie sich, gehen unter oder laufen mit. Dort lernen sie, erfolgreich zu sein.
    In der Familie werden Neigungen und Interessen geweckt und gefördert. Sie bekommen Zuwendung und werden gut oder schlecht versorgt, geliebt, vernachlässigt oder misshandelt.

3   Judith Harris ist der Meinung, dass die Familie Kinder glücklich oder unglücklich machen kann. Sie glaubt aber nicht, dass die Familie die Persönlichkeit der Kinder verändern kann.

## Übung 14

3   Einführung in das Thema oder Vorstellung des Buches:
    Absatz 1: „ 'Die Gruppe ist … – … auf Deutsch erschienen.“

5   Wie man bisher, traditionell, gedacht hat:
    Absatz 2: „Wir alle, Eltern … – … Menschen verantwortlich sei.“

6   Warum das, was man bisher gedacht hat, problematisch ist:
    Absatz 3: „Doch nun bestreitet … – … aus der Nachbarschaft.“

7   Zusammenfassung der neuen Ergebnisse des Buches:
    Absatz 4: „Was also, wenn … – … ein kompetentes Erwachsenendasein.“

1   Konkrete Beispiele für neue Ergebnisse des Buchs:
    Absatz 5: „Manches spricht dafür … – … Polnische zu wechseln.“

4   Mögliche Einwände von Kritikern oder was das neue Buch nicht sagt:
    Absatz 6: „Judith Rich Harris … – … wir nicht überlebt“

2   Die Meinung des Rezensenten (des Autors/der Autorin der Buchbesprechung):
    Absatz 7: „Dass Harris den … – … dem Individuum hat.“

## Übung 15

Your review will, of course, look different. Compare it with this one of Brigitte Schwaiger's book.

**Der Roman „Wie kommt das Salz ins Meer“ von Brigitte Schwaiger ist ihr Erstlingswerk und wurde zu einem sensationellen Erfolg. Er handelt von einer Frau, die sich in ihrer gesellschaftlichen Umgebung gefangen fühlt. So sagt die Erzählerin z.B. „Es gibt kein Zurück mehr“, „Rolfs Mutter und meine Eltern duzen sich schon.“ Die Frau fühlt sich von ihrer Familie gezwungen, den falschen Mann zu heiraten, und ist deshalb unglücklich. Sie träumt von Karl,**

einem Lehrer, der seinen Schülern Menschenrechte anhand von konkreten, lebensnahen Beispielen erklärt. Stattdessen muss sie Rolf heiraten.

In diesem Buch geht es um Beziehungen von Menschen untereinander. Eine Stelle ist hierzu besonders interessant. Man sieht, dass die Familie Rolf mag. Der Vater findet ihn anständig und tüchtig. Die Großmutter bereitet seinen Besuch sorgfältig vor, mit böhmischen Kristallgläsern, einem geklöppelten Tischtuch und alten Fotografien. Die Mutter findet, dass die Frau auf Rolf stolz sein kann. Aber sie selber bevorzugt trotzdem – oder gerade deshalb – Karl.

Ich persönlich finde das Buch sehr ansprechend, weil ich aus einer solchen Familie komme. Ich empfehle es Lesern und Leserinnen, die sich für zwischenmenschliche Beziehungen interessieren. Ich denke, es ist nicht geeignet für Leute, die lieber Sachbücher lesen oder die spannende Geschichten mögen.

## Übung 16

1  In der Rezension sind die „peers" der wichtigste Faktor bei der Entwicklung von Kindern. Laut dem Zeitungskommentar gibt es keine Alternative zu Vater und Mutter.

2  Der Untertitel verwendet emotionale Sprache. „Selbstverwirklichungs-Quark" ist eine abfällige Bezeichnung. Solche Ausdrücke findet man manchmal in Zeitungskommentaren, weil hier die persönliche Meinung von Autoren ausgedrückt wird.

## Übung 17

(1) f; (2) g; (3) a; (4) b; (5) i; (6) h; (7) c; (8) e; (9) d

## Übung 18

1  „Beziehungsexperimente sind Privatsache, ob Mann-Mann, Frau-Frau oder Ménage à trois."

2  „Den Segen des Gesetzgebers für derlei Experimente sollte niemand erwarten, wenn sie Kinder einschließen."

3  „Diese Biologie ist tief verwurzelt in der menschlichen Natur. Die Idee, die Mutter könnte den Ausfall des Vaters kompensieren oder eine zweite Frau könnte die Vateraufgaben übernehmen oder ein zweiter Mann könnte die Mutter ersetzen, entspringt illusionärem Wunschdenken […]."

4  „Im Sinne einer ganzheitlichen Persönlichkeit benötigt das Kind dazu das komplentäre Bindungs- und Beziehungsgefüge zur Mutter und zum Vater. Homosexuelle Partner können dieses Komplement wohl kaum leisten."

5   „In dem Dreieck von Vater-Mutter-Kind ist der Vater bereits im ersten Jahr ein ganz wichtiger so genannter Dritter [...].“

6   [der Vater], „der die Funktion hat, die symbiotische Bindung zwischen Mutter und Kind aufzulösen [...].“

7   „Vom Gelingen dieses Ablösungsprozesses [von der Mutter] hängt die lebensnotwendige Individuation zu einer eigenständigen Persönlichkeit ab.‘“

8   „[Dieser Prozess] ist im besten Fall nur in der klassischen Familie zu lösen. Wer das erkennt, muss im Sinne der Kinder gegen Rumpffamilien und homosexuelle Familien entscheiden.“

9   „Die Familie ist für die Kinder und nicht für die Selbstverwirklichungsansprüche des Paares da.“

---

## Übung 19

Your opinion will, of course, look different. Compare it with the following two versions.

1   **Die Autorin hat meiner Meinung nach Recht**. Das biologische Familienmodell ist Vater, Mutter und Kind. So war es schon immer und die biologischen Prozesse verändern sich nicht. **Ein weiteres Argument** für die traditionelle Familie **ist, dass** Kinder Rollenmodelle brauchen. Ein Sohn braucht einen Vater, eine Tochter braucht eine Mutter. Warum soll das Gesetz andere Familienmodelle erlauben? **Ich persönlich denke, dass** die traditionelle Familie die meiste Stabilität für Kinder garantiert. **Ich glaube**, dass Kinder aus anderen Familienmodellen wahrscheinlich schlechter in der Schule sind. Aber **ich weiß nicht**, ob Kinder ohne traditionelle Familie automatisch auch gewalttätig werden.

2   Christine Brinck **hat nicht Recht**. Kinder, die nicht aus traditionellen Familien kommen, sind trotzdem nicht schlechter in der Schule als andere. Ein Vater und eine Mutter sind wichtig, das stimmt. **Ich glaube aber nicht, dass** es der biologische Vater oder die biologische Mutter sein müssen. Freunde können diese Rolle auch übernehmen. **Ich weiß nicht, ob** das Kind überhaupt erkennen kann, ob der biologische Vater mit ihm spielt oder nur ein Freund aus der Wohngemeinschaft. **Ich bin der Meinung, dass** ein geordnetes Leben und Sicherheit für das Kind viel wichtiger sind. Das gibt es auch bei homosexuellen Eltern. Meiner Ansicht nach ist der Kommentar ein bisschen einseitig.

---

## Übung 20

1   „Von lesbischen Eltern erzogene Kinder [...] zeichnen sich durch besondere emotionale Stabilität aus.“

2   „Und eine Untersuchung [...] zeigt, dass sich heterosexuelle Väter die Homokollegen sogar zum Vorbild nehmen könnten.“

3   „‚Ist der Papa anders, lernen die Kinder, mit Unterschieden zurechtzukommen.‘ “

4    „Die Kinder der Million homosexuellen Eltern in Deutschland werden also, wie der Rest der Bevölkerung, zu sechs bis neun Prozent schwul oder lesbisch sein."

## Übung 21

| | |
|---|---|
| 1 | Es ist wissenschaftlich erwiesen, dass homosexuelle Menschen genauso gute Eltern sein können. („[Es] spricht nichts dagegen, dass Schwule und Lesben genauso gute Eltern abgeben. Von lesbischen Eltern erzogene Kinder, dies belegte die US-Psychologin Charlotte Patterson in mehreren Studien, zeichnen sich durch besondere emotionale Stabilität aus.") |
| 2 | wie in 1 |
| 3 | Diese Beziehungen sind keine Fantasieprodukte, sondern Realität, denn es gibt inzwischen viele, z.B. eine Million homosexueller Eltern in Deutschland. |
| 4 | Die Persönlichkeit von Kindern homosexueller Eltern entwickelt sind ausgezeichnet. „Die Kinder [homosexueller Eltern] entwickeln ein größeres Maß an Toleranz gegenüber Menschen, die sich von der Norm unterscheiden", „Die Kinder begannen, sich selbst zu definieren. Sie fragten sich: Wer bin ich? Wie bin ich?" (Dunne) |
| 5 | Die meisten homosexuellen Väter bleiben im Falle einer Scheidung mit ihren Kindern in Kontakt. („In den von Dunne untersuchten Beispielen erhielt jeder vierte geschiedene Schwule die Kinder zugesprochen. Genauso viele blieben Co-Erzieher. Und in fast allen übrigen Fällen blieben die Väter in engem Kontakt mit der Familie. Wahrscheinlich weil bereits die Partnerschaft mehr auf Freundschaft denn auf sexueller Anziehung beruhte, vermutet Dunne.") |
| 6 | wie 5 |
| 7 | wie 5 und wie 4 |
| 8 | wie 1 |
| 9 | Familien mit homosexuellen Eltern können funktionieren (siehe 1), Kinder haben manchmal davon Vorteile (siehe 4) und im Falle einer Scheidung können heterosexuelle Väter oft von homosexuellen Vätern lernen. |

Remember to write down expressions as quotations if you think you might use them as such later in your written work. You should always show that you know where your data comes from, so that your readers can judge the reliability of your argument. It also keeps you well clear of the threat of possible plagiarism, for which institutions penalise individuals severely.

## Übung 22

1

| Artikel 1 | Artikel 2 |
|---|---|
| Horst Petri, Psychoanalytiker<br><br>• Beziehungen eines Kindes sind entscheidend für seine psychische Entwicklung<br>• „Vom Gelingen dieses Ablösungs-prozesses hängt die lebensnotwen-dige Individuation zu einer eigenständigen Persönlichkeit ab" | Charlotte Patterson, Psychologin, USA<br><br>• Homosexuelle Eltern genauso gut wie heterosexuelle<br>• Kinder von lesbischen Eltern emotional besonders stabil<br><br>Gill Dunne, Soziologin, London School of Economics<br><br>• Homosexuelle Väter als Vorbild für heterosexuelle Väter<br>• Bei Scheidung/Trennung:<br>  • 25% homosexueller Väter behalten Kinder<br>  • 25% homosexueller Väter bleiben Co-Erzieher<br>  • die übrigen Väter bleiben in engem Kontakt<br>• Grund: Vielleicht weil Partnerschaft auf Freundschaft basiert, nicht auf sexueller Anziehung<br>• Kinder entwickeln „größeres Maß an Toleranz"<br>• Kinder suchen eigene Identität. „Wer bin ich?" |

2 Der zweite Text enthält mehr Zitate, d.h. mehr konkrete Beweise, als der erste. Im ersten Text wird eher die persönliche Meinung der Autorin ausgedrückt.

Sowohl in Kommentaren als auch in informativen Artikeln werden häufig Experten zitiert, um die Meinung der Autoren zu unterstützen. In Kommentaren ist es aber manchmal schwierig zu entscheiden, welche Informationen von Experten stammen und welche vom Autor selber. So kann man in Artikel 1 nur bei den zwei Sätzen, die das Wort „schreibt" enthalten, klar sehen, dass sie von Petri stammen. Die anderen Sätze könnten sich auf sein Buch beziehen, aber dies ist nicht klar zu sehen.

Remember to write down expressions as quotations if you think you might use them as quotations later in your essay.

## Übung 23

Here are two alternative versions of possible letters to the editor. Yours will, of course, look different. Compare it with the ones provided. Phrases for the expression of personal opinions (Übung 19) have been underlined to provide you with further examples of how they are used.

### Positive Reaktion

Mit großem Interesse habe ich den Artikel „Schwuler Papa, guter Papa gelesen". Ich war begeistert, denn es ist gut, einmal konkrete Forschungsergebnisse zu diesem komplexen Thema zu sehen. <u>Ich</u> persönlich bin der <u>Auffassung, dass</u> man die neuen Beziehungsmodelle (z.B. homosexuelle Eltern) vor Kindern nicht verstecken sollte.

Als <u>Argument gegen</u> die neuen Familienmodelle wird oft angebracht, dass Kinder einen Vater und eine Mutter brauchen, um ihre Persönlichkeit voll und ganz zu entwickeln. Ich persönlich denke, dass sich die Persönlichkeit von Kindern homosexueller Eltern ganz ausgezeichnet entwickelt. <u>Urs Willmann hat Recht</u>, dass diese Kinder z.B. „ein größeres Maß an Toleranz gegenüber Menschen, die anders sind" entwickeln müssen. <u>Ein weiteres Argument für</u> die Aktzeptanz homosexueller Väter ist auch, dass sich diese im Fall einer Trennung, die heute leider häufig Realität ist, oft besonders gut um ihre Kinder kümmern. <u>Ich persönlich denke</u>, dass man die Augen nicht vor den Entwicklungen der Gesellschaft verschließen und so tun kann, als gäbe es sie nicht. Damit hilft man Kindern auf keinen Fall.

### Negative Reaktion

Mit Entsetzen habe ich den Artikel „Schwuler Papa, guter Papa gelesen". Ich war sehr enttäuscht, dass dieser Artikel egoistische Beziehungsexperimente verteidigt, auch wenn Kinder hiervon betroffen sind. <u>Meiner Ansicht nach</u> ist es nicht fair, die Kinder den egoistischen Selbstverwirklichungsansprüchen der Eltern zu opfern. Vielleicht <u>hat der Autor Recht, dass</u> Kinder homosexueller Eltern nicht unbedingt auch homosexuell werden. <u>Ich glaube</u> aber, <u>dass</u> ein Kind Vater und Mutter braucht, um seine Persönlichkeit zu entwickeln. Horst Petri sagt z.B., dass der erfolgreiche Ablösungsprozess des Kindes von der Mutter eine wichtige Basis für „die notwendige Individuation zu einer eingenständigen Persönlichkeit" ist. Der Vater ist zu dieser Zeit der wichtige Ersatz für die Mutter. <u>Ich persönlich denke, dass</u> das Kind hierfür einen Vater und keine zweite Mutter braucht. <u>Ich glaube</u> außerdem, dass <u>Urs Willmann Unrecht hat</u>, wenn er sagt, dass sich die Kinder einer homosexuellen Familie selbst definieren können. <u>Meiner Meinung nach</u> brauchen Kinder hierfür klare und einfache Strukturen und keine komplizierten Familienbeziehungen.

# 2 Welt der Arbeit

## Übung 1

The author wrote „*Ich möchte glücklich werden*".

You will probably have written something else, for example, *Pilot, Fotomodell, Mechaniker*, etc. The author's answer is unusual; you would normally expect an actual job title or profession to be the answer to the question: „*Was willst du werden?*"

*Werden* has a variety of functions in German. It is used

- to form the future tense (*werden* + infinitive):

  **Wir werden Ihnen die Bewerbungsunterlagen zuschicken.**

- to form the passive (*werden* + past participle):

  **In den letzten zwei Monaten sind bereits über 100 Arbeiter entlassen worden.**

- to form the *Konjunktiv* II (*würde/n* + infinitive):

  **Wenn ich einen besseren Job hätte, würde ich mehr Geld verdienen.**

- as a verb on its own ('to become'):

  **Ich möchte glücklich werden. Ich möchte Pilot werden.**

---

### Biografie

Liselotte Rauner wurde 1920 in Bernburg (an der Saale) geboren und lebt seit 1948 in Wattenscheid im Ruhrgebiet. Sie absolvierte eine kaufmännische Lehre und nahm Gesangs- und Schauspielunterricht. Seit 1969 arbeitet sie als freiberufliche Schriftstellerin. Sie schreibt u.a. Gedichte, Liedertexte, Epigramme und Kurzprosa. Außerdem ist sie Gründungsmitglied des „Werkkreis Literatur der Arbeitswelt" (working group for the literature of the world of work) und wurde 1985 in den Internationalen PEN-Club gewählt.

---

## Übung 2

There are, of course, different ways of interpreting this poem. Here are some possible answers.

1  Vielleicht sah der Vater unglücklich aus, weil er glaubt, dass sein Kind unrealistisch und verträumt ist. Es ist auch möglich, dass er deshalb Angst hatte, sein Kind würde im Leben keinen beruflichen Erfolg haben.

2   Wahrscheinlich waren alle zufrieden, weil das Kind schließlich einen „vernünftigen" Beruf gewählt und genug Geld verdient hat.

3   Ich denke, die Erzählerin selbst war wahrscheinlich nicht zufrieden, denn sie schreibt nur über die anderen Leute, die schließlich mit ihr zufrieden waren. Wir erfahren nicht, wie sie sich selbst fühlt.

4   Das Gedicht wurde wahrscheinlich in der Ich-Form geschrieben, um zu zeigen, dass es um die Erzählerin geht. Sie steht im Mittelpunkt. Der Vater und die anderen kennen die Erzählerin vielleicht nicht gut genug. Sie können ihre Wünsche nicht verstehen. Vielleicht ist das Gedicht auch autobiografisch.

## Übung 3

Some of the following ideas might have occurred to you.

**gutes Einkommen; Freude an der Arbeit; nette Kollegen; Karriere machen; Zufriedenheit; gute Arbeitsatmosphäre; abwechslungsreiche Tätigkeit; interessante Aufgaben; sichere Zukunft**

## Übung 4

Again, this poem can be understood in different ways. Here are some possible answers.

1   Die Veränderung des Pronomens zeigt, dass es unterschiedliche Arbeiter und Arbeiterinnen gibt, die aber alle die gleiche Arbeit erledigen. Die Monotonie dieser Arbeit wird durch die Wiederholung in jeder Zeile verdeutlicht. In allen Fällen ist das Pronomen das Subjekt des Satzes.

2   „Es" bezieht sich auf das Fließband, das zum Subjekt des letzten Satzes wird. Die Arbeiter und Arbeiterinnen werden somit zum Objekt des Satzes („ihnen"). Das Fließband nimmt Einfluss auf sie.

3   Die letzte Zeile bedeutet wahrscheinlich, dass das Fließband bzw. die Arbeit am Fließband die Leute langsam zermürbt.

### Biografie

Ingrid Kötter, geboren 1934, ist heute Hausfrau und Autorin und lebt in Berlin. Sie schreibt Fernsehdrehbücher, Hörspiele, Lyrik und Romane für Kinder und Jugendliche und war Koproduzentin von Programmen für Kinder im Vorschulalter.

## Übung 5

When using a spider diagram, you randomly collect ideas and associations, which can be triggered by a word, several words, a picture or a topic. Your spider diagram will probably look different. Here are some of the characteristics that might be expected from someone working on an assembly line.

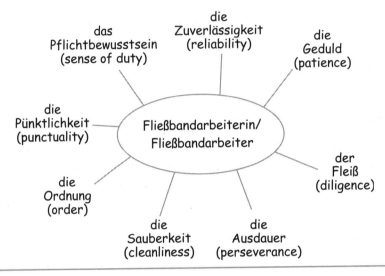

## Übung 6

The main ideas could be summarised as follows.

**Der Arbeiter (Nummer 36) weiß genau, was die Firma von ihm erwartet, so dass die Arbeit reibungslos abläuft. Er akzeptiert diese Forderungen, ohne sie zu hinterfragen, obwohl sie ihm seine Rechte als Person nehmen. Erst wenn die Arbeit zu Ende ist, ist er keine Nummer mehr, sondern wieder Mensch.**

## Übung 7

Compare your choice with this version and see if you have covered similar points.

1   Sicherheit: Wenn die Arbeiterinnen und Arbeiter die Sicherheitsvorschriften beachten, schützen sie sich selbst und ihre Kolleginnen und Kollegen vor Unfällen.
2   Sorgfalt: Wenn sie sorgfältig arbeiten, machen sie weniger Fehler.
3   Ordnung: Sie erleichtert die Arbeit und kann daher zu höherer Leistung und möglicher Produktionssteigerung führen.
4   Pünktlichkeit: Nur wenn alle Arbeiterinnen und Arbeiter pünktlich sind, verläuft der Arbeitstag reibungslos.
5   Zuverlässigkeit: Als Arbeitgeberin bzw. Arbeitgeber muss ich mich auf die Arbeiterinnen und Arbeiter verlassen können.

## Übung 8

Compare your answers with these.

1  (a)  Der Arbeiter wird nur mit einer Nummer bezeichnet, das macht ihn anonym. Außerdem werden die wünschenswerten Eigenschaften eines Fabrikarbeiters bzw. einer Fabrikarbeiterin einfach monoton aufgelistet. Es wird nur distanziert und theoretisch von diesen Eigenschaften gesprochen und nicht von den Persönlichkeiten der Arbeiter und Arbeiterinnen selber. Dadurch wird der Eindruck von Anonymität verstärkt.

   (b)  Die Regeln (Betriebsordnung) am Schwarzen Brett, die auch der Betriebsrat unterschrieben hat, wurden von allen Arbeitern und Arbeiterinnen akzeptiert. Man sieht sie als uniforme Gruppe, nicht als einzelne Persönlichkeiten.

2  Sobald die Arbeit beendet ist (Verwendung des Kartensteckers), wird aus Nummer 36 wieder ein Mensch („Nummer 36 bleibt in der Öffnung des Kartensteckers zurück."). Um dies zu verdeutlichen, wird aus dem Pronomen „sie" für „die Nummer", „er" für „den Arbeiter".

## Übung 9

Here are some suggestions for the main branches of your mind map.

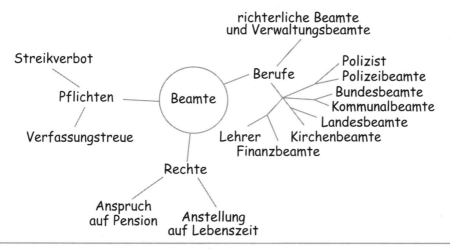

## Übung 10

The key message of the text is that the officials all dress formally and in a similar way, are polite and punctual, but also pedantic and a little mercenary (their thoughts dwell on payday and the lottery). Even though they do not love their work, they are reliable and gain pleasure from showing off their knowledge. They retain some individuality, but it emerges only after they have left work.

---

### Biografie

Peter Bichsel, 1935 in Luzern (Schweiz) geboren, studierte Pädagogik in Solothurn und arbeitete von 1955 bis 1968 als Grundschullehrer. Er war zeitweise als Schriftsteller tätig, kehrte dann aber in den Schuldienst zurück. Nach 1973 arbeitete er als Journalist, Dozent und manchmal als Berater eines Bundesratsmitgliedes (Bundesrat = Schweizer Regierung). Er schreibt regelmäßig Artikel für die Zeitung „Züricher Tagesanzeiger" und ist Mitglied der Deutschen Akademie für Sprache und Dichtung.

---

## Übung 11

These are further examples of what could be seen as exaggerations.

- „… immer zur gleichen Zeit, immer um zwölf Uhr."
- „[…] sie tragen alle Hüte."
- „Sie bewegen sich heimwärts und fürchten, das Pult nicht geschlossen zu haben."
- „Beim Mittagessen fürchten sie sich vor dem Rückweg, […]"

„…*jeder dem nächsten die Tür haltend, […]"* refers to the custom of holding the door open for other people. This is usually an expression of normal politeness, but here it could be interpreted as an exaggeration.

„Sie haben Stempel [...]": documents (anything from birth certificates and passports to school reports and marriage certificates) have to be rubber-stamped by an official, who also sometimes attaches a Stempelmarke (a bit like a postage stamp) to the document.

## Übung 12

You might have answered this question differently. Compare your answer with the following version.

**Sowohl Fabrikarbeiter als auch Beamte werden bei der Arbeit von den Autoren als anonyme, uniforme Gruppe dargestellt. Keine der beiden Gruppen mag ihre Arbeit, aber die Beamten fühlen sich überlegen und sind stolz auf ihre Kenntnisse der Bürokratie. Mitglieder beider Gruppen werden erst wieder zu unabhängigen Menschen, wenn Sie ihre Arbeit verlassen, abends oder während der Freizeit. Nach Ansicht der Autoren sind sich die Fabrikarbeiter dieser Veränderung bewusst, während die Beamten sie aber nicht bemerken.**

## Übung 13

Compare your answers with the following suggestions.

(a)   was, wie, wer, wann, wo, warum/wieso, wie viel, wie viele, welche

(b,c) Was ist eine Ich-AG? = Hilfspaket, mit dem sich Arbeitslose selbstständig machen können

Wie gründet man eine Ich-AG? = keine Antwort

Wer darf eine Ich-AG gründen? = Arbeitslose, ABM-Beschäftigte, Kurzarbeiter

Wann darf man eine Ich-AG gründen? = keine Antwort

Seit wann gibt es Ich-AGs? = seit der Hartz-Kommission (= 2002)

Wo gibt es Ich-AGs/Wo darf man eine Ich-AG gründen? = (nicht im Text, aber implizit, weil es eine deutsche Website ist) in Deutschland

Warum gründen Menschen eine Ich-AG? = keine Antwort

Warum gibt es Ich-AGs? = Staat hofft auf eine Existenzgründerwelle

Wie viele Ich-AGs gibt es? = keine Antwort

Wie viel Geld bekommt man? = anfangs 600 Euro, im zweiten Jahr 360 und im dritten 240 Euro monatlich

Wie lange bekommt man das Geld? = maximal drei Jahre lang; solange der Gründer mit seinem Einkommen unter 25.000 Euro im Jahr liegt

## Übung 14

| Name | Ich-AG-Idee | frühere Arbeit | Grund für die Gründung einer Ich-AG | Statistische Informationen |
|------|-------------|----------------|-------------------------------------|----------------------------|
| Karen Christine Anger mayer | Freie Schreib-trainerin und Texterin | Produktions-assistentin | verlor ihren Job<br><br>Selbstständigkeit war ein Traum | eine der ersten Ich-AGlerinnen bundesweit |
| Jennifer Heiman | Blumenladen | Floristin | wäre arbeitslos geworden<br><br>Chefin hat Geschäftsüber-nahme angeboten | eine der ersten Ich-AGlerinnen, die ein Geschäfts-konzept vorlegen musste |

## Übung 15

| Vorteile der Selbstständigkeit | Nachteile/Gefahren der Selbstständigkeit |
|---------------------------------|-------------------------------------------|
| • man kann sich seinen Tag einteilen<br>• Arbeit, die einem Spaß macht | • man hat zu wenig Vorwissen (Marketing, PR usw.)<br>• mangelnde Kenntnis der Geschäftslage<br>• man muss auch abends und am Wochen-ende arbeiten<br>• man kann pleite gehen |

## Übung 16

(1) g; (2) h; (3) a; (4) i; (5) b; (6) d; (7) e; (8) f; (9) c

## Übung 17

Here is a completed version of the questionnaire filled in by someone able to give positive answers to all the questions.

1 Ja, weil ich als Student in den Sommerferien in einem Spielzeugladen gearbeitet habe.
2 Ja, denn ich bin Abteilungsleiter, also bereits für die Arbeit eines Teams verantwortlich.
3 Ja, denn ich habe Betriebswirtschaft studiert.

4 Sicher, da ich alle Bereiche eines Unternehmens kennen lernen wollte, habe ich auch in unserer Vertriebsabteilung gearbeitet.

5 Natürlich, denn ich möchte mich weiterentwickeln und bin deshalb auch bereit, mehr als 60 Stunden pro Woche zu arbeiten.

6 Selbstverständlich. Meine Familie weiß, dass ich erfolgreich sein möchte.

7 Das ist kein Problem für mich. Mein Vater war Unternehmer und ich habe von ihm gelernt, risikofreudig zu sein.

8 Ja. Ich achte auf meine Gesundheit und treibe regelmäßig Sport.

9 Ja, denn ich habe gelernt, durch Meditation und autogenes Training mit Stress umzugehen. Probleme sind Herausforderungen für mich, die man lösen kann.

10 Sicher. Das entspricht ganz meinem Arbeitsstil in meiner jetzigen Position.

11 Ich bin finanziell abgesichert, weil ich das Vermögen meines Großvaters geerbt habe.

12 Ja. Meine Partnerin/Mein Partner ist ebenfalls berufstätig.

13 Ja, denn meine eigene Firma ist mein Lebenstraum. Er kann nie zum Alptraum werden. Seit meiner Kindheit möchte ich ein eigenes Geschäft.

Note the word order after *da*, *weil* and *denn*.

In newspapers and magazines, questionnaires are usually followed by an analysis of the result. Here is a made up version for the questionnaire in Exercise 17.

## Auswertung

**12–13 Ja-Antworten**: Sie sind der ideale Unternehmertyp! Ihre umfangreiche Erfahrung, Ihre Einsatz- und Risikofreudigkeit zusammen mit Ihrer optimistischen Lebenseinstellung werden Ihnen den Erfolg sichern.

**9–11 Ja-Antworten**: Sie erfüllen viele Vorbedingungen für eine erfolgreiche Unternehmer-laufbahn. Denken Sie jedoch daran, dass auch Sie von anderen Leuten lernen können.

**5–8 Ja-Antworten**: Bevor Sie sich selbstständig machen, überlegen Sie sich genau, ob Sie bereit sind, den damit verbundenen Stress und das Risiko auf sich zu nehmen.

**0–4 Ja-Antworten**: Sie sollten auf keinen Fall ein eigenes Unternehmen gründen. Sie werden auf anderen Wegen mehr Erfolg und Zufriedenheit bei der Arbeit finden.

## Übung 18

Compare these notes for two possible ideas with your own.

1 **persönliche Daten**: 25 Jahre alt, Lehre zur Industriekauffrau, drei Jahre Berufser-fahrung, nach Firmenauflösung nun arbeitslos

**Ich-AG-Idee**: Internet-Café in Heimatstadt gründen

**persönliche Eignung**: Geschäftserfahrung, Interesse an Computern, Vater mit Computergeschäft, Ortskenntnis

**Wünsche**: Rückkehr in Heimatstadt, Internet-Café Treffpunkt für junge Leute

**mögliche Gefahren**: Konkurrenz durch andere Internet-Cafés, hohe anfängliche Investitionen und auch weiterhin, Reparaturen, viel Arbeit, lange Öffnungszeiten

2 **persönliche Daten**: bisher Hotel am Nordpol geführt, bankrott gegangen

**Ich-AG-Idee**: kleine Pension auf dem Mond

**persönliche Eignung**: bisher Hotel am Nordpol geführt, bankrott gegangen, Science-Fiction-Fan

**Wünsche**: gern einsam leben, Abenteuer, Lebewesen aus anderen Welten kennen lernen

**Chancen**: Geschäft mit Zukunft, Sponsoren

**mögliche Gefahren**: Finanzierung, bisher keine Marktanalyse, teure Versicherung

---

## Übung 19

Here are two examples of what you could have written using notes from Exercise 18. Your own text will, of course, be different, but might contain similar ideas.

1

Ich bin 25 Jahre alt und seit kurzem arbeitslos. Ich habe eine abgeschlossene Ausbildung zur Industrie-Kauffrau und danach noch drei Jahre Berufserfahrung. Seit meiner Ausbildung wohne ich in Süddeutschland, weil ich nur dort eine Stelle finden konnte. Nun machte aber die Firma, bei der ich angestellt war, leider vor zwei Monaten bankrott und ich wurde entlassen. Deshalb möchte ich in meine Heimatstadt im Ruhrgebiet zurückkehren und dort als Ich-AG ein Internet-Café gründen.

Meine Heimatstadt ist eine kleine Großstadt. Es gibt dort zwar schon ein Internet-Café, aber das ist in einem Wohngebiet und weit vom Zentrum entfernt. Ich möchte mein Café ganz in der Nähe des Zentrums gründen. In der Gegend gibt es im Moment noch preiswerte Ladenlokale zu mieten, wenn man sie selber renoviert.

Ich halte mich persönlich für sehr geeignet, diese Ich-AG zu gründen. Durch meine Ausbildung habe ich schon Erfahrung im Geschäftswesen, kann z.B. meine Bücher selber führen und kenne mich mit Marketingfragen aus. Ich interessiere mich sehr für Computer, kenne alle neuen Geräte, die auf den Markt kommen, und verbringe einen Großteil meiner Freizeit damit, kaputte Geräte zu reparieren, die neueste Software auszuprobieren oder im Internet zu surfen.

Natürlich bringt diese Idee auch Nachteile und Gefahren mit sich. Zuerst muss man bei einem Internet-Café gleich am Anfang viel in die Technik investieren und braucht auch immer wieder neue Geräte. Ich denke aber, dass ich mich gut auskenne. Ich weiß, was ich brauche, und durch meine gute Kenntnis kann ich viel selbst installieren oder auch reparieren. Um Erfolg zu haben, braucht das Internet-Café lange Öffnungszeiten. Aber erstens habe ich immer Lust, mit Computern zu arbeiten und zweitens hoffe ich, dass das Café ein Treffpunkt für die jungen Leute der Stadt wird, d.h. ich sehe meine Freunde abends, auch wenn ich arbeiten muss.

Ich glaube, mit Hilfe des Ich-AG-Konzepts hat mein Internet-Café gute Chancen, erfolgreich zu sein.

2

Ich bin 45 Jahre alt und möchte gerne in den nächsten Jahren als Ich-AG eine kleine Pension auf dem Mond eröffnen. Ich persönlich bin wunderbar geeignet, diese Pension zu führen, denn ich habe schon ausreichend Erfahrung mit Touristenunterkünften an ausgefallenen Standorten. So habe ich bisher nämlich ein Hotel am Nordpol geleitet. Wegen der Schmelze der polaren Eisschicht wurde mein Hotel leider im letzten Sommer auf einer Eisscholle davongeschwemmt und nun bin ich arbeitslos. Ich lebte gern in einer einsamen und abenteuerlichen Umgebung und möchte wieder in so eine Gegend zurückkehren.

Ich persönlich bin davon überzeugt, dass es sich hierbei um ein Geschäft mit Zukunft handelt. Schon vor einigen Jahren ist der erste Tourist zum Mond geflogen, also kann es nicht mehr lange dauern, bis andere nachziehen wollen. Auf diesen Zeitpunkt muss man vorbereitet sein. Der Mond ist doch das einzige noch vollkommen unerschlossene und gleichzeitig sichere Urlaubsziel für die Erdbewohner und Erdbewohnerinnen. Man kann sich in der totalen Ruhe dort ausruhen und den einzigartigen Ausblick auf die Mondlandschaft und die Erde genießen. Außerdem trifft man nur ausgewählte Mitreisende an, weil sich andere die Reise an dieses Ziel nicht leisten können. Am Nordpol gab es immer Probleme, weil Eisbären die Touristen anfielen. Aus diesem Grund habe ich diesmal den Mond ausgewählt, weil es dort keine (wilden) Tiere gibt.

Die Pension eignet sich ausgezeichnet als Ich-AG, denn ich brauche keine Angestellten. Wegen der hohen Anreisekosten erwarte ich anfangs nur ca. einen Gast pro Jahr, den ich natürlich ohne Weiteres alleine bewirten kann. Die Einnahmen werden aber trotzdem ausreichen, denn diejenigen, die ihren Weg zu mir finden, werden für den exklusiven Standort gut bezahlen. Es ist natürlich möglich, dass die Versicherung für eine Pension in dieser uner-schlossenen Gegend etwas höher als üblich ist. Ich bin mir aber sicher, dass der ausgefallene Standort Sponsoren anziehen wird. Viele Firmen werden investieren, weil dies für sie die perfekte Publicitykampagne ist.

Ich bin fest davon überzeugt, dass mein Mondhotel genauso ein Erfolg wird wie mein Nordpolhotel.

## Übung 20

1 Richtig.
2 Richtig.
3 Falsch. Der Tourist ist aufdringlich. Er legt eine Zigarette in die Hand des Fischers, will ihm Feuer geben, er tut einfach zu viel, ist zu hastig.
4 Falsch. Der Tourist glaubt, dass der Fischer nicht arbeitet, weil er krank ist, aber der Fischer ist gesund und fühlt sich großartig.
5 Richtig.
6 Richtig.
7 Falsch. Der Tourist erklärt dem Fischer, was er machen könnte, um erfolgreich zu sein.
8 Richtig.
9 Falsch. Der Fischer ist mit seinem Leben sehr zufrieden, denn er hat Zeit, das zu machen, was er will.
10 Falsch. Der Tourist sieht, wie zufrieden der Fischer mit seinem Leben ist, und ist ein bisschen neidisch.

## Übung 21

Your notes might look like these.

*Fischer*: ist ärmlich gekleidet, döst, ist schläfrig, fühlt sich großartig (fühlt sich fantastisch), ist athletisch gebaut, taut langsam auf, findet die Besorgnis (Kümmernis) des Touristen rührend, hört dem Touristen zu (er nickt, schüttelt den Kopf).

*Tourist*: ist schick angezogen, fotografiert gern, ist aufdringlich, redet viel, wird immer nervöser, ist am Wohl des Fischers interessiert, wird immer unglücklicher, mischt sich in die Angelegenheiten des Fischers ein, gibt ihm Ratschläge (mit Begeisterung), ist erregt, ist nachdenklich und ein bisschen neidisch.

As in Schreibwerkstatt *Thema* 1, *Übung* 8, this kind of activity – looking in detail at the characters to find out more about the whole text – is very useful for texts in which the relationship between people is important.

## Übung 22

These are the sentences you should have underlined.

Futur:

„Sie werden heute einen guten Fang machen."
„Sie werden also nicht ausfahren?"

Passiv:

„**Zigaretten werden in Münder gesteckt [...]**"

Konjunktiv:

„**[...] sie würden drei, vier, fünf, vielleicht gar zehn Dutzend Makrelen fangen [...]**"

„**Sie würden**", fährt der Tourist fort, [...] **wissen Sie, was geschehen würde?**"

„**Sie würden sich in spätestens einem Jahr einen Motor kaufen können, [...] oder dem Kutter würden Sie natürlich mehr fangen – eines Tages würden Sie zwei Kutter haben, Sie würden ... [...] Sie würden ein kleines Kühlhaus bauen [...]**"

Die Sätze im Konjunktiv beschreiben eine mögliche Situation. Hier spekuliert der Erzähler, was passieren würde, wenn der Fischer öfter ausfahren und härter arbeiten würde.

---

## Übung 23

Your answers will probably be different. Compare them with these to see whether you have covered similar points.

1   Arbeit macht glücklich, wenn sie nicht monoton oder langweilig ist, wenn man dabei ein Mensch bleiben kann und nicht eine anonyme Nummer wird. Ein gutes Einkommen und eine abwechslungsreiche Tätigkeit mit netten Kolleginnen und Kollegen machen ebenfalls glücklich. Das Arbeitsklima ist auch sehr wichtig. Es ist schön, wenn die Atmosphäre locker und ungezwungen ist und es nicht hektisch ist bei der Arbeit. Außerdem soll Zeit für das Privatleben bleiben. Man muss also klar zwischen Arbeit und Freizeit unterscheiden können.

2   Als Kind wollte ich unbedingt berühmt werden. Ich wollte Schauspieler/in oder Sänger/in werden. Ich hatte die Vorstellung, viel zu reisen und andere Länder und Menschen kennen zu lernen. Ich wollte einen abwechslungsreichen Beruf, der nie langweilig wird. Ich träumte von den bekannten Opernhäusern und Theatern in Paris, Mailand und Moskau. Außerdem wollte ich viel Kontakt mit Menschen haben. Natürlich wollte ich erfolgreich sein, eine Karriere haben und auch viel Geld verdienen. Ich sah mich immer lachend und glücklich.

---

## Übung 24

Your notes will probably be different. Compare them with these to see whether you have chosen similar points.

*Einkommen*: **gutes Einkommen wichtig, sichere Zukunft**

*Arbeitsplatz*: **Fließband, Amt, für viele langweilig und monoton (bleiben anonym)**

*Arbeitgeber*: stellt Forderungen und Regeln für Arbeitnehmer auf; eigener Arbeitgeber mit Selbstständigkeit

*Arbeitsklima*: gute Arbeitsatmosphäre, nette Kollegen und Kolleginnen, abwechslungsreiche Tätigkeit, interessante Aufgabe sind wichtig für gute Arbeitsatmosphäre

Aber: Fabrikarbeiter, Beamte – monoton, anonym

*Selbstständigkeit*: für einige motivierend und interessant, ein Traum; für andere stressig (viel zu tun, wenig Freizeit), beunruhigend

*Alternativen*: Selbstständigkeit, aber nur so viel arbeiten, wie man zum Leben braucht (Fischer in „Anekdote zur Senkung der Arbeitsmoral")

---

## Übung 25

This is an example of what you could have written using some of the points from *Übung* 24. Your own essay will, of course, be different, but will probably contain similar ideas.

### Arbeiten um zu leben oder leben um zu arbeiten?

Warum arbeiten wir eigentlich? Ist es nur, um unseren Lebensunterhalt zu verdienen, oder suchen wir mehr? Selbstverständlich ist ein gutes Einkommen wichtig, denn das Leben kostet Geld. Aber nicht alle denken nur an das Gehalt und eine sichere Zukunft. Für manche sind der Spaß bei der Arbeit und nette Kolleginnen und Kollegen noch wichtiger.

Es wird allgemein akzeptiert, dass das Arbeitsklima einen großen Einfluss auf den Menschen und seine Leistung hat. Dazu gehören neben einer entspannten, freundlichen Arbeitsatmosphäre auch eine abwechslungsreiche Tätigkeit mit interessanten Aufgaben. Auch das Verhältnis zum Arbeitgeber ist hierbei wichtig, denn er/sie bestimmt die Regeln für die Arbeit, die die Arbeitenden respektieren müssen.

All das ist natürlich anders, wenn man sich selbstständig macht. So übernimmt man selbst die Verantwortung des Arbeitgebers und kann die Regeln der Arbeit bestimmen. Allerdings ist die viele Verantwortung auch stressig. Viele arbeiten sieben Tage die Woche von morgens bis nachts, um erfolgreich zu sein. Es bleibt so gut wie keine Zeit für ein Privatleben und zwischen Arbeit und Freizeit gibt es meist keinen Unterschied mehr. Die Arbeit ist eine ständige Herausforderung. Manche brauchen das, um motiviert zu sein. Sie leben, um zu arbeiten. Aber es geht auch anders. Es wäre möglich, nur so viel zu arbeiten, wie man zum Leben braucht, wie z.B. der Fischer in Bölls „Anekdote zur Senkung der Arbeitsmoral". Doch es ist fraglich, ob dies in der modernen Arbeitswelt akzeptabel ist.

Leider ist der Arbeitsalltag nicht immer die Erfüllung eines Traums. Für manche ist er langweilig und monoton. Sie arbeiten am Fließband oder hinter einem Schalter in einem Amt. In ihrer Firma bleiben sie anonym und verlieren deshalb das Interesse an ihrer Arbeit. Sie werden erst am Feierabend wieder zu Menschen und arbeiten im Grunde nur, um zu leben.

Eine Arbeit dagegen, die prickelnd ist wie Champagner, ist natürlich etwas Wunderbares. Aber nicht alle brauchen ständige Adrenalinstöße. Sie wollen nicht auf ihre Freizeit verzichten. Die meisten suchen einen Mittelweg, eine interessante, abwechslungsreiche Tätigkeit mit netten Kolleginnen und Kollegen. Sie suchen eine Arbeit, die gut bezahlt wird und Zeit für ein Privatleben lässt.

# 3 Umweltfragen

## Übung 1

Your answers will probably be different. Here is one possible version.

Ich nehme an, das FÖJ ist eine Art Umweltprogramm für junge Leute. Somit sind sie nicht ganz ohne Beschäftigung, während sie eine Arbeitsstelle suchen. Es soll diesen Leuten wahrscheinlich helfen, die für sie passende berufliche Richtung auszuwählen. Es könnte sein, dass sie z.B. Strände säubern oder Bäume pflanzen, um einen Beitrag zum Umweltschutz zu leisten.

## Übung 2

Your own observations will be different. Here is a comparison of the predictions stated in Exercise 1 and the content of the brochure.

Das FÖJ ist tatsächlich ein Umweltprogramm für junge Leute. Sie sind zwischen 16 und 27 Jahre alt (*„für junge Leute zwischen 16 und 27 Jahren"*).

Die Broschüre sagt nicht, dass es darum geht, junge Leute zu beschäftigen, sondern sie zu bilden und umweltbewusst zu machen (*„weckt Verständnis für ökologische Zusammenhänge, Freude an der Natur und die Bereitschaft, sich für den Umweltschutz zu engagieren"*).

Es geht aber schon darum, ihnen bei der Wahl ihrer beruflichen Richtung zu helfen (*„zur Unterstützung bei persönlichen Fragen der Lebens- und Zukunftsplanung"*).

Es wird nicht genau gesagt, was die jungen Menschen arbeiten, sondern eher allgemein, wo sie beschäftigt sein werden. (*„besteht aus abwechslungsreichen*

***Tätigkeiten in Einrichtungen des Natur- und Umweltschutzes oder der Umwelt-bildung"*)

Zusätzliche Informationen:

- wie man für das FÖJ bezahlt wird (*„bietet den Teilnehmenden Taschengeld, Unterkunft und Verpflegung"*)
- dass man an Seminaren teilnimmt (*„beinhaltet fünf einwöchige Seminare zum Erfahrungsaustausch, zur Umweltbildung und zur Unterstützung bei persönlichen Fragen der Lebens- und Zukunftsplanung"*)
- wer das FÖJ in Bayern organisiert (JBN, EJB, BDKJ)

---

## Übung 3

2   *range of activities* = das Tätigkeitsspektrum
*area of work* = der Aufgabenbereich
*environmental authority* = die Umweltbehörde
*forestry office* = das Forstamt
*educational institution* = die Bildungseinrichtung/die Bildungsstätte
*support work* = die Hilfstätigkeit
*care of biotopes* = die Biotoppflege
*reduction of waste* = die Müllvermeidung
*saving of energy* = die Energieeinsparung
*basis of life* = die Lebensgrundlage
*experience of nature* = die Naturerfahrung

---

## Übung 4

These are the relevant passages from the text.

1   „Die Bewerber und Bewerberinnen können mitentscheiden, in welchen Aufgabenbereichen bzw. an welcher Einsatzstelle sie arbeiten möchten [...]."
2   „[...] die FÖJ-Teilnehmerinnnen und -Teilnehmer [...] übernehmen praktische Hilfstätigkeiten oder arbeiten weitgehend selbstständig [...]."
3   „Die meisten Einsatzstellen bieten Kombinationen verschiedener Tätigkeitsbereiche an."
4   „Bei der Auswahl der Themen und Methoden werden die Wünsche der Teilnehmer berücksichtigt."
5   „Ein bestimmter Schulabschluss ist nicht erforderlich."
6   „Das FÖJ ist kein Zivildienst oder Wehrersatzdienst, sondern beruht auf freiwilliger Basis."

## Übung 5

Compare your observations with these to make sure that you have covered the main points. You will find an example for each of the aspects mentioned.

- Die neue Version des Absatzes hat einen formelleren Stil. Hier werden mehr Nomen (besonders auch zusammengesetzte Nomen) und weniger Verben verwendet. Dies sieht man z.B. in den beiden Überschriften: *„Wie werde ich FÖJ-Teilnehmer?"* und *„Teilnahmevoraussetzungen für das FÖJ"*

- Wenn mehr Nomen verwendet werden, wird der Stil der Sätze dadurch kompakter und komplexer. *„Wichtige Voraussetzungen sind Interesse an ökologischen Aufgaben und die Bereitschaft, sich ein Jahr lang an einer Einsatzstelle für den Umwelt- und Naturschutz zu engagieren."* Im Vergleich zu: *„Voraussetzung zur Teilnahme am FÖJ ist, dass du zwischen 16 und 27 Jahre alt bist, Interesse für ökologische Aufgaben mitbringst und bereit bist, dich ein Jahr lang an einer Einsatzstelle für den Umwelt- und Naturschutz zu engagieren."*

- Die Sprache ist gehobener und der Ton distanzierter. Leser und Leserinnen werden nicht direkt angesprochen. *„Weitere Auskünfte über das FÖJ sowie die erforderlichen Bewerbungsunterlagen [...] sind bei den Trägern erhältlich."* Im Vergleich zu: *„Diese drei Träger geben dir gerne weitere Auskünfte über das FÖJ und schicken dir die erforderlichen Bewerbungsunterlagen zu [...]."*

## Übung 6

| Name | Erfahrungen/Einfluss auf Leben und Zukunftspläne |
|---|---|
| Anke | hat gelernt, dass Umweltaktionen gründlich am Schreibtisch vorbereitet werden müssen. |
| Katrin | hat stärkeres Selbstbewusstsein. |
| Claudia | hat erfahren, wie es ist, berufstätig zu sein. |
| Francis | hat ihre Liebe zur Natur entdeckt. |
| Daniela | kann eine Pause machen und über ihre Zukunft nachdenken. |
| Stefan | hat Orientierung für seine Zukunft gefunden. |
| Johannes | hat in wenig Zeit viel Neues gelernt. |

## Übung 7

*Katrin*:

„Die schönste Erfahrung <u>habe</u> ich auf den Seminaren <u>gemacht</u>. Ich <u>hatte</u> das Gefühl, von den anderen akzeptiert und ernst <u>genommen</u> zu <u>werden</u>. Man <u>kam</u> eigentlich mit allen Leuten gut aus. Das <u>war</u> sehr wichtig für mein Selbstbewusstsein.“

*Johannes*:

„Hervorragend am FÖJ <u>gefallen</u> mir die Seminare. Was man alles in einer Woche Wissenswertes <u>erfahren</u>, <u>erleben</u> und <u>behalten</u> <u>kann</u>, <u>hat</u> mich sehr <u>beeindruckt</u>.“

*Francis*:

„Ich <u>habe</u> ja nicht nur im Bereich Naturschutz was <u>gelernt</u>, sondern grund-sätzlich, wie ich mit Leuten <u>umgehe</u>, wie ich mit Vorgesetzten <u>umgehe</u>. Ich <u>habe</u> die Natur lieben <u>gelernt</u>. Ich <u>habe</u> sie schon vorher sehr gern <u>gehabt</u>, aber jetzt eben noch mehr.“

*Claudia*:

„Auch im Praktischen <u>konnte</u> ich viel für mich gewinnen. So <u>musste</u> ich zum ersten Mal in meinem Leben 38,5 Stunden in der Woche <u>arbeiten</u>, und das über einen längeren Zeitraum. Ich <u>denke</u>, dass dies eine gute Erfahrung <u>war</u> vor dem Studium, wo man dann doch wieder mehr freie Zeit hat ... Ich <u>habe</u> also <u>gelernt</u>, wie es <u>ist</u>, jeden Tag zum Arbeitsplatz zu <u>müssen</u> und dort eine Menge Aufgaben zu <u>haben</u>. Andererseits <u>wurde</u> mir bewusst, dass der spätere Beruf etwas <u>sein</u> <u>sollte</u>, das wirklich Spaß <u>macht</u>, da man die meiste Zeit im Jahr am Arbeitsplatz <u>ist</u>.“

*Anke*:

„Überraschend <u>war</u> für mich, wie wichtig die Schreibarbeit beim Natur- und Umweltschutz <u>ist</u>. Da ich in einem Büro und nicht auf einem Bauernhof <u>arbeitete</u>, <u>wurde</u> mir allmählich klar, wie viel Vorarbeit hinter einem Projekt oder einer öffentlichkeitswirksamen Aktion <u>steht</u>. Es <u>musste</u> telefoniert und Lobbyarbeit <u>betrieben</u> <u>werden</u>. Außerdem <u>habe</u> ich Konzepte <u>vorbereitet</u> und Artikel <u>geschrieben</u> und vieles mehr, was vorher für mich nie in den Bereich Umweltschutz <u>gehört hatte</u>.“

*Daniela*:

„Das FÖJ <u>ist</u> für mich eine Chance, Luft zu <u>holen</u>, um über meine persönlichen Ziele Klarheit zu <u>finden</u>, eine Zeit, in der ich <u>lerne</u>, selbstständig Verant-wortung zu <u>übernehmen</u>, und vor allem die Erfahrung, dass ich mit meinen Wünschen, Träumen und Versuchen nicht alleine <u>bin</u>. Ich <u>bin</u> dankbar dafür, dass ich dieses Jahr <u>verbringen darf</u> und <u>hoffe</u>, dass ich der Einsatzstelle wenigstens einen Teil von dem, was sie mir <u>bringt</u>, zurückgeben <u>kann</u>.“

*Stefan*:

„Die Arbeit und das Umfeld <u>waren</u> es auch, die mich <u>erkennen ließen</u>, wo meine Schwächen und Stärken <u>liegen</u>, was mich letztendlich die erhoffte Orientierung für mein späteres Leben <u>finden ließ</u>."

---

## Übung 8

The feedback here includes everything the young people said. Compare the statements you chose and worked on with these. You might, of course, have chosen different verbs to start the sentences.

Johannes sagt, am FÖJ würden ihm die Seminare hervorragend gefallen. Es habe/hätte ihn sehr beeindruckt, was man alles in einer Woche Wissenswertes erfahren, erleben und behalten könne.

Francis findet, sie habe/hätte nicht nur im Bereich Naturschutz was gelernt, sondern grundsätzlich, wie sie mit Leuten umgehe, wie sie mit Vorgesetzten umgehe. Sie habe/hätte die Natur lieben gelernt. Sie habe/hätte sie schon vorher sehr gern gehabt, aber jetzt eben noch mehr.

Claudia meint, auch im Praktischen habe/hätte sie viel für sich gewinnen können. So habe/hätte sie zum ersten Mal in ihrem Leben 38,5 Stunden in der Woche arbeiten müssen, und das über einen längeren Zeitraum. Sie denkt, das sei/wäre eine gute Erfahrung vor dem Studium gewesen, wo man dann doch wieder mehr freie Zeit habe/hätte. Sie habe/hätte gelernt, wie es sei, jeden Tag zum Arbeitsplatz zu müssen und dort eine Menge Aufgaben zu haben. Andererseits sei/wäre ihr bewusst geworden, dass der spätere Beruf etwas sein sollte, das wirklich Spaß mache, da man die meiste Zeit im Jahr am Arbeitsplatz sei/wäre.

Anke sagt, es sei/wäre für sie überraschend gewesen, wie wichtig die Schreibarbeit beim Natur- und Umweltschutz sei. Da sie in einem Büro und nicht auf einem Bauernhof gearbeitet habe/hätte, sei/wäre ihr allmählich klar geworden, wie viel Vorarbeit hinter einem Projekt oder einer öffentlichkeitswirksamen Aktion stehen würde. Es habe/hätte telefoniert und Lobbyarbeit betrieben werden müssen. Außerdem habe/hätte sie Konzepte vorbereitet und Artikel geschrieben und vieles mehr, was vorher für sie nie in den Bereich Umweltschutz gehört habe/hätte.

*hätte telefoniert und Lobbyarbeit betrieben werden müssen* is a particularly complex structure as there are three verbs. In such cases, the third verb, the modal verb *müssen*, goes at the end and is always in the infinitive.

Daniela glaubt, das FÖJ sei/wäre für sie eine Chance, Luft zu holen, um über ihre persönlichen Ziele Klarheit zu finden, eine Zeit, in der sie lernen würde, selbstständig Verantwortung zu übernehmen, und vor allem die Erfahrung, dass sie mit ihren Wünschen, Träumen und Versuchen nicht alleine sei/wäre. Sie sei/wäre dankbar dafür, dass sie dieses Jahr verbringen dürfe und hoffe, dass sie der Einsatzstelle wenigstens einen Teil von dem, was sie ihr bringe, zurückgeben könne.

Stefan betont, es seien/wären die Arbeit und das Umfeld gewesen, die ihn hätten erkennen lassen, wo seine Schwächen und Stärken liegen, was ihn letztendlich die erhoffte Orientierung für sein späteres Leben habe/hätte finden lassen.

The last paragraph contains a similar three-verb structure as above. Here, *lassen* in *hätten erkennen lassen* and *hätte finden lassen* functions as a modal verb. It therefore goes to the end and is in the infinitive.

---

## Übung 9

Compare your key points with these to make sure that you have covered the main points.

- existiert seit 1993 in Deutschland, Vorbild war das „Freiwillige Soziale Jahr"
- ist für junge Menschen zwischen 16 und 27 Jahren (man braucht keinen Schulabschluss)
- bietet Tätigkeiten im Bereich des Umweltschutzes, Naturerfahrung und allgemeine Orientierungshilfe für die Zukunft
- Einsatzstellen sind Umweltbehörden, Bildungseinrichtungen und Jugendverbände
- es gibt verschiedene Aufgabenbereiche (z.B. ökologischer Gartenbau, aber auch Organisation von Ausstellungen über Müllvermeidung, Energieeinsparung usw.)
- oft macht man mehrere Tätigkeiten gleichzeitig (praktische Hilfstätigkeiten, aber auch Schreibarbeit)
- Jugendliche werden selbstständiger, übernehmen mehr und mehr Verantwortung, werden selbstbewusster
- besonders wichtig sind Seminare; diese finden regelmäßig statt; Themen werden von Jugendlichen mitbestimmt, z.B. über alternative Energien (Sonne, Wind, Wasser)
- Jugendliche haben Gelegenheit, über Lebensfragen und Zukunftspläne zu sprechen
- man wird akzeptiert und ernst genommen
- man lernt, mit Leuten (Vorgesetzten) umzugehen
- Vorraussetzung für Teilnahme: man interessiert sich für ökologische Aufgaben
- wird manchmal als Praktikum für das Studium anerkannt

Note how you can use the compound nouns from Exercise 3 to prepare for your summary. Here *Naturerfahrung, Umweltbehörde, Bildungseinrichtung, Aufgabenbereich, Müllvermeidung* and *Energieeinsparung* are used.

# Übung 10

Here are two examples of quotations, each illustrating one of the points noted in *Übung* 9.

- bietet Tätigkeiten im Bereich des Umweltschutzes, Naturerfahrung und allgemeine Orientierungshilfe für die Zukunft

    Zitat: „Die Arbeit und das Umfeld waren es auch, die mich erkennen ließen, wo meine Schwächen und Stärken liegen, was mich letztendlich die erhoffte Orientierung für mein späteres Leben finden ließ." Stefan, 21 Jahre

- besonders wichtig sind Seminare

    Zitat: „Die schönste Erfahrung habe ich auf den Seminaren gemacht. Ich hatte das Gefüh,l von den anderen akzeptiert und ernst genommen zu werden. Man kam eigentlich mit allen Leuten gut aus. Das war sehr wichtig für mein Selbstbewusstsein." Katrin, 21 Jahre

# Übung 11

Here are some possible headings for your summary.

Das Freiwillige Ökologische Jahr – eine Chance für junge Menschen

Orientierungshilfe für das Leben im FÖJ

Im FÖJ finden Jugendliche Zeit, eine Lebensperspektive zu entwickeln

Das Freiwillige Ökologische Jahr – plötzlich sieht man alles mit anderen Augen!

# Übung 12

Compare your summary with this version. Have you covered similar points?

## Das Freiwillige Ökologische Jahr – eine Chance für junge Menschen

Das Freiwillige Ökologische Jahr (FÖJ) existiert offiziell seit 1993 in Deutschland. Vorbild für das FÖJ war das Freiwillige Soziale Jahr (FSJ), ein freiwilliger sozialer Hilfsdienst im Bereich der Gesundheitspflege.

Beide Initiativen, FSJ und FÖJ, sind für junge Menschen zwischen 16 und 27 Jahren. Sie brauchen jedoch keinen Schulabschluss, um teilnehmen zu können. Das FÖJ bietet diesen jungen Menschen nicht nur eine Ausbildung im Bereich Umweltschutz und Naturerfahrung, sondern auch allgemeine

Orientierungshilfe für die Zukunft. Ein Teilnehmer betont, es seien die Arbeit und das Umfeld gewesen, die ihn hätten erkennen lassen, wo seine Schwächen und Stärken liegen, was ihn letztendlich die erhoffte Orientierung für sein späteres Leben hätte finden lassen.

Die Einsatzstellen für die Teilnehmerinnen und Teilnehmer sind Umweltbehörden, Bildungseinrichtungen und Jugendverbände. Dort gibt es sehr verschiedene Aufgabenbereiche. Man beschäftigt sich zum Beispiel mit ökologischem Gartenbau, organisiert Ausstellungen über Müllvermeidung, Energieeinsparung usw. Oft müssen die Teilnehmerinnen und Teilnehmer mehrere Tätigkeiten gleichzeitig machen, d.h. praktische Hilfstätigkeiten und Schreibarbeit.

Viele junge Leute finden, dass sie während des FÖJ selbstständiger und selbstbewusster werden, da sie während ihrer Tätigkeit mehr und mehr Verantwortung übernehmen. Besonders wichtig sind für sie die Seminare. Eine Teilnehmerin berichtet, sie habe ihre schönsten Erfahrungen auf den Seminaren gemacht. Sie habe das Gefühl gehabt, von den anderen akzeptiert und ernst genommen zu werden. Das sei sehr wichtig für ihr Selbstbewusstsein gewesen.

Diese Seminare finden regelmäßig statt. Die Themen, wie zum Beispiel „Alternative Energien: Sonne, Wind und Wasser", werden von den Jugendlichen mitbestimmt. Auf den Seminaren haben die Teilnehmerinnen und Teilnehmer auch die Gelgenheit, über Lebensfragen und Zukunftspläne zu sprechen und zu lernen, wie man mit anderen Leuten, auch Vorgesetzten, umgeht.

Wenn man an einem FÖJ teilnehmen möchte, muss man sich jedoch unbedingt für ökologische Aufgaben interessieren. Manche Hochschulen erkennen das FÖJ sogar als Praktikum an.

You can see here how quotations are inserted into the summary to illustrate the points raised by the FÖJ participants.

---

## Übung 13

(1) b; (2) f; (3) a; (4) g; (5) e; (6) c; (7) d

---

## Übung 14

(1) b; (2) c; (3) b; (4) a; (5) b; (6) a; (7) c

## Übung 15

1   Umweltschutz ist jedoch ebenso wichtig wie individuelle Flexibilität, denn **vor allem in Großstädten hat das Volumen der Autoabgase einen kritischen Punkt erreicht.**

2   Unsere Abhängigkeit von Ländern, die Erdöl fördern, muss allmählich abnehmen, weil **die Ölvorräte abnehmen und Erdöl als Kraftstoff für Autos zu wertvoll ist.**

3   Wasserstoff bietet eine echte Alternative zu traditionellen Kraftstoffen, da **bei seiner Verbrennung keine schädlichen Teilchen in die Umwelt gelangen.**

4   Dies ist allerdings nur garantiert, wenn **der Wasserstoff selbst schadstofffrei hergestellt werden kann.**

5   Obwohl wir noch eine Zeit lang die herkömmlichen Kraftstoffe verwenden werden, **muss der maximale Verbrauch von Benzin, Diesel und Kerosin gesetzlich festgelegt werden.**

6   Außerdem müssen die öffentlichen Verkehrsmittel stärker genutzt und mehr Güter mit der Bahn oder auf Schiffen transportiert werden, da **Stau und Verkehrslärm die höhere Mobilität schon heute begrenzen.**

As you can see, the use of conjunctions can help you write in a more interesting and engaging style. Make sure you use a variety of conjunctions in your own writing.

## Übung 16

1   (1) d; (2) c; (3) e; (4) a; (5) b
2   (1) g; (2) b; (3) d; (4) h; (5) a; (6) e; (7) i; (8) f; (9) c

## Übung 17

**1 Brennstoffzelle; 2 Erdgas; 3 Strom; 4 Salatöl; 5 Wasserstoff pur**

## Übung 18

Here are some more examples of vocabulary and structures used by the authors that you are more likely to find in spoken (colloquial) German. The version you are more likely to find in written German is added in brackets.

- **umgangssprachliche Formulierungen:**

   **„Dafür hakt es beim Stromspeicher."**
   **(Es gibt jedoch Probleme mit dem Stromspeicher.)**

   **„Ausreichende Akkus bringen es locker auf eine halbe Tonne Gewicht [...]."**
   **(Ausreichende Akkumulatoren wiegen oft eine halbe Tonne.)**

- unvollständiger Satz:

  „Riskant und nur für ältere Motoren geeignet [...].“
  (Dieser Treibstoff ist riskant und ist nur für ältere Motoren geeignet.)

- umgangssprachliche Formulierung und unvollständiger Satz:

  „Momentan der einzige Weg, um den hohen Spritpreisen zu entgehen –
  und umweltfreundlich obendrein.“
  (Dieser Treibstoff bietet momentan den einzigen Weg, um den hohen
  Benzinpreisen zu entgehen. Außerdem ist er umweltfreundlich.)

## Übung 19

### Wasserstoffauto

Vorteile: Diese Alternative kann in den existierenden Motoren verwendet
werden; die Abgase sind reiner Wasserdampf; der Motor sieht aus wie jeder
andere; das Auto kann Wasserstoff genauso wie Benzin tanken; kann jedoch
auch Wasserstoff verbrennen (oder Benzin).

Nachteile: Wasserstoff ist ein explosives Gas; ist gefährlicher als andere Treibstoffe; das Speichern ist schwierig (Wasserstoff muss bei minus 254 Grad gespei-
chert werden), d.h. das Auto muss entsprechend isoliert werden; beim Parken
„verschwindet“ der Tankinhalt langsam; es gibt erst eine Tankstelle in ganz
Deutschland.

### Brennstoffzellenauto

Vorteile: Autos können schnell und weit fahren; sind fast emissionsfrei, die
Abgase sind reiner Wasserdampf; der Necar 4 („No Emission Car“) wird in etwa
fünf Jahren serienreif sein; die Brennstoffzelle ist inzwischen wesentlich kleiner
und leichter geworden.

Nachteile: der Treibstoff muss erst erzeugt werden (durch elektrische Spaltung
von Wasser in Wasserstoff und Sauerstoff); die Erzeugung kostet sehr viel
Strom; das Speichern des Treibstoffs ist momentan noch problematisch; diese
Alternative ist teuer; erfordert einen Wechsel der Antriebsart; auf seinen
Einsatz wird man ein paar Jahre länger warten müssen.

You can see how the information from the table in *Übung* 17 has been used in this
comparison.

## Übung 20–21

There is no feedback for these activities, as you are just asked to read through some of the texts from this *Thema* again.

## Übung 22

Here are some possible sections promoting the Brennstoffzellenauto. You should have chosen at least three.

- für Jugendliche: Führerschein = Eintrittskarte ins Erwachsenenleben
    - für Frauen, das Auto = größere Sicherheit
    - für uns alle, das Auto = mehr Flexibilität und Freiheit
    - aber: Staus schränken Mobilität ein
    - außerdem: Ölvorräte nehmen ab, Abhängigkeit von Opec-Staaten

- hohe Investitionen für Bau neuer Straßen keine Lösung
    - Verkehrslärm stört alle, darf nicht zunehmen
    - in Großstädten: Autoabgase reduzieren Lebensqualität, Gefahr durch Smog
    - außerdem: Erdöl als Kraftstoff für Autos zu wertvoll

- die Alternativen
    - Strom: Probleme mit dem Speichern dieses Treibstoffs; Autos fahren nicht sehr schnell und nicht sehr weit; das Laden der Energie dauert sehr lang; diese Alternative ist sehr teuer (Kosten bis zu 6500 Euro).
    - Erdgas: Erdgasvorräte begrenzt; momentan noch schwierig, nur diese Alternative zu verwenden; nur 140 Gastankstellen in Deutschland; viele auf Busbahnhöfen, am Wochenende nicht zu benutzen; man muss für Veränderungen am Auto bezahlen (Kosten mindestens 4000 Euro).
    - Salatöl: nur für Dieselautos; preisgünstig; einfach zu kaufen; langfristig nicht gut für den Motor; erfordert teure Veränderungen am Motor (Kosten zwischen 3300 und 4000 Euro); keine Garantie vom Autohersteller.
    - Wasserstoff pur: explosives Gas; gefährlicher als andere Treibstoffe; das Speichern ist schwierig; erst eine Tankstelle in ganz Deutschland.

- eine Lösung: das Brennstoffzellenauto
    - Autos können schnell und weit fahren; sind fast emissionsfrei (Abgase = reiner Wasserdampf); in etwa fünf Jahren serienreif; die Brennstoffzelle ist inzwischen wesentlich kleiner und leichter geworden.

- 3-Liter-Auto einführen
    - Verbrauch von Benzin, Diesel und Kerosin gesetzlich festlegen
    - mehr Güter mit der Bahn und dem Schiff transportieren

## Übung 23

These are possible headings for the sections in *Übung* 22 (following the same order).

- Mobil sein und bleiben!
- Umweltschutz ernst nehmen!
- Salatöl, nein danke!
- Die Brennstoffzelle muss her!
- Bis es so weit ist …

## Übung 24

If you used the feedback from *Übung* 22 and 23, your brochure should look very similar to this one.

# Mobil sein und bleiben!

### Auf der einen Seite …

… ist der Führerschein für Jugendliche die Eintrittskarte ins Erwachsenenleben.

… gibt das Auto vor allem Frauen größere Sicherheit und die Möglichkeit, gleichzeitig Mutter und berufstätig zu sein.

… bedeutet das Auto für uns alle mehr Flexibilität und Freiheit.

### Auf der anderen Seite …

… schränken Staus unsere Mobilität und Bewegungsfreiheit stark ein.

… nehmen die Ölvorräte ab.

… nimmt unsere Abhängigkeit von den OPEC-Staaten zu.

### Deshalb müssen wir …

**Umweltschutz ernst nehmen!**

Hohe Investitionen für den Bau neuer Straßen sind keine Lösung, denn …

… der Verkehrslärm stört alle und darf nicht zunehmen.

… in Großstädten reduzieren Autoabgase die Lebensqualität dramatisch.

… es droht Gefahr durch Smog.

Außerdem …

… reichen die Erdölvorräte nur noch für wenige Jahrzehnte.

… ist Erdöl als Kraftstoff für Autos zu wertvoll.

# Salatöl, nein danke!

Ein Blick auf die Alternativen:

## Strom

Ist prinzipiell nicht besser für die Umwelt. Außerdem fahren die Autos nicht sehr schnell und nicht sehr weit. Es gibt Probleme mit dem Speichern (Gewicht eines Akkus ist zirka 1/2 Tonne), und das Laden der Energie dauert sehr lang. Diese Alternative ist zudem sehr teuer, denn es entstehen Kosten bis zu 6500 Euro.

## Erdgas

Auch die Erdgasvorräte sind begrenzt. Außerdem ist es momentan noch schwierig, nur Erdgas zu verwenden, denn es gibt insgesamt nur 140 Erdgastankstellen in Deutschland. Viele Tankstellen befinden sich auf Busbahnhöfen und können deshalb am Wochenende nicht benutzt werden. Für Veränderungen am Auto muss man mindestens 4000 Euro bezahlen.

## Salatöl

Ist nur eine Alternative für Dieselautos. Es ist zwar preisgünstig und einfach zu kaufen, aber langfristig ist es nicht gut für den Motor. Es erfordert außerdem teure Veränderungen am Motor (zwischen 3300 und 4000 Euro), für die es keine Garantie vom Autohersteller gibt.

## Wasserstoff pur

Ist ein explosives Gas und gefährlicher als andere Treibstoffe. Das Speichern ist schwierig, denn beim Parken verschwindet der Tankinhalt langsam. Außerdem gibt es erst eine Tankstelle im ganz Deutschland.

## *Die Brennstoffzelle muss her!*

Sie ist zur Zeit die große Hoffnung der Autoindustrie, denn sie ist inzwischen wesentlich kleiner und leichter geworden. Aus Wasserstoff und Luft erzeugt die Brennstoffzelle Strom. Brennstoffzellenautos können weit und schnell fahren und sind fast emissionsfrei. Ihr „Abgas" ist warmes Wasser. Die ersten Brennstoffzellenautos werden in etwa fünf Jahren serienreif sein.

## *Bis es so weit ist ...*

*müssen wir ...*

... das 3-Liter-Auto einführen.

... den Verbrauch von Benzin, Diesel und Kerosin gesetzlich festlegen.

You might have noticed that this brochure uses a mixture of styles. In terms of vocabulary, it is not very colloquial, however, it does use incomplete sentences.

# 4 Medien – von der Zeitung zum Internet

## Übung 1

(1) g; (2) n; (3) b; (4) k; (5) a; (6) q; (7) m; (8) r; (9) j; (10) e; (11) p; (12) h; (13) d; (14) i; (15) c; (16) l; (17) o; (18) f

## Übung 2

1   Falsch. Der Mann ist sehr ordentlich und pünktlich.
2   Richtig.
3   Richtig.
4   Falsch. Es geht in dem Artikel um einen Finanzskandal.
5   Falsch. Der Artikel enthält Lügen.
6   Richtig.
7   Richtig.
8   Falsch. Der Chef rät dem Mann, dass er Urlaub machen und zu Hause bleiben soll.

---

### Biografie

Reinhard Mey wurde 1942 in Berlin geboren. Er ist ein Liedermacher, der seit mehr als 30 Jahren mit Erfolg im Musikgeschäft tätig ist. Die meisten seiner Lieder schreibt er auf Deutsch, er hat aber auch Chansons auf Französisch und Niederländisch veröffentlicht.

---

## Übung 3

Here are some possible ideas about what the man might do. Did you think along the same lines?

- Er macht, was seine Kollegen ihm raten, und ignoriert den Artikel.
- Er beschwert sich bei der Zeitung.
- Er organisiert eine Kampagne gegen die Zeitung.
- Er schämt sich vor all den Leuten, die den Artikel gelesen haben, und verlässt die Stadt.
- Er ist so verzweifelt, dass er Selbstmord begeht.

## Übung 4

This is the correct order: 4, 7, 9, 1, 5, 8, 2, 6, 3

## Übung 5

Compare your answers with these.

1   These are some of the points you could have noted.

- **Der Mann ist so schockiert, dass er fast ohnmächtig wird.**
- **Er schämt sich und will niemanden treffen.**
- **Er hat Angst, dass alle Leute in der Stadt wissen, was in der Zeitung steht.**
- **Er ist sich sicher, dass die Geschichte immer an ihm hängen bleiben wird.**
- **Er sieht keinen Ausweg und begeht Selbstmord.**

2   **In der Vergangenheit hat er immer alles geglaubt, was er in der Zeitung gelesen hat. Jetzt wird ihm klar, dass nicht immer stimmt, was in der Zeitung steht. Er fängt an, daran zu zweifeln, dass Zeitungen immer die Wahrheit berichten.**

3   **Sie sind erstaunt, dass der Mann die Geschichte so ernst genommen hat. Sie sind der Meinung, dass viel Falsches in der Zeitung steht.**

4   Your answer will, of course, depend very much on your attitude. Here are two possible versions.

**Ich würde ähnlich reagieren und auch keinen Ausweg sehen. Als Individuum hat man keine Chance gegen die Macht der Presse. Die Leute glauben, was sie in der Zeitung lesen, obwohl das, was dort steht, oft nicht stimmt.**

**Ich würde anders reagieren und mich gegen die Lügen wehren. Ich denke, dass Zeitungen die Wahrheit schreiben sollten. Deshalb würde ich eine Kampagne gegen die Zeitung organisieren und versuchen, die Öffentlichkeit zu mobilisieren.**

## Übung 6

Personalpronomen: ich, du, dir, dich, er, ihm, ihn, es, wir, Sie, Ihnen, sie, ihnen
Possessivpronomen: seinem, sein, seine
Relativpronomen: der, die, was
Reflexivpronomen: dich, sich
*Wer* is an interrogative pronoun.

## Übung 7

1    er, Sie, du + abgeleitete Formen, wie z.B. dich (man wird auch verwendet, aber es ist kein Personalpronomen).

2    Die Tatsache, dass er namenlos bleibt, symbolisiert vielleicht, dass er wirklich jedermann sein könnte. Was ihm passiert, könnte jedermann zustoßen. Diese Interpretation wird dadurch noch verstärkt, dass verschiedene Personalpronomen verwendet werden, um ihn zu beschreiben.

3    Es könnte sein, dass die häufige Verwendung von Pronomen den Text ambivalent machen soll. Das Lied besteht primär aus Dialogen, inneren Monologen und Monologen mit Pronomen statt Eigennamen. Deshalb ist nicht immer klar, wer redet oder denkt und an wen oder was sich die Person wendet. Das kann Verwirrung für Zuhörer und Zuhörerinnen verursachen, die die Verwirrung des Mannes in dem Lied widerspiegelt. All das, woran er geglaubt hat, ist in Frage gestellt worden. Er bleibt verwirrt und verzweifelt zurück.

## Übung 8

These are some of the words and expressions that you might have noted.

If you have used a mind map, compare your version with the following table, which uses five categories (branches) and slots in most of the words and expressions from above (twigs).

| Inhalt: | Sensationen, Klatschgeschichten, Prominentengeschichten, Skandale, Sport |
| --- | --- |
| Format: | viele Fotos, große Schlagzeilen, kleines Format, kurze Artikel |
| Zweck: | Unterhaltung |
| Beispiele: | „Bild"-Zeitung, „The Sun" |
| Verleger: | Rupert Murdoch, Axel Springer |

## Übung 9

Your notes might look like these.

**billige Zeitung, viele Bilder, einfach zu lesen, große Schlagzeilen, Fotos von halbnackten Mädchen, besondere Themenmischung, besonderer Stil, soll den Leser ansprechen, nicht kritisch (soziale Probleme nur oberflächlich behandelt), soll dem Leser helfen („großer Bruder"), voller Klischees**

## Übung 10

1 Tagesillustrierte, viele Fotos, Art Fernsehen mit starren Bildern (Bilder wirken schneller und sind einfacher zu verstehen als Wörter), billig, für den optischen und akustischen Menschen, für den „modernen Analphabeten", Losungen und Schlagworte statt komplizierter Sachverhalte

2 großformatige Fotos, Schlagzeilen, rote Unterstreichungen und Umrandungen, kurze Artikel

3 riesengroße unkomplizierte Schlagzeile, Foto (meist ein hübsches, halbnacktes Mädchen)

4 Nachrichten, Sport, Politik, Kriminalstorys, Tiergeschichten, Horror-Reportagen, Prominenten-Klatsch

5 soziale Probleme, abstoßende Geschichten

6 sie hilft Lesern, die Probleme haben (z.B. bei Behörden), gibt praktische Lebenshilfe

7 Appell an Gefühle („blinder"), Nationalismus („deutscher"), Tiergeschichte („Schäferhund"), Prominentenklatsch („Marilyn Monroe"), menschliches Schicksal („Brustkrebs"), Rettung („leckt ... weg")

## Übung 11

This title page of the Bild-Zeitung confirms what the book excerpts says about this newspaper:

> **große Schlagzeilen, Fotos von halbnackten Frauen, kurze Artikel, Themenmischung, einfach geschrieben, viele Fotos, großes Format**

You might have noted as well: viel Werbung auf der ersten Seite.

## Übung 12

This is what you might have written down.

> **Schlagzeile – sehr reißerisch (das Wort „Sex" sticht sofort ins Auge)**
>
> **Layout – viele Unterstreichungen, viel fett gedruckte Teile (unklar, welche Funktion diese haben)**
>
> **Fotos – zwei Fotos: von Boris Becker und von seiner Tochter und deren Mutter nehmen fast ein Drittel des Artikels ein**
>
> **Sprache – kurze Sätze, sehr umgangssprachlich, unvollständige Sätze, viele Unterstreichungen, lange Zitate aus Beckers Biografie, Wortwahl nicht immer einfach zu verstehen**
>
> **anderes – Artikel basiert praktisch ausschließlich auf Beckers Biografie, viele Meinungen und Verallgemeinerungen, Wortkreationen mit Bindestrichen, z.B. Boris-Satz, Wider-Willen-Vater, Erzeuger-Stolz**

Please note that the Bild-Zeitung does not follow the conventions of the spelling reform which finally came into place in 2005.

## Übung 13

Obviously, your article will have a different topic and content. Compare the content and style of your article with this example.

# Unglaublich! Lottogewinner arm wie Kirchenmaus

## 10 Millionen € weg nach zwei Jahren!!

Der Traum von Millionen Deutschen: ein Mal sechs Richtige im Lotto. Für Hans F. aus Herne wurde der Traum vor zwei Jahren war: er gewann 10 Millionen €.

Vom Maler zum Millionär. Aber Hans F. lebte auf großem Fuß – teure Autos (Ferrari und Bentley für 250 000 € das Stück), Luxusreisen (Florida, Malediven), eine Villa im Grünen und genügend Schmuck, um einen Tannenbaum zu behängen – all das ging ins Geld. Dazu kam eine Vorliebe für schnelle Pferde, exklusive Begleiterinnen und Besuche in den besten Kasinos. Alles durchgebracht! In gerade mal zwei Jahren! Und noch viel mehr! Hans F. musste diese Woche einen Offenbarungseid leisten, weil er seine Schulden (geschätzt: 2,5 Mio €) nicht mehr bezahlen kann. Sein Kommentar: Pech gehabt. Ich habe jede Minute genossen.

## Übung 14

1 „Das Haus [...] ist völlig an den Bedürfnissen der Bewohner vorbeigebaut."

2 „Die obersten Stockwerke [...] stehen zum Teil schon seit Jahren ganz leer, die vielen Wohnungssuchenden können natürlich keine 450 000 Mark für eine Eigentumswohnung ausgeben."

3 „Der Freund des Fotomodells [...] erzählt, dass sich bei Sturm manchmal der Kronleuchter bewegt, dass die Gläser in den Schränken zittern."

4 „Zurück in der Redaktion schreibe ich dann zunächst ein langes Manuskript, um doch noch einiges von dem unterzubringen, was ich bei meinem ersten Besuch im Hochhaus erfahren habe."

5 „Widerspruch löst Gedanken aus, der Kontrast bloß Stimmungen."

6 „Was schließlich gedruckt wird, ist eine Farce, die in jedem anderen Umfeld als dem der BILD-Zeitung auch als solche erkennbar wäre."

---

## Biografie

Günter Wallraff, geboren 1942, Journalist und Autor. Er verfolgte das Ziel, Ungerechtigkeiten in der deutschen Gesellschaft anzuprangern. Er hat mehrere Reportagesammlungen verfasst, in denen es um Industriearbeit geht, vier Bücher über die „Bild"-Zeitung, sowie das Buch „Ganz unten", in dem es um die Erfahrungen von Gastarbeitern in Deutschland geht. Dieses Werk basiert auf Wallraffs eigenen Erfahrungen, als er sich zwei Jahre lang als türkischer Gastarbeiter verkleidete und ausgab.

---

## Übung 15

1 Meinungen des Freundes des Fotomodells

2 bei Sturm bewegt sich manchmal der Kronleuchter, die Gläser zittern in den Schränken und stehendes Wasser bewegt sich

3 ein großer Teil der Wohnungen steht leer; das Haus entspricht nicht den

Bedürfnissen der Leute, die darin leben; die Wohnungen sind zum Teil zu teuer; das Haus wird nicht richtig geheizt und gepflegt

---

## Übung 16

Compare your notes with these. (The sources these notes are based on are given in brackets.)

- Boulevardzeitungen wollen nicht zum Denken anregen (Übung 14)
- Zielgruppe der „Bild"-Zeitung: der „moderne Analphabet" (Übung 9)
- die Artikel appellieren nicht an den Verstand, sondern an die Gefühle (Übung 9)
- für soziale Probleme ist kein Platz (Übung 9, 14)
- der Leser soll nicht abgestoßen werden (Übung 9)
- sensationelle Artikel mit vielen Superlativen/Übertreibungen (Übung 14)
- unkompliziert, einfach, leicht zu lesen (Übung 9)
- kurze und knappe Geschichten (Übung 9)
- billige Zeitung (Übung 9)
- mit wenig Informationen/Fakten (Übung 12)

---

## Übung 17

1  Your notes will certainly be different. The additional information given here in brackets consists of details from the texts and from the feedback. It illustrates where the ideas have come from and how they were developed. Compare your notes with the following version.

- **sensationelle Artikel: „Finanzskandal" (Übung 2); „Kriminalstorys", „Horror-Reportagen und Prominentenklatsch" (Übung 9); die Artikel appellieren nicht an den Verstand, sondern an die Gefühle (Übung 9); „Das Größte, Kleinste, Ärmste, Reichste, Dickste" (Übung 14)**

- **Verzerrung der Wahrheit oder Erfinden von Fakten: Finanzskandal (Übung 2); Wallraffs Recherche im Vergleich zu ‚Was in der „Bild"-Zeitung steht' (Übung 15)**

- **Missstände werden nicht kritisiert: für soziale Probleme ist kein Platz (Übung 16), der Leser soll nicht abgestoßen werden (Übung 16)**

- **die Leser sollen nicht zum Denken angeregt werden: für Widerspruch ist kein Platz (Übung 14)**

- **große Leserschaft: der Mann und alle Leute um ihn herum lesen diese Boulevardzeitung (Übung 2 and 4); „Massenblatt" (Übung 9)**

- Glaube an das geschriebene Wort: der Mann glaubt das, was in der Zeitung steht, und er ist überzeugt, dass alle Menschen um ihn herum dasselbe glauben (Übung 2 and 4)

- Beeinflussung der Öffentlichkeit: die Menschen glauben das, was in der Zeitung steht (Übung 2 and 4); Boulevard-Zeitungen sprechen die Gefühle der Menschen an (Übung 9)

- Zerstörung von Menschen: der Mann begeht Selbstmord (Übung 4)

- Skrupellosigkeit: „Verantwortung? Mann, wenn ich das schon hör" (Übung 4); Profit/verkaufte Zeitungen scheinen wichtiger zu sein als Information

2   Here are some possible subheadings.

   **Art und Weise der Boulevardzeitungen, Artikel zu schreiben**

   **Machtmissbrauch durch die Boulevardzeitungen**

   **Einstellung der Öffentlichkeit den Medien gegenüber**

3   This is one possible plan based on the structure in part 2 of this activity.

   (1) **Einstellung der Öffentlichkeit den Medien gegenüber:**
       – **Glaube an das geschriebene Wort**
   (2) **Art und Weise der Boulevardzeitungen, Artikel zu schreiben:**
       – **sensationelle Artikel**
       – **Missstände werden nicht kritisiert**
       – **die Leser sollen nicht zum Denken angeregt werden**
       – **Verzerrung der Wahrheit oder Erfindung von Fakten**
   (3) **Machtmissbrauch durch die Boulevardzeitungen:**
       – **große Leserschaft**
       – **Beeinflussung der Öffentlichkeit**
       – **Skrupellosigkeit**
       – **Zerstörung von Menschen**

---

## Übung 18

This is the correct order: 3, 7, 4, 1, 6, 9, 8, 2, 5

---

## Übung 19

### Argumente gegen die Medien:

*„Eine Art von Journalismus kommt hoch, der die Wirklichkeit nicht abbildet, sondern inszeniert"*

*„Doch jetzt gedeiht ein Journalismus der Nullinformation. Denn es gibt mehr Medien ... andererseits schaffen viele Medien künstlichen Stoff."*

*„Die Gier nach Stoff ... verleitet zur Dramatisierung des Belanglosen."*

*„Die Mediengesellschft macht Unwichtiges wichtig und Wichtiges unwichtig."*

*„Das Angebot richtet sich an übersättigte ‚Medienkonsumenten‘, nicht mehr an den Staatsbürger."*

*„Und weil es ... zu wenig ‚verkäufliche‘ Informationen gibt, erfinden sie Events, die eben keine Ereignisse sind."*

*„Über das Internet jedoch werden nun, weltöffentlich, Gerüchte und Klatsch feilgeboten ... üble Rolle."*

*„Viele Medienmacher wollen nicht Substanz, sondern Dramaturgie ... Infotainment."*

*„Erstens wird alles personalisiert. ... weil das Aufwand und Kompetenz erfordert."*

*„Zweitens herrscht eine Inflation jener Themen, die ‚attraktiv‘ sind."*

*„Drittens ist schöne Verpackung des Stoffs wichtiger als gewissenhafte Verarbeitung."*

*„Der Wettbewerb sorgt für Schund."*

*„Zwar sind auch deren Journalisten gefährdet, etwa durch das ewige Übel der Eitelkeit ... spin doctors."*

*„Wo früher der Staat die Pressefreiheit bedrohte, tun das jetzt die Medien selbst. ... wenn [das Verfassungsprivileg] missbraucht wird.*

*„Die Selbstkontrolle durch den Presserat und andere Gremien ist schwach."*

---

## Übung 20

Your answer will be different. Compare it with this example.

1    Der Autor des Artikels glaubt, dass die eigentliche Aufgabe der Medien ist, die Öffentlichkeit zu informieren und zu unterhalten. Dagegen ist der Journalismus heute ein „Journalismus der Nullinformation". Für viele Journalisten steht die Unterhaltung im Vordergrund; Informationen sind nur noch sekundär. Deshalb spielen Gerüchte oft eine größere Rolle als Tatsachen. Viele Medien ignorieren die Hintergründe eines Ereignisses. Sie konzentrieren sich nur auf die Personen. Dem Verfasser zufolge gibt es jedoch auch Ausnahmen und er nennt eine Reihe von Zeitungen, Radio- und Fernsehsendern.

2    Your answer will depend very much on your own personal opinion. Here are two possible versions.

(a)  Ich stimme mit dem Autor überein. Die Medien heute erfüllen wirklich nicht mehr ihre Aufgabe, sondern bieten nur noch Unterhaltung. Das Internet ist besonders schlimm. Es überschwemmt uns mit unwichtigen Informationen und ist voller Werbung. Auch die Printmedien und Fernsehsender sind von diesem Trend beeinflusst. Früher waren diese Medien qualitativ hochwertig. Heute jedoch erfinden sie Ereignisse und lenken uns von der Wirklichkeit ab, statt uns zu informieren. Ihr einziges Ziel ist es, möglichst viel Geld zu machen. Ich bin jedes Mal schockiert, wenn ich die Zeitung aufschlage oder den Fernseher anmache. Das Internet benutze ich schon gar nicht mehr.

(b) Meiner Meinung nach beurteilt der Verfasser des Artikels die Medien heute völlig falsch. Nie zuvor waren Zeitungsleser oder Fernsehzuschauer so gut informiert. Der Wettbewerb in der Medienlandschaft hat dazu geführt, dass wir viele qualitativ hochwertige Zeitungen und Fernsehsender haben. Ich beurteile auch die Entwicklung des Internets positiv. Es trägt dazu bei, dass Nachrichten wesentlich schneller verbreitet werden können. Ich selbst lese jeden Tag die Zeitung, sehe fern und surfe im Internet. Ich finde, dass ich mich sehr gut informieren kann. Die Medien bieten mir nicht nur die Fakten, sondern auch wichtige Hintergründe.

## Übung 21

| Bereich der traditionellen Medien | Bereich der neuen Medien |
|---|---|
| der traditionelle Buchliebhaber | das Hightech-Spielzeug |
| das Hera-Lind-Cover | das eBook |
| das Bücherregal | das Internet |
| die Druckerei | herunterladen |
| die Remittende | das Netz |
| der 4000-Seiten-Roman | die Internet-Ausgabe |
| die Seitenzahl | löschen |
| der Wälzer | |
| die gedruckte Ausgabe | |
| der Klassiker | |

## Übung 22

| | |
|---|---|
| Meist genügen schon … | Einleitung |
| Ein Traum der Verleger … | Hauptteil Unterthema 1 |
| Zwar stellt das gut 600 Gramm schwere Gerät … | Hauptteil Unterthema 2 |
| Die Reaktion der Umwelt … | Hauptteil Unterthema 3 |
| Beim klassisch-schlichten Design … | Hauptteil Unterthema 4 |
| Bücher will man besitzen … | Schluss |

Although ebooks have not ousted the traditional book among general readers, they are published and available for purchase. Especially in academic writing, e-publications of both books and journals have become increasingly popular over the last years. If you want to update your own knowledge about the latest developments – do a bit of research through one of the many available Internet search engines.

## Übung 23

1  Das eBook ist ein elektronisches Buch, das man seit Juni 2000 in Deutschland kaufen kann.
2  Das eBook ist ein neues Gerät, mit dem man Platz sparen kann.
3  Der eBook-Besitzer kann sich 500 Bücher, die er im Internet findet, herunterladen.
4  Das eBook ist ein Traum für die Verleger, die keine teuren Druckereien oder Lagerhallen mehr brauchen.
5  Die Frage ist, was die Leser denken, die das eBook ausprobiert haben.
   or:
   Die Frage ist, was die Leser, die das eBook ausprobiert haben, denken.
6  Das elektronische Buch hat einen Akku, den man wieder aufladen kann.
7  Manche Leute bewundern die Eleganz des eBooks, das ein klassisch-schlichtes Design hat.
8  Traditionelle Buchliebhaber dagegen, die richtige Bücher besitzen wollen, finden das eBook nicht ansprechend.
9  Die „New York Times" bietet ein Abonnement an, für das man 20 Dollar im Halbjahr zahlt.

## Übung 24

Vorspann: **Doch** traditionellen Buchliebhabern …
Abschnitt 3: **Aber** ist das eBook …

Abschnitt 4: **Zwar** stellt das gut … – **Doch** das Lesen ist …
Abschnitt 6: … finden **aber** das schwarze …
Abschnitt 7: **Trotzdem** wird das eBook …; **Doch** eine Chance hat …
Abschnitt 9: … ist das eBook **dagegen** ideal …
Weitere Konjunktionen sind: zwar, aber, jedoch, obwohl, obgleich and sondern.

## Übung 25

All the arguments that are mentioned in the text are listed here.

| Gliederung | Unterthemen | Pro/Kontra | Argument |
|---|---|---|---|
| Einleitung | Lesegewohnheiten | – | Hinführung zum Thema |
| Hauptteil: Unterthema 1 | Perspektive der Verleger | Pro | billiger, praktischer und schneller |
| Hauptteil: Unterthema 2 | Perspektive der Leser | Pro | technisch relativ einfach, gut zu bedienen |
| | | Kontra | keine Seitenzahlen, weniger Orientierung, falsches Lesegefühl |
| Hauptteil: Unterthema 3 | Reaktion der Umwelt | Pro | faszinierende Technik, elegantes Design, Bücher teilweise billiger |
| | | Kontra | zweifelhafter Nutzen |
| Hauptteil: Unterthema 4 | Beschreibung einer Internet-Zeitung | Pro | elektronische Zeitung billig oder kostenlos |
| | | Kontra | Vielfalt fehlt |
| Schluss | Fazit | Pro Kontra | (Zusammenfassung der Argumente und Ausblick) |

## Übung 26

Your summary might look like this. Have you used some of the words you found in *Übung* 24?

### Einleitung:

Im Juni 2000 ist das elektronische *e*Book auf den Markt gekommen, mit dem man 500 Bücher auf einmal speichern kann.

### Hauptteil:

Die Verleger begrüßen das *e*Book, weil es preiswerter und praktischer ist, Bücher elektronisch zu veröffentlichen. Traditionelle Bücherliebhaber <u>jedoch</u> sind nicht so begeistert. Die Technik funktioniert <u>zwar</u> und das *e*Book ist einfach zu bedienen, <u>aber</u> das Lesegefühl stimmt nicht. Es fehlt z.B. die Orientierung durch Seitenzahlen. Sonst reagieren die Leute unterschiedlich auf das *e*Book. Einige zweifeln am Nutzen, andere <u>dagegen</u> bewundern das neue Hightech-Buch und sein modernes Design.

### Schluss:

Zusammenfassend kann man sagen, dass das *e*Book es zwar einfacher und billiger macht, Bücher zu verkaufen. Trotzdem stellt sich die Frage, ob Leute, die Bücher mögen, das *e*Book benutzen werden. Aber zumindest ist es praktisch zum Lesen von Zeitungen.

Note how conjunctions and adverbs were used in this version.

---

## Übung 27

Here are some possible arguments for and against an Internet-only newspaper.

Argumente dafür:

- aktuelle Informationen
- weniger Papierverbrauch
- billiger
- einfach zu verschicken (elektronisch statt auf den Straßen oder mit der Bahn)

Argumente dagegen:

- man braucht einen Computer
- man muss mit dem Computer umgehen können
- man kann die Zeitung nur am Computer lesen (und z.B. nicht in öffentlichen Verkehrsmitteln)

# Übung 28

1  Michael Maier, ein Österreicher, war zuerst Chef der österreichischen Zeitung „Die Presse". Dann hat er für die „Berliner Zeitung" gearbeitet und war als Chefredakteur bei der Zeitschrift „Stern".

2  Die Zeitung will Leser mit gehobenen Ansprüchen ansprechen. Sie will mit Eigenrecherchen und Hintergrundinformationen Qualitätsjournalismus machen. Dazu hat Maier Journalisten von profilierten Zeitungen und Rundfunkanstalten (ARD, DeutschlandRadio) angestellt.

3  Die Qualität der meisten Nachrichtensites ist schlecht. Ihr Äußeres ist bunt und soll die Leute anziehen. Sie sind meist voller Werbung, bieten kaum ernsthafte Informationen und machen Verluste.

4  Sie ist eine Ausnahme unter den Nachrichtensites und das Vorbild der Berliner „Netzeitung". Sie ist in Norwegen sehr beliebt und macht Gewinne.

5  Die „Netzeitung" kann sich auf das Internet konzentrieren. Sie ist schnell, aktuell und leserfreundlich.

6  Ihr Angebot ist etwas beschränkt. Viele traditionelle Rubriken (z.B. Anzeigen oder Glossen) fehlen.

You could have a look at an edition of the Netzeitung and see whether it is still available and how it has progressed.

# Übung 29

Argumente dafür:

- aktuelle Informationen (Übung 27)
- weniger Papierverbrauch (Übung 27)
- billiger (Übung 27)
- einfach zu verschicken (elektronisch statt auf den Straßen oder mit der Bahn) (Übung 27)
- Internet hat egalitären Charakter
- Internet als ideales Medium für aufklärerischen Journalismus
- „Netzeitung" besser als andere Nachrichtensites
- häufige Aktualisierung möglich
- die Nachrichten in der „Netzeitung" sind verständlich und relativ übersichtlich
- Möglichkeit, den Autoren ein E-Mail zu schicken (d.h. mehr Interaktivität)
- Möglichkeit, die Artikel per E-Mail zu verschicken

Argumente dagegen:

- man braucht einen Computer (Übung 27)
- man muss mit dem Computer umgehen können (Übung 27)

- man kann die Zeitung nur am Computer lesen (und z.B. nicht in öffentlichen Verkehrsmitteln) (Übung 27)
- unübersichtlich (Übung 27)
- schlechte Qualität der meisten Nachrichtensites
- mehr Werbung als Nachrichten
- viele Anbieter machen Verluste
- nicht so vielfältig wie eine konventionelle Zeitung, es gibt nur wenige Rubriken

## Übung 30

1  Passiv
2  Vollverb
3  Passiv
4  Futur
5  Passiv
6  Passiv
7  Passiv

## Übung 31

Here are some additional ideas.

Pro:

- Zugang zu mehr Informationen
- weiterer Zugriff auf lokale und kleinere regionale Zeitungen
- Chance für neue Internetunternehmen
- einfacherer Zugriff auf ausländische Zeitungen und Bücher
- zusätzliche Funktionen: z.B. Suche, Archiv

Kontra:

- bestimmte Bücher sind nicht dazu geeignet, online gelesen zu werden (z.B. Bildbände)
- negative Auswirkungen für Buchläden und Zeitungshändler
- verstärkte Isolierung des Individuums
- Benachteiligung der Menschen, die keinen Computer haben
- Entwicklung einer Zweiklassengesellschaft (Menschen mit beziehungsweise ohne Zugang zu Informationen)
- noch mehr unnötige Informationen

# Übung 32

Here are possible models for 1 and 2. Obviously, your plan might look different.

1

| Pro | billig und praktisch, einfach zu verschicken (elektronisch statt auf den Straßen oder mit der Bahn), weniger Papierverbrauch, zusätzliche Funktionen: z.B. Suche, Archiv |
|---|---|
| | Internet hat egalitären Charakter, ein ideales Medium für aufklärerischen Journalismus |
| | Chance für neue Internetunternehmen |
| | aktuelle Informationen |
| | schnellerer Zugang zu mehr Informationen (auch Zugriff auf lokale und kleinere regionale Zeitungen und auf ausländische Zeitungen und Bücher) |
| | interaktiv: Möglichkeit, den Autoren E-Mails zu schicken, Möglichkeit, die Artikel per E-Mail zu verschicken |
| Kontra | man braucht einen Computer |
| | man muss mit dem Computer umgehen können |
| | bestimmte Bücher sind nicht dazu geeignet, online gelesen zu werden (z.B. Bildbände), man kann die Zeitung nur am Computer lesen (und z.B. nicht in öffentlichen Verkehrsmitteln) |
| | beschränkt: nicht so vielfältig wie eine konventionelle Zeitung, unübersichtlich |
| | schlechte Qualität der meisten Nachrichtensites, oft mehr Werbung als Nachrichten |
| | wirtschaftliche Nachteile: negative Auswirkungen für Buchläden und Zeitungshändler |
| | Benachteiligung der Menschen, die keinen Computer haben und Entwicklung einer Zweiklassengesellschaft (Menschen mit beziehungsweise ohne Zugang zu Informationen) |
| | verstärkte Isolierung des Individuums |
| | noch mehr Informationen, die wir nicht brauchen |

2

| Pro | Kontra |
|---|---|
| **Unterthema 1**: praktische Vor- und Nachteile ||
| <ul><li>billig</li><li>einfach zu verschicken (elektronisch statt auf den Straßen oder mit der Bahn)</li><li>weniger Papierverbrauch</li><li>zusätzliche Funktionen: z.B. Suche, Archiv</li></ul> | <ul><li>man braucht einen Computer</li><li>man muss mit dem Computer umgehen können</li><li>bestimmte Bücher sind nicht dazu geeignet, online gelesen zu werden (z.B. Bildbände), man kann die Zeitung nur am Computer lesen (und z.B. nicht in öffentlichen Verkehrsmitteln)</li><li>beschränkt: nicht so vielfältig wie eine konventionelle Zeitung, unübersichtlich</li><li>schlechte Qualität der meisten Nachrichtensites, oft mehr Werbung als Nachrichten</li></ul> |
| **Unterthema 2**: wirtschaftliche Vor- und Nachteile ||
| <ul><li>Chance für neue Internetunternehmen</li></ul> | <ul><li>negative Auswirkungen für Buchläden und Zeitungshändler</li></ul> |
| **Unterthema 3**: soziale Vor- und Nachteile ||
| <ul><li>Internet hat egalitären Charakter, ein ideales Medium für aufklärerischen Journalismus</li><li>interaktiv: Möglichkeit, den Autoren E-Mails zu schicken</li><li>Möglichkeit, die Artikel per E-Mail zu verschicken</li></ul> | <ul><li>Benachteiligung der Menschen, die keinen Computer haben</li><li>Entwicklung einer Zweiklassengesellschaft (Menschen mit beziehungsweise ohne Zugang zu Informationen)</li><li>verstärkte Isolierung des Individuums</li></ul> |
| **Unterthema 4**: Informationsgesellschaft – Vor- und Nachteile ||
| <ul><li>aktuelle Informationen</li><li>schnellerer Zugang zu mehr Informationen (auch Zugriff auf lokale und kleinere regionale Zeitungen und auf ausländische Zeitungen und Bücher)</li></ul> | <ul><li>noch mehr Informationen, die wir nicht brauchen</li></ul> |

# 5 Literatur und Kritik

## Übung 1

Compare your ideas with these.

- Geschichte spielt im Jahre 1931, ein paar Jahre vor dem Beginn der Naziherrschaft
- Titel weist darauf hin, dass es in der Geschichte um Juden in Deutschland geht
- Vielleicht geht es um Antisemitismus unter Kindern

## Übung 2

| Datum | Informationen |
|---|---|
| 1924–1928 | Deutschland war wirtschaftlich und politisch relativ stabil |
| Oktober 1929 | „Schwarzer Freitag" in New York/1,6 Mio. Arbeitslose in Deutschland |
| Februar 1930 | 3 Mio. Arbeitslose |
| Februar 1932 | 6,13 Mio. Arbeitslose, 12 Mio. Erwerbstätige |
| 1933 | die Nationalsozialisten kamen an die Macht |

## Übung 3

While your notes will probably not be this extensive, check that you have covered the main points.

### Phase 1: Nationalsozialismus

wächst heran als Bewunderer von Hitler und des Faschismus
1936: Mitglied der Hitler-Jugend im Sudetenland
1938: Mitglied der SA
1939: als Freiwilliger zur Reichswehr

### Phase 2: Sozialismus/Marxismus-Leninismus

1945: Russische/Sowjetische Gefangenschaft
1946: Umerziehung in einer antifaschistischen Schule in der UdSSR
1949: Rückkehr aus der Sowjetunion; arbeitet für die National-Demokratische Partei Deutschlands in der DDR, dann freier Schriftsteller; unterstützte die SED und ihre Kulturpolitik aktiv;
50er Jahre: Beginn des Sozialismus in der DDR als zentrales Thema, dann Schwerpunkt auf Verarbeitung der Nazi-Vergangenheit

**Phase 3: kritische Distanz zur DDR**

Mitte der 60er Jahre: geringes Interesse am Marxismus-Leninismus und ostdeutscher Kulturpolitik
neue Themen: Mythos, Fantasie und Träume, Sprachspielereien
1968: tiefe persönliche Krise nach der Invasion der ČSSR durch die sowjetische Armee
Literatur wird wichtiger als Politik
Kritik am Staat der DDR, aber noch immer Festhalten an sozialistischen Idealen, unterstützt die Opposition und junge Autoren und Autorinnen in der DDR

---

## Übung 4

Here are two possible answers, depending on whether you considered Fühmann's life typical or non-typical for Germans of his generation.

> **Fühmanns Leben ist typisch für seine Generation. Wie viele andere Deutsche wurde er zuerst vom Nationalsozialismus beeinflusst und wurde dann ein überzeugter Sozialist in der DDR. Allerdings stand er dem System der DDR im Laufe der Zeit immer kritischer gegenüber und lehnte es schließlich ab.**

> **Fühmanns Leben ist untypisch, weil die meisten Menschen nicht so deutlich die Seiten wechselten. Erst war er ein überzeugter Nazi, dann ein überzeugter Sozialist und schließlich wurde er viel früher als viele seiner ostdeutschen Landsleute zum Kritiker des DDR-Regimes.**

---

## Übung 5

**(1) d; (2) i; (3) a; (4) f; (5) h; (6) e; (7) b; (8) c; (9) g**

---

## Übung 6

This activity acts as an introduction to the short story by giving you a summary. It also helps you to read a text more carefully and to recognise cohesive devices.

This is the correct order of the sentences: 1 (a); 2 (b); 3 (h); 4 (f); 5 (l); 6 (i); 7 (c); 8 (e); 9 (g); 10 (j); 11 (d); 12 (k)

Here is the complete summary. The words and expressions that may have helped you order the jumbled sentences are in *italic* type.

> **Der Erzähler schildert seine *ersten Kindheitserinnerungen. Eine* Erinnerung handelt von einem obdachlosen Mann, der nett zu ihm ist.**

> **_Eine andere Erinnerung_ hat mit der Schule zu tun. Als der Junge neun Jahre alt ist, hört er in der Schule *von einer Mitschülerin* ein Gerücht über ein *Judenauto*. *Das Mädchen* erzählt, dass die *Juden in dem Auto* kleine Mädchen fangen würden, sie schlachten und ihr Blut zu Brot verarbeiten würden. Obwohl der**

Junge noch nie einen *Juden* gesehen hat, glaubt er *die Geschichte des Mädchens*, weil er von den *Erwachsenen* viel Schlechtes über die Juden gehört hat. *Seine Eltern z.B.* glauben, dass die Juden an der allgemeinen Krise schuld sind. Der Junge ist so besessen von der Geschichte, dass er im Unterricht davon *träumt*, wie er ein Mädchen, das er gern hat, vor den Juden rettet. Der Lehrer weckt ihn jedoch aus *seinen Träumen* und die anderen Schüler lachen ihn aus. Zur Strafe muss er länger in der Schule bleiben.

*Nach der Schule* macht er einen Umweg nach Hause. Er geht über die Felder, wo er *einem Auto* begegnet. Er glaubt, dass es *das Judenauto* ist. In panischer Angst *rennt er vor dem Auto weg*. Am nächsten Tag erzählt er in der Klasse, *wie er dem Judenauto entkommen* ist. *Zuerst* glauben ihm alle und feiern ihn als Held. Er hofft, dass er nun die Bewunderung *des Mädchens, das er gern hat*, gewonnen hat. *Dann* entlarvt jedoch *das Mädchen* seine Geschichte als Fantasie. Sie erzählt, dass ihr Onkel am Tag zuvor mit dem Auto zu Besuch gekommen sei und einen Jungen nach dem Weg gefragt habe, der schreiend weggelaufen sei. *Die anderen Kinder lachen den Jungen aus* und er gibt *am Ende* den Juden die Schuld an der ganzen Geschichte.

Perhaps you noticed the use of feminine pronouns *(sie, ihr)* referring back to the noun *das Mädchen*, which is neuter. Although this usage isn't strictly correct from a grammatical point of view, it attempts to take into account the real gender, instead of merely the grammatical gender.

## Übung 7

1   Seine erste Erinnerung ist die Farbe Grün. Der Kachelofen zu Hause hatte diese Farbe.
2   Er kann sich deutlich an einen Mann erinnern, der mit ihm spielt und ihm etwas zu essen gibt. Er erinnert sich auch an das plötzliche Ende dieser Szene, als seine Mutter ihn findet. Sie ist entsetzt.
3   Das einzige Gesicht, an das er sich noch gut erinnert, ist das Gesicht eines Mädchens. Sie hat braune Augen, einen schmalen Mund, kurzes helles Haar und eine hohe Stirn.

You may have noticed that the language used in this story is different from the language you have come across when reading articles from newspapers or magazines. For a start, the vocabulary is different. Here it is used to create a certain atmosphere (e.g. the images which recall the narrator's childhood). You do not need to understand every word to make sense of the story. Another striking feature is that both the paragraphs and the sentences are much longer than you would usually find in newpaper and magazine articles. However, if you look at the sentences more closely, you can see that they have a relatively simple structure. Most of them consist of a series of sentences (separated by a semicolon or a colon) or of parts of a sentence linked by *und* and by the occasional relative clause.

Please note that the short story uses the old spelling as it was published in 1962. Many literary texts do not follow the new regulations of the spelling reform. However, the new spelling has been taught for several years in German-speaking countries and is the only accepted norm since 2005. Therefore, you should use new spelling in your writing.

---

## Übung 8

1   Sie erzählt von vier Juden, die angeblich mit einem Auto herumfahren und Mädchen jagen. Sie sagt, die Mädchen würden dann geschlachtet und zu Brot verarbeitet. Das Auto sei gelb und die Juden seien schwarz und hätten lange, blutige Messer. Vom Trittbrett des Autos habe Blut getropft.
2   Die anderen Kinder und der Erzähler glauben die Geschichte und sind gleichzeitig schockiert und fasziniert.

In this part of the text you can see how the author switches between direct and indirect speech. The first half of Gudrun's story (*„Ihr Leute, ihr Leute … und dann essen sie das!"*) is quoted by the narrator. In the second half (*„Ein Judenauto sei … habte sie das Judenauto mit eigenen Augen sehen können: gelb ganz gelb, und vom Trittbrett das tropfende Blut"*), he reports what she said, using present and past subjunctives (e.g. *sei, fahre, habe, hätten*).

---

## Übung 9

1   Der Junge hat seine Informationen über die Juden aus den Gesprächen der Erwachsenen.
2   Er glaubt, dass sie eine krumme Nase und schwarze Haare haben. Außerdem hält er sie für alles Schlechte in der Welt verantwortlich. Er denkt zum Beispiel, dass sie für die wirtschaftliche Krise verantwortlich sind, die das Geschäft seines Vaters bedroht. Seiner Meinung nach hassen sie alle Deutschen und wollen sie vernichten.
3   Er redet von der Weltwirtschaftskrise. (This is not mentioned in the text. However, the information presented earlier in this *Thema* should have helped you answer the question.)
4   Der Lehrer denkt, dass die Geschichte nicht stimmt.
5   Er träumt, dass er dem Judenauto begegnet, als es das braunäugige Mädchen entführen will. Es gelingt ihm jedoch, die Juden zu überwältigen und das Mädchen zu befreien. Er ist genauso tapfer wie der Held in den Geschichten, die er liest.
6   Der Lehrer schlägt ihm auf die Hand und macht sich lustig über ihn, und die anderen lachen ihn aus. Er ist sich jedoch sicher, dass das Mädchen niemals über ihn lachen würde.

This section shows how different things merge in the boy's mind (Gudrun's story; adults' stereotypes and prejudice about the Jews; the boy's own view of the Jews;

adventure books; his admiration for the girl in his class). The narrator switches from reality to fantasy without making it explicit.

---

## Übung 10

1 Der Junge geht nicht direkt nach Hause, denn er hat Angst, weil er nachsitzen musste und deshalb zu spät kommt. Deshalb denkt er sich eine Ausrede aus. Er will zu Hause erzählen, dass er versucht hat, das Judenauto zu finden. Deshalb geht er über die Felder nach Hause.

2 Er fühlt sich nicht mehr als Teil der Natur, sondern als etwas Fremdes.

3 Er sieht ein braunes Auto.

You might have wondered at the way nature is described in this part. The narrator uses words that are not usually used in conjunction with each other to express a range of confused feelings like sensuality and aggression (e.g. *„das pralle Fleisch der Glockenblumen schwang blau; die Grillen schrien mir eine irre Botschaft zu"*).

---

## Übung 11

1 Er glaubt wegen der Farbe, dass es das Judenauto ist. Zuerst hatte er zwar gedacht, dass das Auto braun ist. Dann ist er sich aber sicher, dass es gelb ist und vier Personen darin sitzen. Außerdem trifft er es auf einem Feldweg. Alles scheint wie in Gudruns Bericht zu sein.

2 Als er das Auto sieht, gerät er in Panik. Zuerst ist er wie gelähmt, dann will er weglaufen. Er hat jedoch Angst, dass er dann den Verdacht der Personen im Auto erregt. So geht er langsam den Feldweg entlang.

3 Er wird hysterisch und läuft schreiend weg.

Look at the way language is used here to express the boy's panic (repetition of *und*, sentences without a full stop). After the first few short sentences, the rest of the passage consists of very long sentences, keeping up the suspense.

---

## Übung 12

1 Er stellt sich als Held dar und erzählt, dass ihn das Judenauto stundenlang verfolgt habe, dass er aber entkommen sei. Er schildert das gelbe Auto, die schwarzen Juden und die blutigen Messer ganz genau.

2 Es schwimmt fort, weil er in das Mädchen verliebt ist und zum ersten Mal glaubt, dass sie seine Gefühle erwidert. Denn das Mädchen sieht ihn an und lächelt. Er denkt, dass sie ihn nach diesem Abenteuer bewundert.

The language in the second half of this section shows the breathlessness both of the boy telling his classmates of his encounters with the car, and of the class listening to him (long sentence; repeated words *und, da, gelbe*; long list of *unwiderlegliche Tatsachen*). You can find the same stylistic features in earlier passages (e.g. towards the end of the second section, i.e. in Exercises 8 and 11).

---

## Übung 13

1  Das Mädchen erzählt, dass am Tag zuvor ihr Onkel mit zwei Freunden in einem braunen Auto zu Besuch gekommen sei. Sie hätten auf dem Feldweg einen Jungen getroffen und ihn nach dem Weg gefragt. Dieser Junge, der aussah wie der Erzähler, sei jedoch schreiend weggelaufen. Sie selbst habe das gesehen.
2  Sie lachen ihn aus.
3  Der Junge rennt weg und schämt sich. Er ist enttäuscht und hält die Juden auch für dieses Ereignis verantwortlich (wie für die wirtschaftliche Krise, siehe Übung 9). Damit macht er sie zum Sündenbock für sein falsches Verhalten.

In this section, nature is used again to reflect the boy's state of mind. You can see how his perception of nature changes in accordance with his feelings, as his happiness gives way to disappointment. The language used makes this clear (e.g. *„Mohn glühen, Thymianduft"* vs. *„bös wie Wespen", „Wespenschwärme über Thymianbüschen"*). At the end, the boy repeats the stereotypical ideas about the Jews he has learnt from the people around him and uses them to blame the Jews for his own failure.

---

## Übung 14

| Fantasie | Realität |
| --- | --- |
| gelbes Auto | braunes Auto |
| vier Personen | drei Personen |
| Juden mit blutigen Messern; Blut tropft vom Trittbrett | der Onkel des Mädchens mit zwei Freunden |
| Anruf oder Befehl an den Jungen | fragen den Jungen nach dem Weg |
| das Auto fährt fast eine Stunde hinter dem Jungen her | das Dorf ist nur ein paar Schritte entfernt |
| Flucht und Verfolgung | der Junge läuft schreiend vor dem Auto weg |
| der Junge als Held | Angst und Panik des Jungen |

# Übung 15

Your answers will, of course, be different, especially for question 5. Compare your answers with these.

1   Die Einstellung des Jungen ist negativ. Er glaubt, dass die Juden an allem Schlechten in der Welt schuld sind.

2   Seine Einstellung kommt von seinen Mitschülern und Mitschülerinnen, seinen Eltern und anderen Erwachsenen. Sie sind antisemitisch und haben Vorurteile den Juden gegenüber.

3   Die Erwachsenen glauben, dass die Juden an der Wirtschaftskrise in Deutschland schuld sind. Da die Juden eine Minderheit sind, ist es einfach, sie zum Sündenbock zu machen.

4   Der Junge ist von den Vorurteilen den Juden gegenüber, den Abenteuerbüchern, die er liest, und seiner Zuneigung zu dem Mädchen stark beeinflusst. Er sieht die Welt um sich herum unter diesen Einflüssen.

5   Fühmann zeigt sehr gut, wie sich Vorurteile entwickeln. Man kann sich besser vorstellen, wie sich in Deutschland insgesamt antisemitische Ideen verbreitet haben.
    *or*:
    Ich finde es erschreckend, dass sogar so junge Menschen wie der Erzähler ein Feindbild entwickeln und voller Hass auf eine Bevölkerungsgruppe sind, die sie gar nicht kennen.

# Übung 16

1   Was man in einer Einleitung machen sollte:

   - den Leser/die Leserin in das Thema einführen und sein/ihr Interesse wecken
   - sie sollte drei Aspekte beinhalten: einen Einleitungsgedanken, eine Überleitung zum Thema und das eigentliche Thema selbst
   - die Einleitung kann bei einem längeren Aufsatz auch die Vorgehensweise im Hauptteil grob skizzieren

2   Was man in einer Einleitung nicht machen sollte:

   - nicht das Thema verändern
   - keine Argumente oder Urteile vorwegnehmen (das gehört in den Hauptteil oder in den Schluss)
   - der erste Satz darf nicht direkt an den Titel anschließen

3   Hinführung auf das Thema in der Einleitung:

   - vom Besonderen zum Allgemeinen
   - vom Allgemeinen zum Besonderen

- gegenteilige Behauptung
- Zitat
- konkretes Beispiel
- aktueller Anlass
- persönliches Erlebnis
- Definition des zentralen Begriffs des Themas

Although essays and books in German tend to follow these 'dos' and 'don'ts', you will have noticed that newspaper articles often operate differently. If you want to play it safe when writing an essay, follow these conventions. You can't go wrong.

---

## Übung 17

1 (c) Beginnt mit einem Zitat von Walter Jens über Franz Fühmann,
  (b) enthält auch ein Zitat von Fühmann selbst.
2 (e) Knüpft unmittelbar an den Titel an (Diese Frage). Denken Sie daran, dass ein Aufsatz auch ohne Titel einen Sinn ergeben sollte.
3 (a) Beginnt mit der allgemeinen Beobachtung, dass Fühmann einer der interessantesten Autoren nicht nur der DDR sei und sein Werk die Veränderungen des 20. Jahrhunderts widerspiegele.
4 (d) Geht vom Besonderen zum Allgemeinen: Fühmanns Leben ist beispielhaft für das 20. Jahrhundert.
5 (e) Die Einleitung behandelt Fühmanns Biografie, anstatt sie im Hinblick auf den Titel zu analysieren.
6 (e) Die Einleitung enthält eine Einschätzung Fühmanns, die in den Schlussteil des Aufsatzes gehört.
7 (b) Die Einleitung beginnt mit einem Ereignis aus Fühmanns Leben.
8 (e) Enthält mehrere Beispiele, was man in Einleitungen nicht machen sollte, und ist deshalb als Einleitung ungeeignet.

---

## Übung 18

Here are some possible introductions.

1 Franz Fühmanns Erzählung „Das Judenauto" basiert auf den Erfahrungen des Schriftstellers in den frühen 30er Jahren. Er geht von seinen persönlichen Erfahrungen mit dem Nationalsozialismus aus und versucht zu zeigen, wie sich Vorurteile in einer Gesellschaft entwickeln können.
2 Für Diktaturen sind Feindbilder sehr wichtig, da sie helfen, von den wirklichen Problemen abzulenken und ein Land angesichts eines scheinbaren Gegners zusammenzuhalten. Dies war auch der Fall im Nationalsozialismus, als die Juden zum Sündenbock für die Probleme in Deutschland gemacht wurden. Franz

Fühmann behandelt in seiner Erzählung „Das Judenauto" diese Problematik und zeigt, wie sich solche Feindbilder entwickeln.

3   „Juden. Judenjudenjuden. Sie waren dran schuld. Ich haßte sie." Das sind die letzten Sätze der Erzählung „Das Judenauto" von Franz Fühmann. Die Erzählung spielt in den frühen 30er Jahren und zeigt, wie ein Junge von den Vorurteilen gegenüber den Juden erfasst wird.

4   Angriffe auf Menschen, die anders sind als wir selbst, passieren heute leider oft. Die Medien berichten immer wieder von Fremdenfeindlichkeit. Auch wir selbst müssen zugeben, dass wir uns manchmal vor dem Fremden, Unbekannten fürchten. Wie solche Vorurteile entstehen und sich verbreiten ist das Thema der Erzählung „Das Judenauto" des DDR-Schriftstellers Franz Fühmann.

5   Franz Fühmann schildert in seiner Erzählung „Das Judenauto" auf eindrucksvolle Art und Weise seine eigenen Erfahrungen mit dem Nationalsozialismus. Die Geschichte ist besonders beeindruckend, da sie zeigt, wie es möglich war, dass „normale" Menschen wie er von den Ideen der Nazis vergiftet wurden.

6   „[E]ine feste, meist negative Meinung über Menschen oder Dinge, von denen man nicht viel weiß oder versteht". So definiert „Langenscheidts Großwörterbuch: Deutsch als Fremdsprache" den Begriff „Vorurteil". Franz Fühmanns Erzählung behandelt dieses Phänomen und zeigt am Beispiel eines kleinen Jungen, wie sich in den 30er Jahren antisemitische Feindbilder entwickelten.

# 6  Kaufen und Verkaufen

## Übung 1

Here are some suggestions for possible answers.

Please note that there is a linguistic distinction in the literal meaning of *billig* (cheap) and *preiswert* (cheap, good value). This is often exploited by advertisers, who like to point out that their product is not just cheap but worth buying nevertheless.

## Übung 2

**Aldi, Lidl, Plus und Co. sind weiter auf dem Vormarsch. Mit <u>Preissenkungen</u>\*, „Dauerniedrigpreisen", Sonderaktionen und <u>Sonderangeboten</u>\* bieten die Discounter allwöchentlich in großformatigen Zeitungsanzeigen ihre <u>Leistungen</u> feil. Und sie haben damit <u>Erfolg</u>. In den letzten 13 Jahren – von 1991 bis 2004 – hat sich die Zahl der Discountgeschäfte im Lebensmitteleinzelhandel nahezu <u>verdoppelt</u>, ebenso ihre <u>Umsätze</u>; die Verkaufsfläche hat sich sogar <u>verdreifacht</u>. Heute haben die Discounter einen <u>Marktanteil</u> (also einen Anteil am Umsatz des Lebensmitteleinzelhandels) von weit mehr als einem Drittel (38,4 Prozent). 1991 kamen sie erst auf ein knappes <u>Viertel</u> (23,4 Prozent). Dieses Plus ging vor allem zu Lasten der traditionellen kleinen Lebensmittelgeschäfte und der Supermärkte.**

\* These two were used in the original, but they could be exchanged.

## Übung 3

You probably had different ideas. Compare them to the suggestions provided.

1   Hohe Arbeitslosigkeit in Deutschland, besonders in den neuen Bundesländern, bedeutet, dass Menschen wenig Geld zur Verfügung haben.

    Da die Qualität der Produkte bei den Discountern trotzdem gut ist, halten Leute es für falsch, mehr für etwas auszugeben, wenn sie es auch billig haben können.

    Die Deutschen wollen Geld für andere Produkte ausgeben.

2   Wenn zu viele Leute bei Discountern kaufen, machen kleine Lebensmittelgeschäfte und Supermärkte ein schlechteres Geschäft und müssen letztendlich schließen. So kann es sein, dass Menschen ohne Auto Schwierigkeiten haben, einen Laden zu erreichen, weil die kleineren Läden in Wohngebieten geschlossen werden.

    Die Discounter und großen Supermärkte haben dann Einfluss auf den Markt. Weil es weniger Konkurrenz gibt, steigen die Preise möglicherweise wieder. Außerdem können sie als Großabnehmer die Produzenten ihrer Produkte ausnutzen, z.B. indem sie sie zwingen, ihre Produkte billiger an die Discounter/Supermärkte zu verkaufen.

## Übung 4

1   Die Konsumenten haben bisher gespart, denn sie waren nicht sicher, wie viel Geld sie zur Verfügung haben würden. Sie hatten Angst, arbeitslos zu werden. Auch gab es Einsparungen bei den Sozialleistungen, gestiegene Energiekosten und eine Steuerreform.

2   Die Konsumenten haben sich an die Veränderungen gewöhnt. Sie erwarten, dass sie nach der Steuerreform mehr Geld zur Verfügung haben werden.

3   Die Käuferinnen und Käufer sind verärgert und argwöhnisch, weil sie erfahren haben, dass Sonderpreise oft nur dazu verleiten, unüberlegt und ohne Preisvergleich etwas schnell zu kaufen. Diese Produkte sind nicht immer wirklich preiswert.

4   Bisher ließen sich Käufer und Käuferinnen durch niedrige Preise überzeugen. Nun achten sie wieder auf Verlässlichkeit, Service und Qualität.

---

## Übung 5

1   Einleitung: ersterAbsatz

Hauptteil: die mittleren drei Absätze

Schluss: der letzte Absatz

2   Die Einleitung gibt einen Ausblick auf den Rest des Artikels, spricht von den allgemeinen Themen: dem neuen Optimismus und der Erwartung, dass die Billig-Welle abnimmt.

3   Der Mittelteil behandelt die einzelnen Themen aus der Einleitung ausführlicher. Bei der Analyse der Situation bauen die Absätze systematisch aufeinander auf. Absatz 2 erklärt genauer, wer optimistisch ist. Absatz 3 spricht von den Einkommens-erwartungen der Deutschen und erklärt, was passiert ist, um diese Veränderungen hervorzurufen. Absatz 4 erklärt, warum Niedrigpreise nicht mehr so wirksam sind.

4   Der Schlussabsatz kommt wieder auf das Thema der Einleitung zurück und blickt in die Zukunft.

Whilst you were focussing on the structure and content of the article, you may have noticed that each paragraph concentrates on one main point. This is something you might want to aim to do in your own writing.

---

## Übung 6

1   *„Kaum ein Bereich ist vor der Smart-Shopper-Attitüde sicher: ‚Wer heute in Business-Kreisen mit seinem teuren Lufthansa-Ticket protzt, gilt als Dummkopf‘, sagt Nordstroem. Zwar ist er selbst für mehr als tausend Euro nach Frankfurt geflogen – aber nur, weil der Veranstalter bezahlt hat. Privat fliegt er Easyjet.“*

2   *„Konsumexperten sprechen vornehm vom ‚hybriden‘ oder ‚multioptionalen‘ Käufer, meinen aber das Gleiche: die Massenflucht aus dem Mainstream.“*

3   *„Kjell Nordstroem [...] spricht über die Zukunft ... Dabei ist Nordstroem gerade im Begriff, ganze Branchen und Preissegmente zu Grabe zu tragen.“*

4 „*Karstadt oder Opel müssen schmerzlich erfahren: Otto Normalverbraucher ist nicht mehr schick. Alle möchten besonders sein …*"

5 „*Das schrumpfende Mittelsegment wird häufig mit dem Verschwinden der ‚gesellschaftlichen Mitte' erklärt. Tatsächlich …*"

6 „*Heute reicht es nicht mehr, einem Produkt ein paar Extras anzupappen. In der Überflussgesellschaft wird es keinen Grund mehr geben, das Zweitbeste zu kaufen.*"

7 „*Sind die Grundbedürfnisse gestillt, ist der neue Konsument bereit, für Dinge, die ihm am Herzen liegen, viel Geld zu bezahlen.*"

8 „*… ist die Zahl der Haushalte, deren Einkommen unter der Armutsgrenze liegt, zwischen 1998 und 2003 von 12,1 auf 13,5 Prozent gestiegen. Gleichzeitig, so der aktuelle ‚Armutsbericht' der Bundesregierung, besaßen die reichsten 10 Prozent im vergangenen Jahr 47 Prozent des Nettovermögens aller Haushalte – 1998 waren es noch 2 Prozentpunkte weniger.*"

9 „*Längst ist aus der dickbauchigen Zwiebel, die einst den Konsummarkt repräsentierte, eine stark taillierte Sanduhr geworden: Discount boomt, Luxus aber auch.*"

10 „*… hat vor allem mentale Ursachen: Die Mitte ist noch da – aber keiner möchte mehr dazugehören.*"

It is quite common for business texts like this one to use an anglicised vocabulary, e.g. *Benchmarken, Best-Practice-Kopieren, Lifestyle, Smart-Shopper-Attitüde.*

---

## Übung 7

1 Die Deutschen kaufen **nicht nur** bei Billiganbietern, **sondern** interessieren sich **auch** für Premium- und Luxusmarken.

2 **Zwar** gibt es noch eine gesellschaftliche Mitte, **aber** niemand möchte dazugehören.

3 **Einerseits** sind die reichsten 10% der deutschen Haushalte reicher geworden, **andererseits** ist die Zahl derer unter der Armutsgrenze gestiegen.

4 **Sowohl** bestimmte Preisklassen **als auch** ganze Branchen sind von den Marktveränderungen betroffen.

You can usefully apply these conjunctions to juxtapose statements as part of your argument. Try and use them in your own writing.

---

## Übung 8

(1) **d**; (2) **a**; (3) **c**; (4) **b**

You might have noticed that the structure of this page is different from that of the article analysed previously. An introductory paragraph describes the situation and whets the readers' appetite to continue reading. The following paragraphs give different bits of information and could be read on their own. There is no conclusion. These features are typical for the non-linear nature of web pages.

## Übung 9

1   Mit seiner Arbeit unterstützt der Welt-Laden Kleinbauernorganisationen, Handwerkszusammenschlüsse und Kooperativen in so genannten Entwicklungsländern sowie regionale Kleinbetriebe.

2   Man möchte die derzeitigen Strukturen des Welthandels nicht unterstützen, weil sie die Abhängigkeit der Entwicklungsländer von den Industrienationen fördern (d.h. die Wirtschaft dieser Entwicklungsländer wird auf Rohstoffe und Agrarprodukte für den Export in die Industrienationen beschränkt. Dies führt zur Abhängigkeit von den Abnehmern, die dann die Preise festlegen können. Somit werden die ungerechten wirtschaftlichen Strukturen in den Entwicklungsländern weiterhin unterstützt.) Außerdem spricht man sich gegen die ungerechte Landverteilung, die Ausnutzung der Saisonarbeiter und die Kinderarbeit in den Entwicklungsländern aus.

3   In den Entwicklungsländern fehlt es an Umweltrichtlinien. Außerdem bietet der Laden Produkte, bei denen lange Transportwege der Waren vermieden werden, d.h. von Anbietern aus der Region.

4   Die Standards, die diese Produkte erfüllen, sind ihrer Ansicht nach nicht so hoch wie die der Welt-Läden. Die Produzenten (häufig Großkonzerne) setzen sich z.B. nicht für eine Veränderung der Marktstrukturen ein und leisten keine Informationsarbeit.

5   Die Produzenten werden überdurchschnittlich bezahlt. Sie werden nicht ausgenutzt. Außerdem wird das Geld für die Förderung von Entwicklungshilfeprojekten und für die Informationsarbeit in Köln verwendet.

## Übung 10

Compare what you have written with these suggestions. It depends on your personal point of view, whether or not you agree with these points.

### Gründe für den Kauf im Eine-Welt-Laden

**Man unterstützt nicht die ungerechten Strukturen des Welthandels (hohe Verschuldung der so genannten Dritte-Welt-Länder) und innerhalb der so genannten Dritte-Welt-Länder (ungerechte Landverteilung, Hungerlöhne für Saisonarbeiter, ungeregelte Kinderarbeit)**

**Man hilft dabei, den Lebensunterhalt einiger Menschen in diesen Ländern zu sichern und Entwicklungsprojekte zu fördern**

**Man hilft bei der Finanzierung politischer Bildungsarbeit**

**Beim Kauf regionaler Produkte vermeidet man lange Transportwege, d.h. man trägt zum Umweltschutz bei**

**Beim Kauf regionaler Produkte, tut man aktiv etwas gegen die Globalisierung des Welthandels**

**Man hat ein gutes Gewissen beim Konsumieren dieser Produkte**

**Man gibt der Wirtschaft in den so genannten Dritte-Welt-Ländern eine Chance, ihre Produkte zu fairen Preisen zu verkaufen**

**Gründe gegen den Kauf im Eine-Welt-Laden**

**Man braucht mehr Zeit, um hier einzukaufen, denn man kann nur bestimmte Produkte bekommen und muss trotzdem noch in anderen Läden gehen**

**Man hat nicht so viel Auswahl wie im Supermarkt**

**Die Produkte sind viel teurer. Nicht jeder kann es sich leisten, hier einzukaufen**

**Es gibt nicht überall Eine-Welt-Läden – Supermärkte findet man schneller.**

## Übung 11

- persönlicher Geschmack (Übung 1)
- Gesundheit (Übung 1)
- Werbung (Übung 1)
- Preis (weil man es sich nicht anders leisten kann (Übung 2), oder weil man nicht bereit ist mehr zu zahlen, wenn es anderswo billig ist (Übung 6)
- persönliche Umstände (Übung 2)
- Verlässlichkeit (Übung 2)
- Service (Übung 2)
- Qualität (Übung 2)
- Bequemlichkeit, z.B. Desinteresse an Rabattschlachten (Übung 2)
- Sexyness = man möchte etwas Besonderes (Übung 6)
- Extras (Übung 6)
- Luxus (Übung 6)
- ethische Gesichtspunkte (Übung 8)
- ökologische Gesichtspunkte (Übung 8)

## Übung 12

Your opinion will, of course, be different. Compare it with the following versions.

1    Beim Einkauf achte ich persönlich hauptsächlich auf Qualität, weil meine Familie und ich davon profitieren. Es ist mir z.B. wichtig, dass Lebensmittel aus biologischem

Anbau kommen, weil sie dann besser schmecken und auch gesünder für uns sind. Allerdings müssen die Produkte diesen Preis auch wert sein. Deshalb gehe ich nicht in Welt-Läden, weil ich das Warenangebot dort unnötig teuer finde.

2 Für mich persönlich zählt beim Einkaufen hauptsächlich der Aspekt der Bequemlichkeit, denn ich arbeite viel und lange. Deshalb habe ich wenig Zeit, Preise in verschiedenen Läden zu vergleichen, aber auch genügend Geld, um mir diesen Luxus leisten zu können. Ich kaufe meistens in Supermärkten und großen Kaufhäusern ein, weil ich dort verschiedene Waren unter einem Dach bekomme.

## Übung 13

1 Hiermit beenden Sie Ihren Aufsatz. Ein Aufsatz braucht am Ende immer einen Schlussteil, mit dem Sie Ihre Argumentation abschließen. Man darf nicht einfach aufhören zu schreiben.

2 Eine Zusammenfassung wiederholt einfach die Hauptpunkte noch einmal in Kürze. Ein Schlussteil folgert aus diesen Hauptpunkten, er sagt, was diese bedeuten. Somit schließt er direkt an die Argumentation des Hauptteiles an. Deshalb heißt dieser Teil auch Schlussfolgerung.

3 So wird gezeigt, wie die Schlussfolgerung der logische nächste Schritt in der Argumentation ist. Es kann auch sein, dass Sie einen Ausblick in die Zukunft bieten, z.B. welche praktischen Schritte als Nächstes folgen sollten, was nun wahrscheinlich geschehen wird, oder was die im Aufsatz beschriebene Situation zur Folge haben könnte.

As you saw in *Übung* 1, articles and other texts may adhere to these principles in some ways but not in others. Non-linear documents like web pages (*Übung* 8) might have no formal conclusion, as their overall structure is different.

## Übung 14

1 (1) f; (2) d; (3) e; (4) c; (5) b; (6) g; (7) a

2 (1) g; (2) a; (3) e; (4) f; (5) b; (6) d; (7) h; (8) c

Note that the meanings of 'infer' and 'conclude' are almost synonymous, as are 'that is why' and 'therefore'. Using a wide range of vocabulary, however, can improve the style of your written work.

## Übung 15

Schluss 1 ist besser als Schluss 2. Die Argumentation bezieht sich hier klar auf die Themen, die im Aufsatz angesprochen wurden, und baut darauf auf.

Schluss 2 bezieht sich zwar auch auf einige Aspekte, lässt aber andere aus. Wie viele gute Schlussfolgerungen gibt Schluss 2 einen Ausblick auf die Zukunft, doch bringt er hierbei neue Informationen ein, die im Hauptteil nicht behandelt wurden (die Aspekte Qualität, Service und Besonderes). Falls man diese Informationen behandeln möchte, müssen sie Teil des Hauptteils werden.

Beide Schlussfolgerungen geben auch die persönliche Meinung des Verfassers bzw. der Verfasserin wider. Dies bot sich bei der relativ informellen Formulierung der Überschrift an, ist aber bei akademischeren Abhandlungen zu einem Thema nicht immer angebracht. Dort erwartet man eine objektive Behandlung des Themas. Es ist in diesem Fall wichtig, dass die persönliche Meinung auf der Argumentation des Hauptteils aufbaut und nicht unabhängig davon dasteht.

## Übung 16

Your lists might look like these.

**Für ein Verbot von Werbung im Kinderfernsehen**

- Kinder werden durch Werbung manipuliert
- Kinder wollen alles haben, was sie sehen
- Kinder haben heutzutage sowieso schon so viele Sachen, sie brauchen nicht noch mehr zu sehen

**Gegen ein Verbot von Werbung im Kinderfernsehen**

- Man kann Kinder nicht immer vor allem schützen
- Kinder leben heutzutage sowieso in einer Konsumwelt
- Erwachsene sehen auch Werbung

## Übung 17

1 Falsch. Früher gab es viele Diskussionen um Kinder und Werbung. Jetzt wird das Thema nicht mehr so heftig diskutiert. („Die gesellschaftspolitische Auseinandersetzung um den Bereich Kinder und Fernsehwerbung klingt ab, nachdem sie in den zurückliegenden Jahren die Öffentlichkeit intensiv beschäftigt hat.")

2 Richtig.

3 Falsch. Die Studien haben nicht zeigen können, dass Fernsehwerbung für Kinder schädlich ist. („alle Versuche sind letztlich gescheitert, der Werbung einen schädlichen Einfluss nachzuweisen.")

4 Richtig.

5 Falsch. Kinder lernen Konsumverhalten von Freunden, Familie, Lehrkräften und Medien. („Tatsächlich sei Werbung, so Goldstein, eine von vielen Einflüssen. Kinder lernten Verbraucherverhalten von Freunden, Familie, Lehrkräften und Medien.")

6 Richtig.

## Übung 18

You could have underlined the following.

**Der Wissenschaftler** [Professor J. Goldstein, Universität von Utrecht] kritisiert das Standardargument, Kinder **könnten** nicht [...] dafür **sei** [...] Kindern". **Gaines und Essermann (1981) hätten** bereits gezeigt, [...] verstehen. **Anita Werner (1993)** [...] **habe** [...] feststellen können.

Tatsächlich sei Werbung, so Goldstein [...] Einflüssen. Kinder **lernten** [...] Medien. **„Sie verwenden die Werbung als eine der verfügbaren Informations- und Wissensquellen."** Werbung sei eines [...] trennen, **würde** sie [...]

Hier sieht man drei Möglichkeiten, wie man auf andere Bezug nehmen kann.

- Angaben zu Texten, die diese verfasst (und wahrscheinlich veröffentlicht) haben: Anita Werner (1993)
- direkte Zitate: *„Sie verwenden die Werbung als eine der verfügbaren Informations- und Wissensquellen."*
- Verwendung des *Konjunktivs*: könnten, sei, hätten, habe, sei, lernten, sei, würde.

You can see from the use of the Konjunktiv that Goldstein, rather than the author of this book, is referring to others' published works, as illustrated by the following examples.

*„Gaines und Essermann (1981) hätten bereits gezeigt ..."*

and

*„Anita Werner (1993) ... habe ... festellen können."*

## Übung 19

1   Your list might look like this.

**Gegen ein Verbot von Werbung im Kinderfernsehen**

- **Kinder sind normalerweise werbekompetent**
- **Werbung im Kinderfernsehen ist bereits rechtlich geregelt**
- **Untersuchungen haben nicht beweisen können, dass Fernsehwerbung Kindern schadet**
- **schon mit drei oder vier Jahren können viele Kinder Fernsehwerbung von Sendungen unterscheiden**
- **Kinder lernen Konsumverhalten nicht nur aus der Werbung, sondern auch von anderen Menschen und den Medien**
- **Kinder können auch aus der Werbung lernen**
- **Kinder lernen, mit Geld umzugehen**

2   Das Standardargument gegen Werbung im Kinderfernsehen ist, dass Kinder zwischen Fernsehsendung und Werbung nicht unterscheiden können. Dieses Argument wird hier jedoch abgelehnt.

## Übung 20

(1) keiner; (2) Nickel; (3) Bartels; (4) Bartels; (5) Nickel; (6) Nickel; (7) Bartels; (8) keiner; (9) Bartels

## Übung 21

You might have included the following points.

**Für ein Verbot von Werbung im Kinderfernsehen**

- Kinder sind nicht in der Lage, selbst zu entscheiden, was für sie gut ist
- in Werbespots bekommen Kinder die Botschaft, kaufen und haben zu müssen
- Werbung vermittelt die Botschaft, dass kaufen glücklich macht
- Werbung erzieht Kinder zu Konsumenten
- die Entwicklung der kindlichen Identität wird von „Images und Markenidentitäten" beeinflusst
- besonders kleine Kinder können von der Werbung manipuliert werden
- Erwachsene sollten entscheiden, was für die Kinder gut ist

**Gegen ein Verbot von Werbung im Kinderfernsehen**

- Kinder werden früh medien- und werbekompetent
- Fachleute sind eher gegen das Verbot von Werbung für Kinder
- Kinder verbringen einen relativ geringen Teil ihres Tages vor dem Fernseher
- Kinder verfügen heute über mehr Geld als früher
- die Marke ist oft nicht sonderlich wichtig für Kinder

## Übung 22

Your answer will of course reflect your own personal opinion. Compare it with the following versions.

Herr Bartels vertritt eher meine persönliche Meinung, weil ich der Ansicht bin, dass sich das Konsumverhalten bei Kindern schon ohne Werbung früh genug entwickelt. Eltern sollten versuchen zu verhindern, dass Kinder schon im Kleinkindalter zu Konsumenten werden.

*or:*

Ich stimme Herrn Nickel zu. Kinder leben heute in einer Konsumwelt.

Erwachsene haben die Pflicht, Kindern zu helfen, in dieser Welt zurechtzukommen. Dazu gehört auch, mit Hilfe der Werbung ein richtiges Konsumverhalten zu entwickeln.

## Übung 23

1   *„Allein sitzt die 5-Jährige vorm Fernseher und nimmt neben dem Kinderprogramm Dutzende von Werbespots auf, neugierig und leicht beeinflussbar."*
2   *„[...] schon bei den Kleinen sollen Kaufwünsche geweckt [...] werden."*
3   *„Dabei sitzen schon die Vierjährigen [...] durchschnittlich eine Stunde pro Tag vor der Mattscheibe."*
4   *„Ein sinnvoller Umgang mit Fernsehen bedeute für viele Kinder eine Möglichkeit, sich zu entspannen, fremde Länder zu sehen, sich mit Abenteurern zu identifizieren – alles Dinge, die ihnen der Alltag nicht bietet."*
5   *„Bei ihren medienpraktischen Aktionen geht Michaelis spielerisch vor."*
6   *„Weil rund 40 Prozent der Vorschulkinder zwischen Fernsehwerbung und Programm nicht unterscheiden können, trainiert Michaelis das kritische Sehen."*
7   *„[...] Kinder sind empfänglich für solche Figuren einer Fernsehsendung, die auch außerhalb des Programms vermarktet werden [...]"*
8   *„ ,Die Kinder begegnen uns mit Offenheit und freuen sich, dass mit ihnen endlich jemand über Fernsehen spricht', erzählt Michaelis."*
9   *„Bremen ist [...] bei der Medienerziehung von Vor- und Grundschulkindern hinten dran. Hier werden solche Projekte kaum gefördert."*

## Übung 24

ausschlafen; aufnehmen; aufbauen; anziehen; umgehen; ausschalten; vorgehen; austauschen; durchführen; anbieten.

## Übung 25

Fernsehen ist ein normaler Teil des heutigen Alltags. Schon kleine Kinder *sehen* ohne ihre Eltern *fern*. Dabei sehen sie auch viele Werbespots und *nehmen* die Werbebotschaft *auf*. Viele dieser Werbespots wollen die Kinder direkt *ansprechen* und ihnen bestimmte Produkte verkaufen. Deshalb ist es sinnvoll, Kindern zu helfen, besser damit *umzugehen*. *Fernzusehen* ist jedoch nicht immer schlecht. Kinder *nehmen* auch positive Sachen durch das Fernsehen *auf*. Carola Michaelis arbeitet in Kindergärten und Schulen. Ihr Ziel ist es, Kindern *beizubringen*, zwischen Fernsehsendung und Fernsehwerbung zu unterscheiden. Sie *bietet* zum Beispiel einen Keks-Geschmacks-Test *an*, in dem sie mit den Kindern bespricht, dass die Qualität des Produktes nicht von der

**Marke *abhängt*. Man kann Kindern also helfen kritischer zu werden, was den Konsum *angeht*.**

## Übung 26

Compare your answer with this list.

**Für ein Verbot von Werbung im Kinderfernsehen**

- **Kinder sehen viele Werbespots oft ohne ihre Eltern**
- **Die Werbung hat das Ziel, Kaufwünsche zu wecken und Marken attraktiv zu machen**
- **Kinder sind empfänglich für Fernsehfiguren, die vermarktet werden**
- **Viele kleine Kinder können zwischen Werbung und Sendung nicht unterscheiden**

Note that this article doesn't argue for or against a ban. It offers some arguments against advertising on children's television, but is mainly concerned with a strategy to help children develop the ability to watch TV critically.

## Übung 27

If you worked through the article to find relevant information for your writing, your answer might look something like this.

**Das kritische Fernsehen bei Kindern kann man trainieren, indem man mit den Medien arbeitet. Man kann z.B. in Kindergärten und Schulen medienpraktische Projekte durchführen. So macht es jedenfalls die Medienpädagogin Carola Michaelis. Kinder können ihre Fernseherfahrungen auf Papier malen oder sich vorstellen in einem Fernsehwunderland zu sein. Mit Hilfe eines Papp-Fernsehers kann man Kindern zeigen, dass das Senderlogo auf dem Bildschirm fehlt, wenn Werbung kommt.**

**Die Kinder lernen auch, dass eine Verpackung, die mit Fernsehfiguren geschmückt ist, zwar schöner aussieht, aber das Produkt nicht besser macht. Wenn man z.B. die Produkte probiert, kann man zeigen, dass Kekse nicht besser schmecken, nur weil es auf der Verpackung Fernsehfiguren gibt.**

**Kinder können also in fantasievollen Übungen spielerisch lernen, wie man mit Werbung kritisch umgeht.**

## Übung 28

Your conclusion will of course be different. Compare what you wrote with the following version.

> **Zum Schluss kann man sagen, dass es nicht nur wichtige Argumente für das Verbot von Werbung im Kinderfernsehen gibt, sondern auch dagegen. Es ist die Rolle der Eltern, Kinder zu erziehen und zu entscheiden, was gut für sie ist. Eltern müssen sie jedoch so erziehen, dass sie in der heutigen Gesellschaft leben können. Wir leben in einer Konsumgesellschaft und deswegen ist es wichtig, dass Kinder werbe- und fernsehkompetent werden. Sie sollten sich zu kritischen Konsumenten unserer Gesellschaft entwickeln. Es wäre wichtig noch mehr Projekte durchzuführen, die mit Kindern arbeiten, um das kritische Sehen zu entwickeln.**

This essay was written using information from the second part of this Thema. If you look over the Lösungen for *Übung* 19, 21, 22 and 26, you will see where the individual points came from.

Note that whilst sections from the original sources have not been copied out directly, the essay uses vocabulary and ideas presented in the articles.

**Comments on the essay structure**: the essay has an introduction which goes from the general to the particular. You can probably see that the essay is structured as a for and against argument, before going on to offer an alternative solution. The arguments presented in the source articles have been grouped according to common ideas and then written up to present a logical progression leading to the conclusion.


# 7  Glaube und Gesellschaft


## Übung 1

Here are some suggestions.

### Fakten

> **Es gibt 6 Weltreligionen und viele andere religiöse Gruppen.**
> **Das Christentum hat auf der Welt die meisten Gläubigen.**
> **An zweiter Stelle kommt der Islam, dann der Hinduismus.**
> **Das Christentum unterscheidet sich vom Judentum durch den Glauben an Jesus Christus.**
> **Menschen, die nicht an Gott glauben, nennt man Atheisten.**
> **Menschen, die keiner Religion folgen, nennt man Agnostiker.**

### *Meinungen*

Ungläubige Menschen handeln meist ohne Rücksicht auf andere Menschen.

Der Glaube hilft vielen Menschen, ihr Leben besser zu meistern.

Der Glaube an eine Religion richtet oft viel Schaden an.

Es ist am besten, an mehrere Götter zu glauben.

*Fragen zum Thema*:

Warum haben so viele Menschen einen/keinen religiösen Glauben?

Die Angehörigen welcher Religionen glauben an nur einen Gott?

Welche Religion ist die älteste?

You may find answers to some of these questions later in this Thema.

Note the difference between:

„Ich glaube, dass ...“ (I believe that ...) and

„Ich glaube an ...“ (I believe in ...)

For example:

Ich glaube, dass es morgen schneien wird.

Er glaubt an die Auferstehung der Toten.

Was glauben Sie? (Was ist Ihre Meinung?)

Woran glauben Sie? (Was ist Ihre religiöse Überzeugung?)

You can use these expressions for your own written work about this topic.

---

## Übung 2

This is the correct order.

| | |
|---|---|
| Gläubige | 5 Mrd. |
| Weltreligionen | 6 |
| Christentum | Jesus |
| Islam | Kaaba, Allah |
| Hinduismus | Tibet, Berg Kailash |
| Buddhismus | Tibet, Wiedergeburt |
| Judentum | Thora |

Im Artikel steht, dass es sechs Weltreligionen gibt, es werden aber nur Beispiele für fünf gegeben. Dies ist eine Frage der Definition. Unterschiedliche Quellen zählen andere Religionen zu den Weltreligionen, z.B. Konfuzianismus und Taoismus.

## Übung 3

Some facts mentioned in the article are as follows.

**sechs Weltreligionen; fünf Milliarden Gläubige; Pilgerstätten (Kailash, Kaaba); Namen (Jesus, Allah, Abraham); Glaubensvorschriften (Gebote, Thora); Glaubensinhalte (Wiedergeburt); Glaubensziele (himmlischer Frieden, heiliger Krieg)**

## Übung 4

Here are the reasons.

1   Furcht/Angst
2   Dankbarkeit
3   Sinngebung/Sinnsuche
4   Ordnungsprinzip/moralische Ordnung

Alle sind zu einem gewissen Grad auch heute noch gültig.

## Übung 5

This is the correct order: (1) g; (2) e; (3) b; (4) i; (5) f; (6) h; (7) c; (8) d; (9) a

## Übung 6

Here are some examples quoted from the excerpt.

### Wiederholung

„Denn er kennt die *Furcht*. [...] Was der nicht begreift, erregt *Furcht*."

„Re heißt der Sonnen*gott* der Ägypter, Thor der *Gott* des Mondes. Agni ist der Feuer*gott* in den heiligen Schriften der Hindus, Indra der *Gott* des Regens."

„Angst ist die eine Säule der frühen Religionen, *Dankbarkeit* die andere. *Dankbarkeit* für Verschonung ..."

„Aber weshalb verschwindet der Glaube nicht einfach, *wenn* Wissenschaft die Dunkelheit vertreibt ...? *Wenn* Blitzschlag, Sturmflut ..."

### *Dreiergruppen*

„Nur der Mensch kennt *Glaube, Liebe, Hoffnung*."

„Tiere erleben *Schreck, Stress, Panik ...*

„Die Elemente bekommen *Namen, Gesichter, Eigenschaften.*"

„So bevölkert die Menschheit *Himmel und Erde, Meer und Berge, Wüsten und Wald* mit Göttern."

„... *deren Blitz nicht getötet, deren Flut nicht verschlungen, deren Hagel nicht zerschmettert* hat."

„Wenn *Blitzschlag, Sturmflut, Dürre* verstehbar, gar abwendbar werden."

„ER wird zum [...] Ordnungsprinzip für alle menschliche *Wirrnis, zum Ziel aller Anstrengungen, zum Sinnstifter* des Lebens."

„*Himmlische Verheißungen, göttliche Gebote* und *irdische Lebensregel*n entwickeln sich zur Glaubenslehre."

## Gegensatz (negativ – positiv)

„*Kein* Löwe betet. *Keine* Gazelle glaubt."

„*Nur* der Mensch kennt Glaube ... . Aber sie kennen *nicht* die Kategorie des Möglichen."

„Feindselige Gewalten sollen freundlich gestimmt, *Dürre in Regen, Krankheit in Gesundheit, Hunger in Jagdglück, Furcht in Zuversicht* verwandelt werden."

---

## Übung 7

(1) e; (2) f; (3) c; (4) g; (5) h; (6) d; (7) b; (8) a

---

## Übung 8

Here are the answers to the questions according to the article you've read.

1   Im Islam, Judentum und Christentum gibt es einen „personalen" Gott, in den asiatischen Religionen gibt es ein „göttliches Prinzip".
2   Sie sind für die jeweilige Religion von zentraler Bedeutung.
3   Philosophen (z.B. Ludwig Feuerbach), Sozialwissenschaftler (z.B. Karl Marx), Psychologen (z.B. Sigmund Freud) und Naturwissenschaftler.
4   Sie sollten sich auf das „Diesseits" konzentrieren.
5   Naturwissenschaftliche Beweise haben sich für keine der Schöpfungsmythen gefunden.

Hatten Sie schon vor dem Lesen einige gute Ideen, wie man die Fragen beantworten könnte? Oder fanden Sie das zu schwer? Ganz egal, ob Sie die Fragen beantworten konnten oder nicht: Es hilft, schon vor dem Lesen eines Textes über relevante Fragen zum Thema nachzudenken. Sie können den Text dann schneller und besser verstehen, denn

- Sie wissen ungefähr, wovon der Text handelt.
- Sie haben schon überlegt, was Sie zu dem Thema wissen.
- Sie haben beim Lesen ein konkretes Ziel: im Text nach den Antworten zu den Fragen zu suchen.

---

## Übung 9

Here are some suggestions. Your own versions of the sentences are likely to be different, but have a look at the language used below. Compare the word order in your own sentences with the word order in the sentences below.

1   Juden, Muslime und Christen glauben an einen personalen Gott; die Menschen in Asien dagegen glauben an ein göttliches Prinzip.
2   Sowohl Felsen oder Berge als auch Tempel und Kapellen können zu Heiligtümern werden/können eine zentrale Rolle für die jeweilige Religion spielen.
3   Der Glaube ist für viele Menschen das Wichtigste im Leben, aber er hat auch viele Gegner/Kritiker.
4   Während gläubige Menschen auf das Paradies im Jenseits warten, sagen Kritiker des Glaubens, dass man sich auf das Diesseits konzentrieren soll.
5   Weder für die christlichen Schöpfungsmythen noch für die asiatischen Vorstellungen vom Werden und Vergehen haben sich naturwissenschaftliche Beweise gefunden.

---

## Übung 10

Here are the linking words from the last paragraph of the article and some other linking words, which were used in Exercise 9.

(Artikel): neben; je mehr ... desto weniger; auch ...; stattdessen ...; ... wie ...; ... damit ...

(Übung 9): dagegen; sowohl ... als auch; aber ...; während ...; weder ... noch ...

These linking words and many others make texts hang together and give them coherence. Here is a more complete list of them.

## Pronomen

(Personal-): ich, du, er, sie, ... mir, ihm, ...

(Possessiv-): mein, dein, sein, Ihr ...

(Demonstrativ-): dieser, ...

(Relativ-): [die Religion], die ...; [der Mensch], der ...; [der Mensch], dessen ...

## Adverbien

(Zeit): heute, damals, ...

(Ort): hier, dort, ...

(Grund): deswegen, folglich, trotzdem, ...

(andere): selbstverständlich, beispielsweise, ...

## Präpositionen

vor [100 Jahren], in [dieser Stadt], neben [dem Islam und dem Christentum],

aus [diesem Grund], ...

## Konjunktionen

(nebenordnende Konjunktionen verbinden zwei Hauptsätze): und, oder, denn,
aber

(unterordnende Konjunktionen verbinden einen Hauptsatz und einen
Nebensatz; das Verb im Nebensatz geht ans Ende): weil, während, obwohl,
wenn, dass, wie, ...

(Doppelkonjunktionen): sowohl ... als auch, weder ... noch, entweder ... oder, je
... desto/umso ...

---

## Übung 11

This is what you might have written.

1  **Je** mehr Erklärungen die Wissenschaft findet, **desto** weniger glauben die
Menschen an Schöpfungsmythen.
2  **Neben** dem Buddhismus und Hinduismus spielt der Taoismus in Asien eine große
Rolle.
3  **Sowohl** Psychologen **als auch** Sozialwissenschaftler erforschen die Ursachen für
den Glauben.
4  Personale Gottesvorstellungen treten in den Hintergrund; **folglich** nehmen
abstrakte Gottesbilder zu.

---

## Übung 12

These are traditional images of God found in the excerpt.

der bärtige Gottvater; eine Person; die Dreieinigkeit von Vater, Sohn und
Heiligem Geist; das Kirchen-Bild von Gott

These are critical expressions used for traditional religious concepts.

> **kirchliche Pauschalangebote; der Alleinvertretungsanspruch; dass nur die**
> **eigene Religion wahr ist; das Bunkerdenken; das alte Denken**

Critical expressions are not always easy to spot. Quite often, neutral expressions such as *das Pauschalangebot* (package deal) can have a negative connotation, depending on the context. Make sure, when you are preparing your own written work, that you know whether any vocabulary you want to use could have a critical or negative meaning. An Internet search with combined search terms can be very useful in this context. Don't forget that generally an essay should be offering a balanced view, while a newspaper article might take a particular stance.

## Übung 13

1   Falsch. In einer Umfrage sagen 17 Prozent der Befragten aus, dass Gott ein gütiger Vater mit Bart ist.
2   Richtig.
3   Falsch. 18,5 Prozent der Katholiken konstruieren sich ihre eigene Gottes-vorstellung.
4   Richtig.
5   Falsch. Zwölf Prozent der Befragten glauben nicht an die Dreieinigkeit.

## Übung 14

This is the order: (1) d; (2) c; (3) a; (4) b
   Please note that 1d and 2c are interchangeable.

## Übung 15

Here are the examples from the text.

> **... laut Umfrage des Sonntagsblattes ...**

> **... so das Sonntagsblatt**

> **... sagt der katholische Denker ...**

> **Mit den Worten des indischen Gurus ...**

> **Sie können solche Formulierungen in Ihrem eigenen Aufsatz oder Zeitungsar-**
> **tikel verwenden. Wenn Sie andere Texte lesen, können Sie immer mehr**
> **Beispiele und Möglichkeiten zu Ihrer Liste hinzufügen: Abwechslung macht**
> **Ihre schriftliche Arbeit interessanter. Einige weitere Beispiele sind:**

... heißt es in ...

... zufolge ...

... nach Aussage von ...

... nach Meinung von ...

## Übung 16

The answer depends on the area where you live. You may have thought of different religious groups, different ethnic, social or political groups or people with different lifestyles and professions. Here are some examples.

**Anglikaner, Katholiken, Methodisten, Muslime, Hindus, Atheisten**

**Briten, Deutsche, Amerikaner, Iren, Asylbewerber, Touristen**

**Linke, Konservative, Liberale, Grüne**

**Einwohner, Geschäftsleute**

**Arme, Reiche**

**Familien, Singles, heterosexuelle oder homosexuelle Paare, Rentner**

## Übung 17

Here are some suggestions.

| Ja | Nein |
|---|---|
| • es ist eine Bereicherung für eine Gesellschaft, wenn viele Gruppen zusammenleben<br>• es macht das Leben viel interessanter<br>• man kann über verschiedene Standpunkte diskutieren<br>• jeder kann sein Leben leben, wie er/sie will, ohne andere dabei zu stören<br>• es ist kein Problem, zum Beispiel eine Kirche neben einer Moschee zu haben | • wenn Gruppen mit sehr unterschiedlichen Interessen und Meinungen zusammenleben, gibt es immer Konflikte<br>• die Gesellschaft ist nach bestimmten Prinzipien organisiert und richtet sich nach Wertvorstellungen; bestimmte moralische Werte und kommerzieller Sex zum Beispiel sind unvereinbar<br>• öffentliche Einrichtungen, zum Beispiel Schulen oder die Stadtverwaltung, folgen festgelegten kulturellen Konventionen<br>• alltägliche Dinge wie das Läuten der Kirchenglocken oder der Ruf des Muezzin zu bestimmten Zeiten können sehr schnell störend wirken |

# Übung 18

The following groups are mentioned in the article.

- Moslems
- Angehörige der Sex-Industrie (Stripperinnen)
- Drogenabhängige (Junkies)
- Homosexuelle (Schwule)
- Familien

# Übung 19

This is the order in which the statements can be found using slightly different wording in the article: 2, 3, 1, 4, 5

# Übung 20

Here are the answers to the questions.

1   Laut Ahmet Yazici ist es ganz normal, dass die Menschen in St. Georg zusammenleben und zum Beispiel in der Interessengemeinschaft die Fragen des Stadtteils gemeinsam besprechen.

2   Dem Imam zufolge sollte man sich gegenseitig akzeptieren und die Vielfalt als Bereicherung und nicht als Bedrohung ansehen.

3   Özlem Nas sagt, dass es jetzt ganz normal ist, dass Frauen und Männer den gleichen Eingang zur Moschee nehmen. (Ein weiteres Zeichen der kulturellen Annährerung ist, dass die Freitagspredigt jetzt auf Deutsch gehalten wird.)

4   Nach Meinung von Ahmet Yazici sind diese Stadtteile ein Beispiel für „Parallelgesellschaften" in Deutschland. In Blankenese wohnen die Reichen und in Barmbek wohnt die untere Schicht.

5   *The answer to this question depends on your own opinion.* Here are two examples. Ich glaube, dass sich die Mehrheit in einem Land immer in einer stärkeren Position befindet als die Minderheit. Sie sollte deshalb als Erstes versuchen, „Brücken zu schlagen"./Beide müssen bereit sein, miteinander zu leben, und sollten auf die andere Gruppe zugehen.

# Übung 21

Here is a possible version of the dialogue. Look at how the arguments follow on from each other and compare the language used with your own version.

A   *Die verschiedenen Gruppen müssen auf jeden Fall miteinander leben,* weil sie ja die sozialen Einrichtungen miteinander teilen. Und nur wer wirklich zusammenlebt, kann von der kulturellen Vielfalt profitieren.

B *Nein, das ist ganz falsch. Wenn man versucht, eng miteinander zu leben,* gibt es immer Konflikte. *Wer dagegen in „Parallelgesellschaften" nebeneinander lebt,* kann seine eigenen Interessen verfolgen, ohne andere zu stören.

A *Ja, aber je mehr die verschiedenen Gruppen gemeinsam machen,* desto besser versteht man sich gegenseitig und desto weniger Missverständnisse gibt es.

B *Tatsache ist aber, dass es schon immer „Parallelgesellschaften" gegeben hat und auch immer geben wird; zum Beispiel* Reich und Arm oder – im heutigen Deutschland – Muslime und Christen.

## Übung 22

This is how quotations are handled in the article.

„ ‚...', sagt [der Imam]" wird häufig verwendet.

„ ‚...' pflichtet ihm [Imam Ucar] bei (beipflichten = zustimmen)" wird einmal verwendet.

Es gibt auch ein indirektes Zitat, das mit einem Verb im Konjunktiv eingeleitet wird: „Man solle aufhören ..."

## Übung 23

Here is an example of a letter to the editor of Stern. Compare the structure of the letter and the language used with your own version.

Lieber Stern,

Ihren Artikel über den Hamburger Stadtteil St. Georg fand ich sehr interessant. Ich finde den Inhalt aber zum Teil problematisch. Das Zusammenleben in St. Georg wird sehr positiv dargestellt. Im Artikel wird zum Beispiel der Imam zitiert mit dem Satz „Deswegen lehnen wir einen ‚Kampf der Kulturen' ab und sprechen uns für ein friedliches Zusammenleben in einer kulturellen Vielfalt aus." Das ist leichter gesagt als getan! In meinem Wohnort kommt es immer wieder zu großen Konflikten, zum Beispiel will die Mehrheit eine christliche Orientierung der Schulen, andere wollen das auf keinen Fall. Ein anderer Konfliktpunkt ist die untergeordnete Rolle der Frauen und Mädchen in vielen muslimischen Familien. Sollen wir das wirklich tolerieren? Ich kann mir kaum vorstellen, dass es in einem Stadtteil wie St. Georg mit solch unterschiedlichen Gruppen nicht auch große Probleme gibt.

Mit freundlichen Grüßen

...

## Übung 24

This is the information you could use for an essay or newspaper article on this topic. Information you have come across in this *Thema*.

## Fakten

Gläubige:          5 Mrd.

Weltreligionen:   Christentum, Islam, Hinduismus, Buddhismus, Judentum, Taoismus, Konfuzianismus (abhängig von Definition)

**Erklärungsansätze zur Entstehung von Glauben und Religionen**

- Angst
- Dankbarkeit
- Sinnsuche
- Wunsch nach einem Ordnungsprinzip für alle menschliche Wirrnis

**Entwicklung der Glaubensvorstellungen seit dem 19. Jahrhundert**

**Wissenschaftlich:**

- Religion als Opium des Volkes (Karl Marx)
- Religion als psychische Störung
- naturwissenschaftliche Erkenntnisse über die Entwicklung der Erde und die Evolution des Lebens im zunehmenden Gegensatz zu den Schöpfungsmythen der Religionen
- Ursprung der Religion im menschlichen Hirn (laut Annahme von amerikanischen Hirnforschern)

**Neuere Entwicklungen:**

- Gott als Person (personaler Gott) – nur noch für eine Minderheit der deutschen Gläubigen relevant
- Gott als „göttliche Kraft" – von Mehrheit der Gläubigen so gesehen
- Menschen heutzutage konstruieren eigene Religionen
- christliche Milieus (katholisch und protestantisch) lösen sich auf
- Religion muss integrierend und dialogisch sein

**Lösungsvorschläge und -ansätze für ein tolerantes Zusammenleben der Religionen**

- regelmäßige Treffen und Diskussionen über die unterschiedlichen Interessen
- kein Kampf der Kulturen
- Akzeptanz von religiösen, kulturellen und ethischen Unterschieden
- Vielfalt als Bereicherung

- **Predigten auf Deutsch**
- **Parallelgesellschaften – man lebt miteinander und nebeneinanderher**

Here is some additional factual information.

**Zahlen:**
**Deutschland (2005):**      **ca. 26,2 Mio. Protestanten**

                                        **ca. 26,4 Mio. Katholiken**

                                        **ca. 98 000 Juden**

                                        **ca. 3,2 Mio. Muslime**

**Beschreibung von religiösen Praktiken**

- **Kirchenglocken zum Gottesdienst**
- **Ruf des Muezzins zum Gebet**
- **Abendmahl (Fleisch und Blut von Jesus Christus)**
- **Ramadan (Fastenmonat der Muslime)**
- **verschiedene religiöse Feste: z.B. Weihnachten, Jom Kippur, Divali**

**Konflikte und Zusammenleben der Religionen in Ihrer Umgebung**

- **unterschiedliche Moralvorstellungen**
- **unterschiedliche Vorstellungen von der Rolle der Geschlechter (Männer und Frauen, Jungen und Mädchen)**
- **mangelnde Toleranz gegenüber anderen Religionen und religiösen Traditionen**

## Einige Zahlen und Fakten zu Religionen in Ihrer eigenen Umgebung

Here is some further information about the city of London, but obviously you could substitute this with information about a town or city you know well.

- **mehrheitlich christlich**
- **3 Mio. Menschen mit anderen Religionen**
- **Sikhs, Buddhisten, Hindus, Juden, Muslime und andere**
- **Beispiel Barnet: 15% Juden**
- **Beispiel Harrow: 20% Hindus**
- **Beispiel Tower Hamlets: 36% Muslime**

---

## Übung 25

Here are some quotes you might want to use in your essay or your article.

„Das auf einen Gott ausgerichtete Leben erhält Sinn – durch ihn. Es bekommt

Struktur und Bedeutung. Und es hat Bestand über den Tod hinaus" (Peter Sandmeyer)

„Und Sigmund Freud [...] sah in Religion lediglich eine psychische Störung" (Peter Sandmeyer).

„Die Menschen", so das „Sonnagsblatt", „konstruieren [...] ihre eigene Religion." (Peter Sandmeyer)

„Klar leben wir in einer Parallelgesellschaft! Deutschland ist voll davon." (Ahmet Yazici)

## Übung 26

Here is an example for an essay. Your own version will obviously be different, depending on how it is structured and what expressions are used to make the text coherent.

### Glauben heute – die neue Welt der Religionen

Religionen gibt es schon seit vielen Jahrtausenden. Wenn sich fünf Milliarden Menschen auf dieser Welt zu einer Glaubensrichtung bekennen, bedeutet das, dass Religionen noch immer einen Einfluss auf unser heutiges Leben haben, unabhängig davon, ob wir in Europa, Amerika oder Asien leben. Um dieses Thema angemessen zu diskutieren, muss man zunächst analysieren, was Begriffe wie Religion und Glaube bedeuten und wo sie ihre Ursprünge haben.

Religiöser Glaube hat viele Ursachen. Peter Sandmayer zählt in seinem „Stern"-Artikel über die Grundlagen der Weltreligionen vier Gründe für religiösen Glauben auf: Angst, Dankbarkeit, Sinnsuche und den Wunsch nach einem Ordnungsprinzip, das dabei hilft, das menschliche Leben zu verstehen.

Der wissenschaftliche Fortschritt hat dazu beigetragen, bestimmte religiöse Grundsätze und Mythen zu hinterfragen. Dabei muss man nicht so weit gehen wie Karl Marx, der Religion als Opium für das Volk betrachtete, oder Sigmund Freud, der Religion lediglich als psychische Störung sah. Durch naturwissenschaftliche Forschung hat man neue Erkenntnisse über die Entstehung der Erde und die Evolution des Lebens gewonnen, die im Gegensatz zu den Schöpfungsmythen der Religionen stehen.

Obwohl bestimmte Aspekte des menschlichen Lebens, wie z.B. Klima und Ernten, heute von der Wissenschaft erklärt und beeinflusst werden können, gibt es immer noch Bereiche, für die eine naturwissenschaftliche Erklärung nicht ausreicht. Dazu gehören die Unvermeidbarkeit des Todes und die scheinbar willkürliche Verteilung von Glück und Unglück. In der Vorstellung der Wiedergeburt oder des jenseitigen Lebens bringt die Religion eine Zukunftsperspektive. „Das auf einen Gott ausgerichtete Leben erhält Sinn –

durch ihn. Es bekommt Struktur und Bedeutung. Und es hat Bestand über den Tod hinaus", so Sandmayer.

In sechs Weltreligionen drückt sich dieser Glaube an Gott oder an eine höhere Ordnung aus: Christentum, Islam, Judentum, Hinduismus, Buddhismus und Taoismus/Konfuzianismus. In Deutschland sind vor allem die Religionen verbreitet, die auf ein personales Gottesbild ausgerichtet sind: Christentum, Islam und in geringerem Maße das Judentum. Allerdings zeigt sich hier, dass die Vorstellung von Gott als Person abnimmt, sie ist nur noch für eine Minderheit der deutschen Gläubigen relevant. Dagegen sieht die Mehrheit der Gläubigen Gott als „göttliche Kraft", und, nach Aussage des Sonntagsblatts, konstruieren die Menschen ihre eigene Religion aus verschiedenen Aspekten. Die traditionellen christlichen Milieus der Katholiken und Protestanen lösen sich auf, daher muss die Religion in den westlichen Ländern integrierend und dialogisch werden.

Von ca. 80 Millionen Deutschen sind etwa 26,2 Millionen evangelisch, ungefähr 26,5 Millionen katholisch, d.h. ungefähr zwei Drittel der Bevölkerung bekennen sich zu einer der großen christlichen Glaubensrichtungen. Ca. 98 000 sind jüdisch. In Deutschland leben ca. 3,2 Millionen Muslime. Dieses Zusammenleben bringt natürlich auch Spannungen mit sich in ganz alltäglichen Kleinigkeiten. Dafür gibt es zahlreiche Beispiele in Deutschland: Städte, in denen man gegen den Ruf des Muezzins protestiert und so weiter. Ein Beispiel, wie man mit diesen Unterschieden umgehen kann, ist der Hamburger Stadtteil St. Georg, in dem Menschen verschiedener Nationalitäten und Religionen leben. Ahmet Yazici vom Bündnis der islamischen Gemeinden in Norddeutschland in St. Georg erklärt, dass Deutschland voll von Parallelgesellschaften ist, in denen man nebeneinanderher lebt. Gleichzeitig lebt man aber auch miteinander. Dazu gehört sowohl, dass die unterschiedlichen Gruppen miteinander reden und diskutieren als auch die Tatsache, dass die Predigten in der Moschee auf Deutsch gehalten werden.

Religionen gibt es seit Tausenden von Jahren und obwohl sich in vielen Ländern die Religiösität verändert, ist doch offensichtlich, dass auch im 21. Jahrhundert die Religionen weiterhin eine Rolle spielen werden. Welche Rolle das konkret ist, hängt von unterschiedlichen Faktoren ab.

Here is an example for an article. Your own version will obviously be different.

## Glauben um die Ecke – Religiöse Vielfalt in der Nachbarschaft

Muslime und Christen, Buddhisten, Hindus, Juden, Esoteriker und Heilige der letzten Tage – in London ist praktisch jede religiöse Gruppe vertreten. Manche Gruppen sind auf bestimmte Stadtteile konzentriert, andere findet man überall. Was bringt die Menschen in einer modernen Großstadt und in der heutigen Zeit noch dazu, an eine Religion zu glauben?

Die Gründe des Glaubens haben sich im Lauf der Geschichte wenig geändert. Im Wochenmagazin „Stern" zählt Peter Sandmeyer die vier wichtigsten auf: Angst, Sinnsuche, Dankbarkeit und den Wunsch nach einer festen moralischen Ordnung. „Der Mensch will Antworten" heißt es in dem Artikel. Trotz der Fortschritte der Naturwissenschaften und der scharfen Kritik am Glauben durch Psychologen, Sozialwissenschaftler und Philosophen bleiben viele unserer Fragen ohne Antwort – entweder weil die Informationen, die man braucht, zu komplex sind oder weil es schlicht keine Antwort gibt.

In London bekennt sich die Mehrheit der Einwohner zum Christentum, aber in der britischen Hauptstadt leben immerhin drei Millionen Menschen mit anderen religiösen Überzeugungen.

Klar ist jedoch, dass der Anspruch einer Religion, das Leben in der Gesellschaft durch ihr ethisch-moralisches System sinnvoll zu gestalten, schwer zu erfüllen ist. Dort, wo es so viele Glaubensrichtungen gibt, muss man sich Gedanken machen, wie man miteinander (oder vielleicht auch „nebeneinander") lebt. Zwar gibt es auch in London Stadtteile mit einer großen christlichen Mehrheit und nur wenigen Angehörigen anderer Religionen, daneben gibt es aber diejenigen Bezirke, in denen das Aufeinandertreffen der Kulturen Alltag ist. In Barnet, zum Beispiel, sind immerhin 15% der Bevölkerung jüdisch, in Harrow gibt es 20% Hindus und in Tower Hamlets sind 36% der Einwohner islamischen Glaubens. Dabei kann es im tagtäglichen Leben zu Konflikten zwischen den Religionen kommen. Der Ruf des Muezzins oder das Läuten der Kirchenglocken als Aufruf zum Gebet in der Moschee oder zum Gottesdienst kann als störend empfunden werden und die verschiedenen Religionen haben unterschiedliche Feste und Feiertage, die sie jeweils feiern. Hinzu kommen Moralvorstellungen, die sich deutlich voneinander unterscheiden.

Laut dem Kirchenkritiker Eugen Drewermann muss sich eine glaubwürdige Religion „integrierend und dialogisch" darstellen und der indische Guru Ramakrishna erkannte, „dass es nicht gut [ist] zu meinen, dass nur die eigene Religion wahr ist und alle anderen falsch." Diesem Motto folgt ein Hamburger Stadtteil: In St. Georg versucht die muslimische Gemeinde, dem „Kampf der Kulturen" entgegenzuwirken und ein friedliches Zusammenleben in einer multikulturellen Umgebung zu schaffen. Das ist leichter gesagt als getan, denn die alltäglichen Konflikte sind oft schwer zu überwinden. Auch steht die „multikulturelle" Gesellschaft im Widerspruch zur missionarischen Natur des Christentums und des Islams. Diesen Widerspruch kann man nicht ganz auflösen. Man kann jedoch versuchen, mit diesen Gegensätzen produktiv umzugehen, indem alle Seiten religiöse Toleranz zeigen und sich regelmäßig treffen, um über die Probleme und Schwierigkeiten im Zusammenleben zu reden und füreinander Verständnis zu zeigen. Gemeinsame Feste und sportliche Aktivitäten können einen Beitrag leisten, Vorurteile und Berührungsängste abzubauen.

Aus dem Kampf der Kulturen und Religionen kann ein Leben miteinander werden, wenn die Bereitschaft zum Dialog gegeben ist und der nötige Respekt für die jeweils anderen aufgebracht wird. Nur so kann ein multikulturelles Zusammenleben funktionieren.

# 8 Erlebte Geschichte

## Übung 1

Here are the correct answers: (1) c; (2) f; (3) a; (4) b; (5) d; (6) e

## Übung 2

This is what happened at the dates in the list of events.

**2. Mai 1989**: (c) Ungarn beginnt mit dem Abbau seiner Grenzanlagen zu Österreich

**4. September 1989**: (d) Erste Montagsdemonstration in Leipzig

**9. November 1989**: (b) Fall der Berliner Mauer

**3. Dezember 1989**: (a) Rücktritt des Zentralkomitees und des Politbüros der DDR

**18. März 1990**: (f) Freie Volkskammerwahl

**23./24. August 1990**: (h) Volkskammer beschließt den Beitritt der DDR zur Bundesrepublik

**20. September 1990**: (g) Beide deutschen Parlamente stimmen dem Einigungsvertrag zu

**3. Oktober 1990**: (e) Tag der Deutschen Einheit

## Übung 3

Here is one example how you may have sequenced the series of events.

Am 4. September 1989 fand die erste Montagsdemonstration in Leipzig statt. Dann trat Erich Honecker am 18. Oktober 1989 zurück. Danach fiel die Berliner Mauer am 9. November 1989. Dann wurde Hans Modrow am 13. November 1989 zum Ministerpräsidenten der DDR gewählt. Anschließend stellte Bundeskanzler Helmut Kohl am 28. November 1989 den Zehn-Punkte-Plan vor. Schließlich fand am 3. Oktober 1990 die Wiedervereinigung statt.

## Übung 4

Here is one possible interpretation of the poem.

1   Reiner Kunze meint damit, dass es auch eine Mauer in den Köpfen der Menschen bzw. eine psychische Blockade gibt, die es schwer macht, einander zu verstehen.

2   In der zweiten Strophe sagt er, dass sich die Menschen in der DDR an das Leben mit der Mauer gewöhnt hatten.

3   Die letzte Strophe bedeutet vielleicht, dass es nun (nach dem Fall der Mauer) keine Entschuldigung mehr gibt, die die Unterschiede zwischen Westdeutschen und Ostdeutschen erklärt. Es könnte auch sein, dass er mit dieser Strophe sagen will, dass jetzt auch die Unterschiede zwischen den Ostdeutschen deutlicher werden.

As you can see, Kunze doesn't use capital letters for nouns in his poem. Capital letters are only used to introduce each stanza. This is not uncommon in modern poetry.

---

### Biografie

Reiner Kunze, 1933 geboren, Studium der Philosophie und Journalistik in Leipzig, arbeitet seit 1962 als Schriftsteller und hatte in der DDR ständig Probleme mit der Regierung, weil er ihr kritisch gegenüberstand. Ein Teil seiner Werke wurde in der DDR nicht veröffentlicht. Im Jahre 1977 zog er nach Westdeutschland um. Sein Werk beinhaltet Gedichte, Kinderbücher und Romane.

---

## Übung 5

(1) c; (2) a; (3) d; (4) e; (5) b

---

## Übung 6

1   Abschnitt 1
2   Abschnitt 2
3   Abschnitt 2
4   Abschnitt 1
5   Abschnitt 2

---

## Übung 7

1   Dieser Slogan zeigt, dass die Bürgerinnen und Bürger der DDR ein anderes gesellschaftliches System wollten. Sie wollten ihr Gemeinwesen selbst in die Hand nehmen und verändern. Sie wollten sowohl Freiheit als auch Solidarität erreichen.

2   Gerhart Maier meint damit, dass es seit 1933 keine freien Wahlen mehr in

Ostdeutschland gegeben hatte bzw. dass die Menschen seit 1933 unterdrückt worden waren.

3 Man kann (nach Aussage von Hans und Sophinette Becker) nicht von einer „friedlichen Revolution" in der DDR sprechen, weil

   (a) die Veränderungen in der Sowjetunion und in den anderen Ostblockstaaten die Wende ermöglicht haben/nur die Garantie der Sowjetunion, nicht militärisch einzugreifen, die Wende ermöglicht hat.

   (b) erst durch die Grenzöffnungen in Ungarn und in der Tschechoslowakei die Menschen in der DDR aktiv wurden und in den Westen flohen.

4 Damit ist einerseits die DDR-Regierung („die oben") und andererseits das Volk in der DDR („die unten") gemeint.

5 Obviously, your opinion might differ from the model given here. But compare your answer with this version.

Ja, es war eine friedliche Revolution, weil das Volk in der DDR das sozialistische System zu Fall gebracht hat und Freiheit und Solidarität erreicht hat.

or:

Nein, es war keine friedliche Revolution. Das Volk in der DDR blieb nämlich noch lange passiv, als in der Sowjetunion und anderen Staaten des Ostblocks schon Veränderungen stattfanden. Die Menschen in der DDR haben erst reagiert, als die Grenzen in den Westen offen waren. Erst dann sind sie aus der DDR geflüchtet.

## Übung 8

1 Falsch. Er befand sich am 3. Oktober 1990 in Frankfurt. (*„Als ich dann am 3. Oktober [1990] gegen halb drei Uhr morgens durch Frankfurts Straßen schlenderte …"*)

2 Richtig.

3 Falsch. Für ihn war die Freiheit das Wichtigste am 3. Oktober 1990. („Für mich ist der 3. Oktober nicht so sehr der Tag der deutschen Einheit. Es ist *der Tag der deutschen Freiheit.*")

4 Richtig.

---

### Biografie

Timothy Garton Ash, 1955 in London geboren, studierte Moderne Geschichte in Oxford, Autor und Fellow am St. Antony's College, Oxford, reiste viel in Deutschland und Mitteleuropa vor und nach dem Fall des Eisernen Vorhangs. Er hat zahlreiche Artikel und Bücher zu den Themen „Deutschland" und „Mitteleuropa" veröffentlicht.

## Übung 9

This is what you might have written. Obviously, the answer depends on your personal opinion and whether you can remember what you thought when the Wall came down.

> Timothy Garton Ash war froh über die Wiedervereinigung, weil durch sie 16 Millionen Menschen in der DDR frei wurden. Die DDR-Bürger und -Bürgerinnen hatten in ihrem Leben eine lähmende und erniedrigende Unfreiheit erlebt. Er schätzt die Freiheit der Menschen sehr hoch ein. Diese Freiheit hat jedoch auch ihre Grenzen. Sie kann auch unbequem, beängstigend und unter Umständen sogar gefährlich sein.

> Ich stimme nicht mit Garton Ashs Einschätzung überein, denn Freiheit ist nur ein Wert unter vielen. Was nützt den Menschen die Freiheit, wenn sie durch diese Freiheit viele neue Probleme bekommen und sie ihre bisherige Identität und ihre Werte verlieren?

*or:*

> Ich stimme mit Garton Ashs Einschätzung überein, weil die Freiheit der Menschen sehr wichtig ist und einen hohen Wert hat.

> Ich kann mich noch daran erinnern, was ich bei der Wiedervereinigung Deutschlands gedacht habe: Ich habe mich gefreut, dass jetzt auch die Menschen in der DDR frei sind. Ich hatte aber auch Bedenken, dass das neue Deutschland zu groß und mächtig werden könnte.
>
> *or:*

> Ich kann mich nicht mehr daran erinnern, was ich damals gedacht habe.

## Übung 10

1. Helmut Schmidt denkt, dass das Zusammenwachsen der beiden deutschen Staaten ganz bestimmt kommen wird.
2. Der Prozess des Zusammenwachsens wird seiner Meinung nach lange dauern (bis zu zwei Generationen).
3. Er vergleicht die Wiedervereinigung mit der Situation nach dem amerikanischen Bürgerkrieg in der Mitte des 19. Jahrhunderts.
4. Seiner Ansicht nach kann der Prozess durch angemessenes Verhalten („kluges und einfühlsames Verhalten") beschleunigt werden. Fehler und Versäumnisse werden den Prozess jedoch verlangsamen.

# Übung 11

Your notes might look like these.

wichtige Aspekte, die das Zusammenwachsen fördern:
– gegenseitiges Verständnis
Sozialisation der meisten Deutschen in den östlichen Bundesländern:
– in der DDR aufgewachsen und sozialisiert, DDR war Heimat
positive Aspekte des Lebens in der DDR:
– relativ hoher Lebensstandard, alle hatten Arbeit, eigene wirtschaftliche Leistung, internationale sportliche Erfolge
negative/störende Aspekte des Lebens in der DDR:
– Ideologie und Disziplin, ständige Kampfparolen (Klassenkampf, Kampf gegen den Kapitalismus, Kampf gegen den Faschismus)
Voraussetzung für privates Glück in der DDR:
– Anpassung an die Umstände, Rückzug in die private Nische

# Übung 12

This is the order in which the statements appear in the extract.

5   „Die Westdeutschen müssen schließlich auch die Nostalgie verstehen ... von den Ostdeutschen verlangt."

4   „Die Westdeutschen müssen schließlich auch die Nostalgie verstehen ... und wie viele Opfer die Wende von den Ostdeutschen verlangt."

2   „Aber auch die Ostdeutschen müssen versuchen, ... und sogar mit Recht."

1   „Auch die Westdeutschen wurden von der Regierung zu schön gefärbten Illusionen ... im Zuge der Vereinigung gemacht haben."

3   „Die Ostdeutschen müssen zuletzt auch wissen ... ich selbst übrigens auch."

# Übung 13

By now you have probably developed your own way of taking notes. Here, you can find several different approaches to note-taking. How you take notes is very much a personal choice.

- **worin Westdeutsche die Ostdeutschen besser verstehen müssen**
  - Nostalgie der Ostdeutschen:
    - denken an die positiven Seiten des Lebens in der DDR:
  a   volkseigener Betrieb lief gut – deshalb keine Angst vor Arbeitslosigkeit
  b   keine Angst vor Wohnungsprivatisierung und Mieterhöhungen
  c   menschliche Hilfe und Solidarität in der DDR
  d   junge Menschen (Demonstranten) wollten einen besseren Staat und sehen jetzt, wie viele Opfer die Wiedervereinigung von den Ostdeutschen fordert

- **worin Ostdeutsche die Westdeutschen besser verstehen müssen**
  Gefühle der Westdeutschen:
  - Begeisterung im Westen, als Mauer fiel
  - damals: Bereitschaft zu großen materiellen Opfern
  - aber Regierung sagte: Opfer und Steuererhöhungen nicht nötig
  Realität: Westdeutsche haben geringeres Realeinkommen und mehr
  Arbeitslosigkeit, geben der Regierung die Schuld
  - kein höherer Lebensstandard in Deutschland in den kommenden Jahren
  - Zusammenbruch der kommunistischen Wirtschaft ist Folge der Grenzöffnung

  Ostdeutsche müssen sehen, dass Westdeutsche ihr gesellschaftliches System nicht
  als reinen Kapitalismus sehen – demokratisches System + Marktwirtschaft + System
  sozialer Sicherheit

The note-taking system under the first bullet point labels the points from (a) to (d), while under the second bullet point the arguments are listed as they appear in the extract. Structure is introduced through some key words like Gefühle or Realität.

---

## Übung 14

1   Alle Abschnitte beginnen ähnlich: *„Die Westdeutschen müssen … verstehen"*, *„Aber auch die Ostdeutschen müssen versuchen …"*, *„Auch die Westdeutschen wurden …"*, *„Die Ostdeutschen müssen … wissen"*. This type of repetition creates greater coherence in the article as a whole.

2   Der Abschnitt beginnt mit einem Hauptsatz, dem ein Relativsatz folgt. Bestimmte Wörter werden wiederholt: *„… **da** ihr volkseigener Betrieb gut lief, **da** sie keine Angst haben mussten **vor** Arbeitslosigkeit, **vor** Privatisierung ihrer Wohnung, **vor** Mietensteigerung und vor ,Abwicklungen' aller Art"*. Der nächste Satz beginnt mit „dazu", dadurch wird dieser Satz mit dem vorhergehenden Satz verbunden. This makes Schmidt's arguments hang together well.

3   Schmidt beendet den Artikel mit einer kurzen persönlichen Aussage. Finishing his article with a personal note is a means to engage the reader with his arguments.

To sum up, the main stylistic device used in the article is repetition (of words and structures across or within paragraphs).

# Übung 15

Your notes might look like these.

| Einschätzung der Lage 1999 | Einschätzung der Lage 2004 |
|---|---|
| Überwiegend positiv (70%), Vorteile überwiegen, Reisefreiheit, Angebot von Waren und Dienstleistungen | Gemischt, mit negativer Tendenz (57% der Ostdeutschen sagen, dass es ihnen besser geht als vor der Wende, aber nur 20% der Westdeutschen sagen das auch) 21% der Deutschen (12% im Osten, 24% im Westen) wollen die Mauer zurück |
| **Einschätzung des politischen Systems 1999** | **Einschätzung des politischen Systems 2004** |
| Eher negativ, nur 45% der Ostdeutschen finden das politische System der Bundesrepublik besser als das der DDR, 20% finden es schlechter | Sehr negativ, nur 27% der Ostler und 41% der Westler sind mit dem politischen System zufrieden, 80% im Westen akzeptieren Demokratie als Staatsform, aber nur 49% im Osten sagen das auch |

# Übung 16

Your answer might look different. Compare it with this version.

1   70% der Ostdeutschen sagten 1999, dass die Entwicklung der letzten zehn Jahre ihnen eher Vorteile als Nachteile gebracht habe. Und im Jahr 2004 waren 57% der Ostdeutschen der Meinung, dass es ihnen persönlich besser gehe als vor der Wende. Dagegen sagten nur 20% der Westdeutschen, dass es ihnen besser als vor der Wende gehe.

2   45% der Ostdeutschen hielten 1999 das politische System in Deutschland für besser als das in der DDR. 2004 waren nur noch 27% der Ostdeutschen und 41% der Westdeutschen mit dem politischen System zufrieden. Die Demokratie wird nur von etwa der Hälfte der Ostdeutschen akzeptiert, während 80% der Westdeutschen sie akzeptieren. Ein Problem in Deutschland scheint zu sein, dass die Unzufriedenheit mit dem demokratischen System in Deutschland wächst und eine große Anzahl der Ostdeutschen die Demokratie nicht akzeptieren. Das macht die Ostdeutschen anfälliger für extreme politische Gruppierungen und Parteien, die entweder extrem rechts oder extrem links, auf jeden Fall aber nicht demokratisch sind.

3   This answer depends entirely upon your personal view, therefore no model answer is provided here.

## Übung 17

This is an example of what you might have jotted down.

2003

⟶ **116 Mrd. € (Bruttotransfer)** ⟹ **83 Mrd. €**
**(Nettotransfer)**

> von 1991 – 2003: 1250 Mrd.  (brutto) und 950 Mrd.  € (netto)
– **sehr viel Geld pro Jahr und insgesamt**
– **kein Wunder, dass Deutschland finanzielle Probleme hat**
– **man kann verstehen, dass manche Westdeutsche finden, dass das zu viel ist**

As done here, you could use *brutto* ('before tax') and *netto* ('after tax') here instead of Bruttotransfer and Nettotransfer.

## Übung 18

Your summary and personal opinion might be different. Compare it with this example.

**Die Kosten der Wiedervereinigung sind hoch, allein im Jahre 2003 wurden 116 Mrd. Euro in den Osten transferiert, der Nettotransfer war immerhin noch 83 Mrd. €. Von 1991 bis 2003 sind etwa 1250 Mrd. € in den Osten Deutschlands geflossen. Es überrascht daher nicht, dass manche Westdeutsche finden, dass zu viel in den Osten investiert wurde (immerhin 37% der Westdeutschen sind dieser Meinung). Viele Ostdeutsche sagen noch immer, dass es ihnen persönlich besser gehe als vor der Wende, während mehr als die Hälfte der Westdeutschen sagen, dass es ihnen seit der Wende weder besser noch schlechter gehe.**

**Ich finde es überraschend, wie viel Geld die Wiedervereinigung gekostet hat, und kann daher die Reaktion mancher Westdeutscher verstehen. Andererseits muss man aber auch sehen, dass diese Investitionen notwendig waren, um die großen Unterschiede zwischen Westen und Osten anzugleichen. Ich finde es erschreckend, dass 21% der Deutschen die Mauer zurück haben wollen.**

## Übung 19

These are the main points in the various materials in this part of the Schreibwerkstatt you have worked through.

Teil 1    Chronik der Ereignisse
Teil 2    Gedicht, beschreibt die Gefühle nach der Wende
Teil 3    Buchausschnitte zur Frage, ob die Wende eine friedliche Revolution genannt werden kann oder nicht
Teil 4    Außenperspektive: Britischer Historiker schreibt über seine Gefühle bei der

Wiedervereinigung, den Wert der Freiheit und den Mangel an Freiheit in der DDR

Teil 5   Binnenperspektive: Helmut Schmidt schreibt darüber, warum die Wiedervereinigung ein langsamer und lang dauernder Prozess sein wird und was geschehen muss, um eine wirkliche Wiedervereinigung zu erlangen

Teil 6   Meinungsumfragen und Artikel über Deutsche bzw. Ostdeutsche und ihre Einstellung zur Wiedervereinigung zehn bzw. fünfzehn Jahre nach der Wiedervereinigung, Akzeptanz des politischen Systems, Kosten der Wiedervereinigung

## Übung 20

This is what you might have noted.

1   Zeitungen, Zeitschriften – aktuell, aber nicht immer einfach zu bekommen
Bücher – mehr Informationen, aber normalerweise nicht so aktuell

Bibliothek – viele Informationen, manchmal auch Zeitungen und Zeitschriften auf Deutsch, deutsche Bücher, man kann Sachen bestellen, aber man muss sich anmelden, kostet manchmal Geld, ist nicht immer geöffnet

Internet – sehr aktuell und einfach zu recherchieren, steht jederzeit zur Verfügung, leichter Zugriff auf viele Informationen auf Deutsch und aus deutschsprachigen Ländern

Aber das Internet ist ziemlich chaotisch und unsortiert, man bekommt zu viele „hits", man muss wissen, welche Quellen gut und verlässlich sind und welche nicht gut sind, z.B. Webseiten von Tageszeitungen und Magazinen, aber Vorsicht bei privaten Webseiten – hier ist nicht immer klar, ob persönliche Meinungen oder fundierte und nachprüfbare Fakten wiedergegeben werden

2   Here are two examples of websites which offer you additional material. Obviously, there are many other resources on the web that you might have looked up.

http://www.merkur.de/aktuell/do04mauer_044501.html „Rheinischer Merkur" ist eine Wochenzeitung mit christlichem Hintergrund. Der Artikel hier beschreibt unter anderem die Gefühle der Berliner zur Mauer und verschiedene Gedenkstätten (Museum am Checkpoint Charlie, Mauergedenkstätte an der Bernauer Straße usw.)

http://www.bpb.de/ Die Bundeszentrale für politische Bildung hat den Auftrag, politische und zeitgeschichtliche Themen aufzubereiten und der Öffentlichkeit zur Verfügung zu stellen. Zum Teil sind die Publikationen kostenlos. Zum Thema „Deutsche Einheit" gibt es eine Vielzahl von Veröffentlichungen, die hier aufgelistet werden.

# Übung 21

1   This is an overview of the structure of the essay. Please remember that such a structure is actually a feature of longer pieces of writing. If you write a short essay (less than 400 words) you would go for a simpler structure in order to stay within the word limit. However, even a shorter essay should have a brief introduction, a main part and a short conclusion.

*Einleitung*: quite substantial, guides reader towards the actual topic and contains the general introductory thoughts (see *Thema* 5). It starts with the fall of the Wall and sets this within the German and global perspective (end of division of world between East and West). At the end, the introduction defines the topic that the essay will address: what is the impact of the fall of the Wall on the (East) Germans? This is the type of introduction which goes from the general to the specific.

*Hauptteil*: starts with the slogan 'we are the people' and describes what East Germans wanted to achieve. It then presents two opposite views about whether this can be called a 'peaceful revolution' with no personal comment or opinion given. It then moves on to show the main argument presented by Timothy Garton Ash – that the East Germans gained freedom from an oppressive system when the Wall collapsed. This is then linked to the arguments put forward by Helmut Schmidt about the process of the two Germanys growing together. It starts with the fact that most GDR citizens had only ever lived in the GDR and therefore never experienced freedom. It then presents the main points of Schmidt's article – that the two Germanys will grow together, and that both sides need to try to understand each other better. The results of the survey about East Germans are introduced to support Schmidt's point to a certain extent. This sort of essay does not contain pro and contra arguments (see *Thema* 4), but moves from one sub-topic to the next.

*Schlussteil*: the final paragraph pulls together the results of the surveys and the main gist of Schmidt's argument. It brings the main ideas together but doesn't add any new arguments (see *Thema* 6). The conclusion offers one possible interpretation for the reasons of the results of the survey and a personal opinion in support of Schmidt's hypothesis that it might take two generations for the two Germanys to grow together. This serves as the outlook for future developments as well. The essay did not offer a personal opinion on Garton Ash's argument nor was an opinion offered on the question of whether this was a peaceful revolution or not. In an essay like this it is perfectly acceptable not to provide personal opinions on all aspects covered as long as the main argument is supported.

2   Here are the sections you might have underlined.

*„Wir sind das Volk' […]" Übung* 6 (first excerpt), a direct quotation as used in the original. Be careful not to use too many direct quotations in your essay, as there is the risk of plagiarism.

*„Sie wollten sowohl Freiheit als auch Solidarität erlangen und ein neues, anderes*

*Gemeinwesen schaffen.“* Again, from *Übung* 6 (first excerpt), but completely rephrased – key words reiterated are *Freiheit, Solidarität, neues Gemeinwesen.*

*„[...] weil das Volk der DDR durch Demonstrationen und Proteste das sozialistische System und die Regierung zu Fall gebracht habe.“* Again, *Übung* 6 (first excerpt). Rephrased from original, but using the phrase *zu Fall bringen* from excerpt.

*„[...], weil die Veränderungen in der Sowjetunion und anderen Ostblockstaaten schon begonnen hätten, [...] hätten sie reagiert und wären aus der DDR geflüchtet.“* *Übung* 6 (second excerpt). Summarises the gist of this excerpt's main arguments using different words.

*„[...] dass der Fall der Mauer den Ostdeutschen Freiheit brachte. [...] denn die Menschen in der DDR hätten in ihrem Leben eine erniedrigende und lähmende Unfreiheit erlebt.“* This is from *Übung* 8, summarising Garton Ash's position.

*„Von dieser Unfreiheit [...]. Er schreibt, dass die meisten DDR-Bürger und -Bürgerinnen in der DDR aufgewachsen seien [...] Dieser Prozess werde aber lange dauern.“* From *Teil* 5, linking it to Garton Ash through the repetition of the words 'lack of freedom' (*Unfreiheit*). Summary of the main thesis, rephrased.

*„[...] Reiner Kunzes Gedicht ,die mauer – zum 3. oktober 1990‘ wider. Kunze beschreibt die Mauer in den Köpfen der Menschen.“* Reference back to the poem (*Teil* 2) which describes the 'psychological' wall between East and West Germans.

*„[...] sowohl die Westdeutschen wie auch die Ostdeutschen versuchen, einander besser zu verstehen. ... Außerdem habe es viel menschliche Hilfe und Solidarität zwischen den Menschen in der DDR gegeben.“* This part of the paragraph in the essay summarises the main arguments of Schmidt's article from *Teil* 5.

*„... aber sie sehen auch viele Veränderungen kritisch.“* *Übung* 15 – summary of main results of survey, rephrased from original source.

*„Dazu gehören z.B. der Schutz vor Kriminalität und die Chancen der nachwachsenden Generation.“* *Übung* 15 – provides some more details about the results.

*„Die Kosten der Wiedervereinigung sind ausgesprochen hoch [...] wünschten sich sogar die Mauer zurück.“* *Übung* 17 – summarises the main points of the graph.

*„Ich halte vor allem das Desinteresse der Ostdeutschen an der Demokratie [...] Das kann unter Umständen eine Gefahr für das politische System Deutschlands werden.“* Personal conclusions from the information in *Übung* 15.

*„[...], dass das Zusammenwachsen zwei Generationen dauern wird (wie in Amerika nach dem Bürgerkrieg im 19. Jahrhundert) ...“* Conclusions which use

Schmidt's key point to support this position and to provide a personal contribution to the essay.

3   Here are some of the features used in the essay. It is by no means a complete list that covers every single occurrence of these features, but rather tries to offer you examples of the various stylistic devices used. Obviously, you would make up your own mind about which of these structures and words you would use.

*„sowohl für die Deutschen als auch für die Welt ...“* emphasises the relationship between Germany and the world; the fall of the Wall was an important event both for the Germans and for the entire world.

*„Wie aber hat sich der Fall der Mauer auf die Deutschen und vor allem die Ostdeutschen ausgewirkt?“* Question to raise the reader's expectation and prepare for what then follows in the main body of the essay.

*„Dazu werden verschiedene Quellen herangezogen ...“* links it to the previous sentence. It is used further on in the sentence *„Dazu gehören z.B. die Veränderungen im Schulsystem ...“* where it has the same function – linking it to the previous sentence.

*„Sie wollten sowohl Freiheit als auch Solidarität ...“* emphasises here the relationship between freedom and solidarity.

*„Es ist umstritten, ob man ... Im Gegensatz zur Frage der ‚friedlichen Revolution‘ ist jedoch unumstritten ...“* To use the opposite of umstritten – unumstritten here is a good way of linking the next aspect of the topic (more freedom) back to the aspects described in the previous paragraph (peaceful revolution or not a peaceful revolution).

*„Die Befürworter sind der Meinung ... . – Die Gegner argumentieren ...“* again works with opposite words, highlighting the contrasting opinions put forward.

*„lähmende Unfreiheit erlebt ... – Von dieser Unfreiheit ...“* New paragraph, but repetition of the same central word to provide a link between the paragraphs and strengthen the coherence of the essay.

*„Einerseits müssten die Ostdeutschen versuchen, die Gefühle der Westdeutschen besser zu verstehen ... Andererseits müssten die Westdeutschen versuchen, besser zu verstehen, ...“* Again, a good device to give your essay coherence, and contrasting the two different statements.

*„Die Ergebnisse einer Meinungsumfrage ... bestätigen ...“* introduces a new paragraph with the results of the survey, and makes it clear that they partially confirm Schmidt's arguments.

*„Zwar sind die Ostdeutschen im Allgemeinen ... zufrieden, aber sie sehen auch ...“* A good way of introducing a general statement, which is then modified by aber to show reservations about the statement.

Did you spot that both weil and denn are used throughout to provide more variety in the vocabulary and in the sentence structure?

4    Here are some ideas about how to incorporate other people's opinions and introduce your own opinion.

When using other people's opinions, you have to be careful to indicate this. Otherwise, it looks as if you are not acknowledging what other people have said or written. If you don't indicate that you are using somebody else's material, this can be regarded as plagiarism.

There are several ways in which this has been done in this essay.

*„Wir sind das Volk"* is a direct quotation from *Übung* 5. As already mentioned, be careful not to use too many quotations and do always acknowledge them by putting them in inverted commas.

*„Die Befürworter sind der Meinung"* makes it clear that you are referring to somebody else's opinion. This is shown as well by the use of indirect speech (and the correct form of the subjunctive: *... gewesen sei; ... zu Fall gebracht habe*). The same pattern is followed in the next sentence where the opposite view is referred to.

*„Das ist nach Auffassung von ..."* is another way of saying nach Meinung von and shows that you are summarising another person's point of view. This is shown as well by the use of indirect speech (and the correct form of the subjunctive: *... hätten ... erlebt*).

Indirect speech and the correct form of the subjunctive is used again in the paragraph on Helmut Schmidt's article: *„... spricht auch Helmut Schmidt in einem Artikel aus dem Jahre 1993. Er schreibt, dass ... aufgewachsen seien, dort sozialisiert worden seien ... kennen gelernt hätten."*

*„Die Hauptthese des Verfassers ist ..."* introduces Helmut Schmidt's main hypothesis, after the previous sentence talked in general about people brought up in the GDR. The phrase makes it very clear that another person's argument is being referred to. This is shown as well by the use of indirect speech (and the correct form of the subjunctive: *... kommen werde; ... werde ... dauern*).

*„Helmut Schmidt zufolge ..."* As the previous sentence refers to Reiner Kunze, this is a good device to indicate that you are now going back to Helmut Schmidt's arguments. It indicates as well that you are describing Helmut Schmidt's view.

In the conclusion, the personal opinion is introduced by „Diese Ergebnisse bestätigen" and then re-emphasised towards the end when it says „Meines Erachtens nach hat Helmut Schmidt Recht ..."